身心障礙者人權議題

自主、倡議與社會工作使命

王育瑜　著

五南圖書出版公司 印行

序　言

　　每個專業領域，都有一些專有名詞和重要概念，而每個名詞與概念，都有它產生的脈絡和背景。多年來，在教學與實務現場中，甚至研究論文書寫與發表時，經常懊惱自己沒能「把話講清楚」，心裡甚為不安。這些年，也很慚愧自己常不自覺地用「不平易近人的語言」，描繪的卻是簡單而生活化的現象。

　　學術的訓練，讓我有較為嚴謹的思維，卻也養成了我不夠直觀的框架，和有距離的語言。身為一個「學者」，如果沒有能力用社會大眾能夠理解的語言將知識廣泛傳播，實在愧對栽培自己的社會和父母。這本書的初衷是——我想寫一本大家都看得懂的專業書籍。

　　期盼不論是學術界或實務界、不論是否為社工專業背景，也不論是障礙者或「非障礙者」，都能順暢地閱讀這本書。如果可能，更希望這本書能帶給讀者一些關於自己，和對於社會的省思，也讓障礙領域的社會工作者找回使命、熱情、方向與力量。

　　本書的目的，是將障礙領域的社會工作者所經常面對的重要議題與概念，以脈絡性和較為容易理解的語言進行介紹與討論。第一章先釐清：「人權」是什麼？「障礙」是什麼？「障礙者的人權」又是什麼？第二章則問：障礙者的人權是如何被削弱的？什麼是「歧視」？「障礙歧視」又是什麼？「照顧關係」如何導致障礙者「易受傷害」的處境並使得障礙者「被（迫）放棄自我」？社會標籤如何侵犯著障礙者的人權與侵蝕著障礙者的自我認同？透過這二章，希望點出「障礙」是人權議題，而不是「個人缺陷」，當我們看到障礙者的許多「不方便」時，我們該關心的不是「他怎麼了？」而是「這個社會到底是怎麼了？」。

　　第三章聚焦在說明與「自主」有關的概念，包含釐清：什麼是「自主」、「自立」、「自我決策」、「支持決定」、「融

合平等」、「差異政治」？如何確保障礙者在照顧關係中維持「自主」？第四、五、六章則試圖涵蓋不同群體的障礙者之議題脈絡。第四章針對重度障礙者為了確保「自主」，很需要的「自我主導的支持」，探討此類型政策的內涵與挑戰。第五章則釐清「心理社會障礙／精神障礙（簡稱精障）／精神病人」概念，點出「復元」是精障服務的主要目標，並針對精障者自主權常被侵犯的「精神健康危機」時期相關議題與服務做介紹與討論。第六章介紹三個分別以肢體障礙者、智能障礙者和精神障礙者（簡稱精障者）三個群體為主的社會運動：「自立生活運動」、「自我倡導運動」與「精障者自主運動」，以使讀者了解不同障礙群體為了爭取自主權，所發起的草根運動之發展脈絡與內涵。

從第六章關於不同障礙群體的自主權倡議，可以看出障礙者間「同儕支持」具有無比的力量。而「同儕支持」在國內外逐漸成為正式服務系統中的服務之一。因此，第七章對於「同儕支持」概念發展脈絡、「同儕支持」的功用與關係性質進行探討。而當我們在談障礙者的人權、自主權利與倡議時，在民主社會之中，障礙者作為「主體」的參與乃是必定的過程。然而，障礙者如何參與？障礙者參與有什麼影響力？這是第八章處理的問題。第八章希望釐清「參與」的不同層次及意涵，探討如何確保障礙者「實質而有意義」的參與。此外，我們也必須肯認現今許多平權的政策與作法，其實都是障礙者透過「體制外的參與」所努力而來，在這層認識下，須更加努力建構使障礙者能平等參與的體制內管道和機制。

第九章將焦點拉回「社會工作者」本身，在推動障礙者人權保障的道路上，該扮演什麼角色、以什麼樣的工作價值、方法，和工作關係性質，與障礙者同行。第十章則總結本書各章重點，並點出障礙領域社會工作者所需之基本裝備。期盼這本書能讓社會工作者找回「初心」，並且從中找回力量；也希望能讓障礙者

及社會各界更加了解社會工作存在的價值，在相互了解的基礎上，彼此才比較容易成為「夥伴」關係，一起為推動人權保障而努力。

最後，談談我個人投入障礙領域工作的因緣。在我 18 歲那年，剛進大學便參與了服務性社團，在與視障者的生命交會過程中，「服務對象」帶給我相當巨大的生命撞擊。我想不透：為什麼同樣是人，障礙者選擇機會這麼少、這麼難以自主？也常想：什麼是「服務」？我們真的是在「服務」障礙者嗎？我鼓起勇氣提議社團從「服務隊」改為「盲友隊」，因為我覺得與「服務對象」之間比較像「朋友」，在他們身上，我學習到很多，也獲得許多安慰。不過，這個提議被社團其他夥伴視為離經叛道。表面上我被馴服了，而我也透過碩士論文探討視障者的職業困境，解答自己內在的部分疑問。然而，前述「大哉問」，卻如影隨形地跟著我大半輩子。

這本書算是在多年的參與和摸索之後，對於自己的「大哉問」做了一點回應與整理。本書的完成，除了要感謝這些年來許多障礙者、實務工作者、學術界同僚與學生帶給我的學習與感動，也要感謝五南圖書出版公司陳念祖副總編輯的邀請、鼓勵與包容，讓這本書有機會誕生，希望這本書能引發一些討論。另外，感謝系友黃瑩縈小姐無償贈圖，增添本書的風采。對我個人而言，雖已盡力，仍有許多不足，留待日後更多自我的反省與調整。最後，願將此書，獻給我的父母親。

王育瑜

於暨南國際大學社會政策與社會工作學系

2022 年 12 月 15 日

目 錄

第一章

緒論：人權、障礙者人權

　　生活在這個社會，相較於「非障礙者」來說，作為身心障礙者（以下簡稱「障礙者」）比較好和比較不好的地方是什麼？當讀者聽到這個問題，腦海浮現的答案會是什麼？我曾經在很多教育訓練場合問過數百位聽眾這個問題，發現一個有趣的現象：關於「比較不好的」，近九成非障礙者回答「他們很不方便」；相反地，約九成障礙者的答案是：「社會歧視」。這個對比似乎顯示：非障礙者關注的焦點是「障礙者很不方便」，而不是「環境使得障礙者很不方便」；而障礙者作為當事人的經驗，卻是：主流社會的不尊重與不平等對待。

　　當環境是由作為多數的「非障礙者」，以「非障礙者為中心」的方式建構，那麼，社會中相對少數的障礙者，其差異性需求便容易被忽略甚至排除。這是對障礙者人權的漠視，卻是社會普遍的現象。

　　聯合國於 2006 年公布《身心障礙者權利公約》（以下簡稱《身權公約》），目的便是確保障礙者的差異被尊重、平等的人權受到保障。透過具有國際法效力的公約，規範與引導世界各國進行社會改革。「障礙」這件事，不能被視為「個人特質」，障礙者生活中遭遇的許多困境，背後的「社會阻礙」應被去除或予以避免。國家必須採取「人權取向」的政策，確保障礙者享有與非障礙者相同的權利與尊嚴。

　　臺灣障礙福利的發展，歷經 1980 年代智能障礙者家長的權利爭取、1990 年代民間團體對於障礙者工作權、應考權與參政權的倡議，逐漸由慈善模式邁向權利取向，隨著 1997 年《殘障福利法》修法更名為《身心障礙者保護法》，「障礙」正式成為權利議題（林昭吟、張恆豪、蘇峰山，2019）。而我國於 2014 年訂定公布《身心障礙者權利公約施行法》（以下簡稱《身權公約施行法》），障礙議題更進一步被界定為具有國際共識的「人權」議題。隨著《身權公約》在國內產生法律效力，政府部門也全面檢視既有法規，以符合《身權

公約》之規定。

　　障礙者人權的保障，首先須改變社會看待障礙者的方式。當社會認為障礙者是具有身心缺陷、能力較為不足的一小群人，則社會容易將障礙者特殊化與邊緣化。相反地，當社會肯認障礙者的差異、尊重障礙者平等的權利，則環境將較能考量與回應障礙者的需求。這也是為什麼《身權公約》特別重視意識提升，以及環境的「可及性」（accessibility）和「合理調整」（reasonable accommodation）。

　　本章第四節將介紹身權公約人權保障的脈絡與重要概念，然而，在此之前，本章首先介紹人權、公民權、社會權等概念，以釐清關於「權利」的基本概念，其次討論不同觀點如何認識「障礙」，進而再介紹《身權公約》的背景脈絡、內涵、法律與權利保障性質，最後討論「障礙者人權議題」對社會的挑戰，提出未來發展方向的建議。

 ## 第二節　人權、公民權、社會權

　　什麼是人權？為什麼人具有「人權」？障礙者與非障礙者的人權有什麼不同？該如何落實障礙者的人權保障？在以「人權」為訴求而爭取保障時，須先釐清前述問題，才能更清楚體認以「人權」為基礎的法規與行政之背後價值與「人權」內涵。

一　是「人」就有「人權」？

　　「人權」概念的發展，反映著人類社會對於什麼是「人」的思考，以及作為人彼此之間關係的界定。為什麼「生而為人」就有「人權」？事實上，「人權」是社會建構而來，「人權」概念的建立是因應人類社會的需要。讓所有人活得像「人」，這樣我們的物種才有人性，因為人是社會性的存在，我們需要關心彼此是否活得像「人」，所以才需要有「人權」概念的建構（Booth, 2008）。聯合國人權宣言

及公約等等各種人權文件提倡「與生俱來的人權與尊嚴」，背後所植基的，便是人類社會對於「共同的人性」之共識。聯合國指出，「人權」具有七項特性（United Nations, 2008）：

1. 是普遍的，與生俱來的。
2. 聚焦在固有尊嚴以及人類平等價值。
3. 不應被減少或剝奪。
4. 給予國家必要的責任承擔。
5. 國際上共同保障。
6. 具有法律保護。
7. 保護個人和團體。

然而，「人權」的概念包含了不同向度的「人權」：公民權、政治權，以及經濟、社會、文化等權利，以下說明其發展脈絡與內涵。

二 公民權

（一）定義「公民權」

「公民權」是人作為社會成員的基礎，社會政治層面的「公民權」定義，關心「個人與國家之間的權利與責任關係」，探討以下問題：國家在滿足公民的需要上該扮演什麼角色？國家對公民應有的責任？個人與國家其他成員之間的關係性質？權利是絕對的還是視責任而定？而從法律與哲學層面定義「公民權」，則關心「公民權如何達到社會正義」的議題（Faulks, 1998: 2-4）。簡言之，「公民權」的目標是「社會正義」，在此目標之下，界定著社會中人與人之間的關係，以及國家與其公民之間的關係。

（二）分配正義作為國家介入的正當化基礎

國家對公民承擔什麼責任？國家介入的正當性為何？不同觀點對此些問題的看法不同。自由主義者相信自由市場，主張國家最小

限度的介入，對於「公民權」僅認可「公民與政治權利」的基本保障；而平等主義的自由主義者（egalitarian liberalism）羅爾斯（John Rawls）卻不認為市場會公平分配資源，因而提出「分配正義」的概念。

羅爾斯主張國家應確保個人基本需求的滿足，所有社會基礎物質，包含自由與機會、收入與財富等，都應被平等分配，除非不平等的分配是為了讓最弱勢者得到較多的好處（Dwyer, 2004: 25）。因此，為了確保人民的生活，國家的適當介入是必須的。「分配正義」的概念，提供了國家積極介入的正當化基礎。

三 社會權

（一）T. H. Marshall的「社會權」概念與「地位平等」

英國社會學家 T. H. Marshall 於 1949 年發表一系列以「公民權與社會階級」為題的演講，掀起關於「公民權」的論辯。Marshall 將權利分成三種：「公民權」是自由權與法律之前平等的權利，「政治權」是選舉及參與政治過程的權利，而「社會權」則是取得基本福利與充分參與社會的權利。Marshall 的論述打破了當時社會僅從法律與政治的角度界定公民權的看法（Shafir, 1998; Dwyer, 2004）。

Marshall 指出，歐洲國家在 18 世紀發展「公民權」確保個人自由的權利，19 世紀發展「政治權」確保個人參與選舉，20 世紀則發展「社會權」，其意涵是有權充分享有社會遺產，並且依據社會普遍的標準過文明的生活（Fraser & Gordon, 1998; Yokota, 2008）。「社會權」意味著「社會正義」超越「市場價值」，也意味著「權利的宣告」替代「市場中的自由協商」（Marshall, 1950）。「社會權」強調團結、非契約式的互惠與互賴（Fraser & Gordon, 1998: 126）。

因此，Marshall 的「社會公民權」概念主張的是「地位平等」（equality of status）（Dwyer, 2004: 40），亦即作為「公民」皆可平

等享有社會普遍標準的社會遺產與文明生活。Lewis（1998）進一步指出，「公民權」是一種「社會地位」，使個人能對於國家提出取得福利的主張。

（二）「社會權」概念的矛盾性與R. Titmuss的普及性福利

Dwyer（2004: 45）認為 Marshall 一方面主張國家應確保「最低標準」的經濟福利與安全，另方面又認為所有公民有權充分享有社會遺產及過「一般標準」的文明生活，此二者在概念上相互矛盾：目標究竟是「最低」還是「一般」標準？

相對地，Titmuss 點出福利設計影響「地位平等」實踐的可能性。他指出，「選擇性」與「殘補式」的福利會造成標籤效果，降低社群成員彼此間連帶的感覺，只有「普及性」的福利才不致使接受者覺得矮人一截，也才能降低公民間的不平等（Titmuss, 1968）。根據 Titmuss 的觀點，唯有當福利是基於公民身分主動提供，而不是基於經濟狀況，且等到個人及其家庭崩解才予以提供，才有達成實質社會地位平等的可能。

 ## 第三節　看待「障礙」的觀點

社會如何看待「障礙」，影響著障礙者的社會處境，也決定了社會對於障礙者的「人權」重視程度。當社會認為「障礙」是個人「缺陷」甚至「異常」時，障礙者傾向被「特殊化」，因而也很難被視為是與「非障礙者」具有同等地位與人權的個體。此即所謂「健全主義」（ablism），亦即，以非障礙者的標準為標準，進而創造出非障礙者以優越的姿態看待障礙者，視障礙者為不符合標準的異常存在。在此「個人化」與「特殊化」觀點下，「障礙」既然被視為是個人問題，以「非障礙者」為標準的社會，也就無須改變。

一 「障礙」是個人問題還是社會問題／社會現象？

在過去，社會普遍認爲障礙者是一群特殊的人，外觀上或能力上與多數一般人不同，而他們之所以這麼不同，是因爲他們的身心特質所致，因此，「障礙」是他們自己「個人的問題」。而這個「個人問題」也總是被「醫療化」爲生物結構或功能的問題，認爲障礙者一輩子都需要醫療介入，唯有醫療介入才能提升障礙者的生活品質。這種觀點從醫療場域延伸蔓延到其他專業人員，甚至障礙者本人，而專業控制也成爲解決障礙者問題的唯一途徑（Brisenden, 1986; Finkelstein, 1993）。當障礙被以這種方式理解，治療與復健成爲焦點，所有的資源都聚焦於矯正障礙者、要求障礙者在專業人員的支持下適應社會，而不認爲環境有問題（Cameron, 2013）。

Oliver（1990）稱此觀點爲「醫療化模式」、「個人化模式」、「個人悲劇模式」，也就是視障礙爲個人不幸，障礙者因其「功能損傷」而被視爲「永遠的生病者」，成爲必須不斷被訊問、被動接受醫療檢查與矯治的客體，而此過程也弱化了障礙者（Brisenden, 1986; Oliver, 1990）。主流媒體塑造的障礙者形象主要有二種，其一爲激勵人心、以個人意志力克服萬難的「超人」型成功障礙者，另一則是悲情訴說生命故事的障礙者，這些都無法引起障礙者的共鳴，使得障礙者陷入孤單隔離的狀態中（易君珊，2016）。

事實上，將「障礙」等於「不健康」並不恰當，因爲有些障礙者的「障礙」與「疾病」之間並無關聯，而且很多障礙者其實很健康（Brisenden, 1986; Cameron, 2013）。社會將「障礙」過度醫療化也導致了障礙者常被迫接受不適當，甚至壓迫的醫療干預（Oliver, 1996）。

試想，如果你是那個被認爲「是你自己個人問題」、「是你自己應該改變」的人，然而，每天的生活中，你所不斷面臨的卻是外界環境的異樣眼光、歧視態度與充滿阻礙的環境，你對於這種「個人化的問題歸因」會怎麼想？會怎麼感受？

障礙者主張，障礙不是「身體現象」，而是「社會現象」。將「障礙」視為「個人身體問題」，衍生的解決問題策略是障礙者應自己想辦法，社會沒有責任也無須改變。相反地，將「障礙」界定為「社會現象」，則社會有責任確保障礙公民享有平等權利保障（Tøndel, 2009）。

表 1-1　障礙被認為是個人問題與社會問題的對照

障礙問題界定	障礙是個人問題	障礙是社會問題
障礙的來源	個人身心特質導致障礙	障礙來自於社會歧視
障礙者的角色	障礙者是永遠的病人	障礙者是平等的公民
問題解決方式	障礙者應被矯治	為了保障所有人的公民權，社會應該改變

二　「障礙」作為「社會現象」

「障礙」為什麼可以說是「社會現象」？有二種常見的解釋。第一是「社會模式」觀點，認為是「環境障礙人」，也就是物理環境與態度造成障礙者平等參與的阻礙，例如建築物的阻礙導致障礙者在教育、就業、社會生活等多方面被排除（Brisenden, 1996）。

英國以 V. Finkelstein 為代表的「肢體損傷者反隔離聯盟」（UPIAS）於 1976 年提出了有別於當時社會對「障礙」的定義，主張「障礙」乃「社會組織忽視與排除障礙者參與主流社會活動，使得障礙者在活動上的劣勢與限制。」（Union of the Physically Impaired Against Segregation, 1976）這是「社會模式」觀點最具代表性的論述，關注「社會環境阻礙」。而 Oliver（1990）的《障礙政治》（*The Politics of Disablement*）一書，是「社會模式」的代表著作，他分析「物質生產模式」與「障礙的意識型態」之間的關係，他認為，資本主義以市場上的生產力定義人，障礙者在工業化及資本主義的生產方

式下，容易被定義爲失能、缺陷，以及需要醫療介入予以矯正。「社會模式」主張社會組織與結構是障礙者在社會中居於劣勢與被排除的原因，因此，社會有責任改變這些不恰當的社會安排（Oliver, 1990, 1996; Barnes & Mercer, 2004；王國羽，2019）。

「社會模式」目的是作爲障礙者平等訴求的基礎，透過集體行動改變社會（Oliver & Barnes, 2012）。社會模式觀點深深影響歐陸，歐洲障礙者組織「歐洲自立生活網絡」採取社會模式觀點看待「障礙」，因此，在該協會的各項文件中，和英國障礙者的組織一樣，皆以 disabled people 而不採用 persons with disabilities 來稱呼「障礙者」，目的是凸顯障礙非個人特質，障礙者乃是「被障礙的人」（disab*led*），亦即，被社會中的環境、系統與態度等方面的阻礙所障礙（European Network on Independent Living, 2021）。這與美加地區的習慣不太相同，美加地區慣用的是 persons *with* disabilities，原因是要強調要將障礙者先視爲人而加以尊重，然後才看到障礙是其所附帶的特徵，此乃受美國 People First（PF，尊人爲人）運動所影響。關於 PF 運動，將於本書第六章作較爲詳細的說明。

「社會模式」將問題的來源指向「社會環境」，而非障礙者「個人」，國內障礙者及倡議團體也常說：「沒有障礙的人，只有障礙的環境。」便是凸顯去除「社會結構阻礙」的重要，這句話已被廣泛使用，甚至蔡英文總統競選時也採用（蔡英文，2015；周耕妃，2017；余秀芷，2019）。

關於「障礙是社會現象而不是個人現象」，第二種解釋是從人與環境互動的角度，認爲經驗是特定時空中「相互主體性」的展現，因而政治、經濟與文化因素也形塑著「障礙」經驗。例如 Kleinman（1998）以「社會性受苦」（social suffering）的概念分析精神障礙（簡稱精障），他強調由於文化對於疾病賦予負面意義，精障者的受苦因而不僅是身體的痛苦或精神症狀，而是「活在疾病中的絕望」。他認爲，將精障者標籤爲「病人」，忽略疾病與生命歷程和文化之間的關係，這是政治的議題，也是道德的議題。

Kleinman（1998）關注精障者生命歷程中各種政治經濟等結構因素對個人產生的精神層面的影響，以及文化賦予精神疾病的意義如何影響當事人的處境，因此，他主張精障不應被視為僅是醫療的問題。文化形塑「障礙」，並賦予「障礙」價值，是理解「障礙」不可忽略的面向（Terzi, 2008）。因此，「障礙者文化再現」（cultural representation of disabled people）成為需要關注的議題，障礙者透過文學藝術展現障礙者的生活方式與文化，挑戰社會主流文化對「障礙」所賦予的認識與價值（張恆豪、蘇峰山，2019）。

三 將障礙者標籤為「不正常」帶來負面影響

（一）「不正常」的標籤，是一種社會性的壓迫

當社會將障礙者視為「不正常的生物性客體」、「異常的身體現象」，關注的是障礙者相對於非障礙者的「異常身體現象」，障礙者不被視為是和其他人一樣，有著價值與想法的「主體」，而是作為需要他人不斷介入評估、診斷與矯治的「客體」，此種社會關係便是對障礙者的社會性壓迫。這種「個人模式」觀點試圖透過醫療復健讓障礙者恢復「正常」。例如聽障者被要求學習口語，並接受語言矯治，學習以所謂「正常人」的方式溝通。然而事實上，「口語」不僅不是聽障者自然的語言，被迫以「口語」而非「手語」的方式溝通，其實是「非聽障的聽人」多數霸權的壓迫（France, 2013）。

試想，如果你是那個被認為「不正常」的人，而且身邊許多人都一直希望你可以變成「正常」，要求你要努力讓自己變成一個不是你的「你」，你會怎麼想？會怎麼感受？在生活中常見有些人善意的對聽障者說：「你話說得很好，看不出來是聽障。」說話者以為這是在讚美或鼓勵聽障者，然而在當事人耳裡聽來，卻可能是傷害。因為這句話隱含著「聽障是缺陷」、「口語才是正常」的意識型態，聽障者的差異性是被刻意忽略與否定的。

因此，障礙者說，他們不想要被「治療」成「正常」，他們想要的是用自己最真實的樣子在社會中生活，並且被肯定與欣賞（Hahn & Belt, 2004）。而事實上，「一般人的常態」並不是「障礙者的常態」，反之亦然（Brisenden, 1986）。例如致力於障礙文化工作的障礙學者易君珊分享自己的成長經驗：「對我來說所謂『正常的十指頭』不曾存在，但社會環境卻時時提醒『十指健全』的重要。這樣的『健全主義思想』如幽靈鬼魅般地纏繞我的成長過程。」「混雜醫療復健眼光的矯正權威、翻滾著因果論，視我為悲劇並給予惋惜，一併化身為健全主義的核心論述，對像我這樣異樣身體的『他者』進行滅音動作。」（易君珊，2016）

將「正常」等於「非障礙者」、「不正常」等於「障礙者」，對於了解「障礙」這件事，不僅沒有幫助，且容易陷入負面刻板印象之中、對障礙者貼上貶抑的標籤，這不僅限制了障礙者的生活機會，也是文化與認同上的壓迫。

（二）「不正常」的負面標籤侵蝕著障礙者的自我認同

Fossum（1999: 206）指出，每個人難免會從社會認可中建立自我認同，可是有些人尋求自我認同卻不被認可。試想，長期被外在環境標籤為「不正常」的人，如何能建立起正向的自我認同？被貼上負面標籤，往往導致障礙者自信心低落、焦慮、疏離、罪惡、痛苦（Brisenden, 1986; Wellard, 1998）。

「不正常」的負面標籤，對障礙者造成心理上的破壞，本質上是社會性的壓迫。英國障礙學者 Morris（1991: 17）說：「我們是不一樣的。我們拒絕非障礙世界對障礙所賦予的意義，但是我們不拒絕我們的『不同』，因為這是我們自我認同很重要的部分。」Morris（2001）批判將損傷賦予負面價值，壓抑了障礙者真實的損傷經驗，障礙者被迫否認自己的身體、被迫接受非障礙者認為的「正常」，導致對自己的身體形象是負面的，沒有空間去慶祝差異的身體，也沒有空間去論述。她主張應由障礙者自己發出聲音，而不要任憑某些非障

礙者以削弱障礙者力量的方式去對於損傷做界定。

　　Kannapell（1994）指出，出生就聾的人自我認同為聾人，這是「文化聾」的概念，他主張應避免用「聽覺損傷」一詞，這個語詞透露著他人有意或無意將「聽」的價值強加在聾人身上，因此建議不要用這個詞。國內曾經在某縣市發生過方案審查委員要求聾人協會，不要在該協會向政府申請的方案中使用「聾人」一詞，理由是委員認為這個語詞具有歧視，縣市政府也依據委員看法要求協會更正，但聾人協會堅持「聾人」一詞代表聾人文化，具有重要意義，經過數次溝通，並具體說明聾人協會的立場，縣市政府才撤回對該協會在其方案中應避免使用「聾人」一詞的要求。這個事件，也反映著主流社會對於「差異」的缺乏認識與認同的壓迫。

　　為了強調障礙的正向價值與障礙者的正向認同，有障礙藝術家提出「肯定模式」（affirmation model），他們批判個人化模式與社會模式將「障礙經驗」視為是負面的，他們提出，障礙者的生活方式、經驗有其正向價值，也是障礙者個人認同的一部分（Brandon & Elliott, 2008）。肯定模式重視對障礙者生活方式、文化、自我認同的肯定，挑戰社會對障礙者及其生活的負面、悲劇思維（Swain & French, 2008）。障礙者與非障礙者的差異應該被認識、尊重，與欣賞，而這也是《身權公約》的重要主張之一。

（三）將「障礙」定義為「不正常」，反映不對等的權力關係

　　社會中占據主流位置的多數，將「障礙」定義為「不正常」，反映出不同社會群體間權力不對等的政治問題。因為社會認為「健康」是正常，多數人標準的「健康的人」能做到的生活活動，便是「正常功能」。反之，無法符合「健常」標準者，即為「不正常」。

　　傅科（Foucault）分析精神疾病者被視為不正常，在中世紀甚至到 19 世紀的歐洲是普遍的現象，精障者不被視為「人」，而被視為「怪物」。例如中世紀有將精神病人放在櫥窗上展示的情形，到 19 世紀初，還有醫院每週日會展示精神病人。在 18 世紀，德國、法國

等國家把精神病人當成動物展示，甚至當成馬戲團雜耍動物來展示的現象很普遍（Howard, 1989）。而生物權力滲透個人身體、精神疾病患者醫療化的現象，是 19 世紀精神醫療的發展影響社會對疾病的論述，精神疾病患者的身體被檢視、判斷，被要求轉變為「正常」（Carlson, 2005; Sullivan, 2005; Faubion, 1998）。

前述現象並不僅限於精障者，不論何種障礙類型狀況，在社會上經常會被貼上「不正常」的負面標籤，這透露著掌控定義權的主流團體對被定義的一方之權力支配關係，而此乃「差異政治」觀點的關注重點（Fossum, 1999）。本書第三章將會對「差異政治」做更細緻的介紹與討論。

第四節　《身權公約》關於障礙者人權保障

國際上將障礙者視為「人」且具有平等的「人權」，始於 20 世紀中期以後，1970 年代起，聯合國陸陸續續公布有關障礙者人權的文件。本節首先簡介聯合國推動障礙者人權的歷史發展脈絡，進而介紹《身權公約》的原則與權利保障範圍，以及《身權公約》的幾個關鍵概念與重點，包含：可及性、合理調整、法律能力、支持決定，以及肯認手語和聾人文化。最後，本節將介紹《身權公約》的法律性質與所保障權利的性質，以使讀者對於《身權公約》保障障礙者人權的內涵有較清楚的認識。

一 聯合國推動障礙者人權的歷史發展

有鑒於第一、二次世界大戰期間對人類生命與人性尊嚴的破壞，聯合國於 1948 年公布《世界人權宣言》（Universal Declaration of Human Rights），並於 1966 年通過《公民與政治權利國際公約》（International Covenant on Civil and Political Rights, ICCPR）和《經

濟社會文化權利國際公約》（International Covenant on Economic, Social and Cultural Rights, ICESCR），明定人權的內涵。

在關於障礙者人權的推動方面，聯合國於 1971 年訂定《心智缺陷者權利宣言》、1975 年訂定《障礙者權利宣言》（Declaration on the Rights of Disabled Persons），且將 1981 年訂為「國際障礙者年」、將 1981-1992 年訂為「障礙者十年」，並於 1982 年公布《關於障礙者的世界行動綱領》（World Programme of Action concerning Disabled Persons），強調「全面參與」（full participation）和「機會平等」（equality of opportunities）。

延續 1980 年代強調障礙者全面參與社會生活的權利，聯合國於 1990 年代更進一步推動障礙者人權，於 1991 年訂定《保障精神疾病者及改進精神醫療準則》（Principles for the Protection of Persons with Mental Illness and Improvement of Mental Health Care），強調精神疾病者「社區生活」及「最小限制」原則；1993 年訂定《障礙者機會平等準則》（Standard Rules on the Equalization of Opportunities for Persons with Disabilities），持續推動障礙者的「機會平等」與「全面參與」。而 2006 年 12 月 13 日更通過了《身權公約》及《身心障礙者權利公約任擇議定書》，並於 2007 年 3 月 30 日開放各國簽署及批准，於 2008 年 5 月 3 日生效。聯合國推動障礙者人權的關鍵年代簡要整理於表 1-2。

表 1-2 聯合國推動障礙者人權的關鍵年代

年	文件／事件
1971	心智缺陷者權利宣言
1975	障礙者權利宣言
1981	國際障礙者年
1982	關於障礙者的世界行動綱領
1981-1992	障礙者十年
1991	保障精神疾病者及改進精神醫療準則

身心障礙者人權議題——自主、倡議與社會工作使命

年	文件 / 事件
1993	障礙者機會平等準則
2006	身權公約

聯合國關於障礙者人權的各項文件，都建立在《世界人權宣言》、《公民與政治權利國際公約》和《經濟社會文化權利國際公約》所保障之各項人權之上。聯合國為了確保世界各國關注且明瞭「社會中較容易受到忽視或排除的群體」，例如婦女、兒童、障礙者等群體的人權，因而制定針對這些特殊群體的公約，例如《消除對婦女一切形式歧視公約》、《兒童權利公約》、《身權公約》，目的都是幫助世界各國了解這些特定群體的差異性，給予適切與同等的人權保障。因此，《身權公約》中規定的所有權利並非障礙者的特權，而是與其他人平等的人權保障。

不過，聯合國不同年代的人權文件也顯示著對於障礙者不同的認識。廖福特（2017：9）指出，1975 年《障礙者權利宣言》和 1993 年《障礙者機會平等準則》對於障礙的定義都趨近於「個人模式」，2006 年公布的《身權公約》採取的才是「社會模型」及「權利途徑」看待「障礙」。《身權公約》關於第 5 條「平等不歧視」的第 6 號一般性意見第 8 段也指出，「個人化模式」是從「醫療」的角度定義障礙者為沒有能力，因此，對於障礙者的歧視、差別對待與排除，這些現象皆成為「常態」並且被正當化，因為「個人化模式」不將障礙者視為「權利持有者」（rights holders），即使是 1971 年的《心智缺陷者權利宣言》和 1975 年的《障礙者權利宣言》，雖是最早期關注障礙者平等權利的聯合國文件，但是採取的是「醫療模式」看待障礙，「損傷」被視為是限制或否定權利的正當化原因，文件採用的語詞也不恰當。

從《身權公約》前言第 e 段，即可看出《身權公約》是從人與環境互動的角度，且關注環境阻礙的方式定義障礙：「障礙是功能損傷

者與對其平等參與社會造成阻礙的態度與環境，交互作用之結果。」因此，《身權公約》反映著障礙議題在國際上的發展，已從認為是個人問題的「個人模式」，轉向強調社會阻礙才是障礙成因的「社會模式」，以及關注障礙者平等人權的「人權模式」。

二 《身權公約》的原則與權利保障範圍

（一）《身權公約》8大原則

《身權公約》第 3 條提出 8 大原則，包括：

1. 尊重人固有的尊嚴與自主，包含自由做出自己的選擇與個人自立。

2. 不歧視。

3. 充分且有效參與及融入社會。

4. 尊重差異，接受障礙是人類多樣性與人性之一部分。

5. 機會平等。

6. 可及性。

7. 男女平等。

8. 尊重身心障礙兒童具有逐漸發展的能力、尊重兒童保持身分認同的權利。

前述第 1 項原則重視障礙者固有的尊嚴與作為「權利主體」的自主選擇權。《身權公約》採取「人權模式」觀點看待障礙，身權公約所謂對障礙者的尊重包含二方面：(1) 尊重障礙者作為人的固有人權以及個人自主；(2) 尊重差異並接受障礙者是人類多樣性的一部分（GIZ & CBM, 2012）。關於自主選擇與決定的權利，在本節第四部分會有更多的說明與討論。而關於尊重差異，當環境不可及，便是對障礙者平等人權的不尊重。例如許多公園出入口設置路阻，有些路阻使得障礙者無法通行，有些路阻的形狀雖然讓某些輪椅使用者能夠通行，卻必須以「鑽洞」的方式很困難且沒有尊嚴地通行。所謂「平

等」，不僅是有權達到相同目標，平等的過程與品質亦不容忽略。

　　再舉例而言，有障礙者在法院的親身經驗發現，法院旁聽席座位採長條式固定座椅，並未規劃輪椅使用者專屬旁聽席位，雖然輪椅使用者也能旁聽，然而卻僅能被迫在走道上旁聽，其平等參與的權利不僅被忽略，且被迫成為阻擋他人動線之「障礙物」，有損輪椅使用者的尊嚴（林君潔，2021）。

　　《身權公約》一般性原則第 2 項是關於環境不應歧視障礙者。《身權公約》第 4 條第 2 項要求締約國必須「採取一切適當措施，消除任何個人、組織或私營企業基於個人障礙而予以歧視。」而對於私部門，締約國應建立最低標準及通則，並監督私部門實踐之（廖福特，2017：16）。然而，《身權公約》並未提供私人請求權基礎，障礙者遭受私人歧視時，只能依據公約對締約國義務的要求，尋求國家履行保護措施，因為公約的拘束對象是締約國，而不是締約國的人民（許宗力、孫迺翊，2017）。

　　一般性原則第 3 項指出障礙者應有權參與及融入社區。有別於將障礙者「特殊化」、「隔離」與「排除」的作法，聯合國自 1980 年代起，便一再提倡障礙者「機會平等」和「全面參與」的權利。障礙者作為社會中平等的公民，從 Marshall「社會權」概念強調共享社會遺產與一般生活水準的角度來看，居住在社區、在社區過融合的生活，是現代公民視為理所當然的「社會權」，障礙者作為平等的公民理應享有這個基本的權利。

　　然而，實際上，不論是導因於社會態度或是硬體環境充滿阻礙，障礙者卻經常面臨被排除於社區生活之外，或是雖然居住於社區之中，卻面臨處處阻礙、參與受限的不平等處境。這也是為什麼《身權公約》在一般性原則第 3 項特別強調「充分且有效參與及融入社會」。

　　一般性原則第 4 項強調人的多樣性，障礙者的差異也是人的差異性之一，應被了解和尊重，而不是隨意貼上負面標籤；第 5 項關於「機會平等」則是聯合國自 1980 年代以來的持續性主張；第 6 項重視環境應考量及回應障礙者的差異，確保障礙者平等參與；第 7 和第

8 項則延續《消除對婦女一切形式歧視公約》及《兒童權利公約》對於性別平等及兒童權利的重視，提醒障礙者的多樣性包含障礙女性及障礙兒童的差異性應被認識與尊重，避免多重或交叉歧視的產生。

（二）《身權公約》權利保障範圍

法律學者指出，《身權公約》所保障之各項權利，分屬於一般權利、公民與政治權利，以及經濟社會與文化權利，詳如表 1-3。

表 1-3　《身權公約》各項權利類型

權利類型	權利項目
一般權利	禁止歧視、婦女及兒童特別保障、意識覺醒、可及的環境。
公民與政治權	生命權、武裝衝突之特別保護、法律之前平等、司法可及、人身自由及安全、免於酷刑暴力及虐待、身心完整、遷徙及國籍自由、自立生活與融入社區、行動自由、表達自由、隱私權、居家及家庭自由。
經濟、社會及文化權	融合教育權、健康權、康復權、工作及受僱權、適足生活水準、參與政治及公共生活之權利、參與文化、休閒及體育之權利。

資料來源：廖福特，2017：10。

三 環境改變是人權保障的根本：「可及性」與「合理調整」

《身權公約》有二個貫穿多個條文的概念：「可及性」和「合理調整」，皆要求環境應考量障礙者的需求。不過，第 6 號一般性意見第 24 段指出，「可及性」是預先（ex ante）透過通用設計、輔助科技等方式，事先考量不同群體的需求。第 2 號一般性意見第 25 段也規定：「可及性應先於個人提出要求，就予提供。」用通俗的話說，「可及性」是預先「內建」的。而「合理調整」則是因為特定障礙者提出需要，為了回應其需求而事後（ex nune）進行調整。換句話說，是對於原先沒有「內建」而造成的不方便，透過與申請合理調整者對話協商，以依據其個別需要進行環境調整。

此外，第 2 號一般性意見第 25 段提到，「可及性」是「不能有條件的」，而合理調整則要「考慮是否造成過大的負擔」，「可及性是針對群體，合理調整是維護個人正義的作爲。」

（一）可及性

換言之，「可及性」強調環境應在還沒有具體障礙者出現之前，即事先考量障礙者的多樣性與差異性需求，避免對障礙群體造成阻礙。例如我國國會議事轉播有手語翻譯，是考慮聾人以手語溝通的需求，另也考量非以手語爲主要溝通語言的聽障者之需求，逐步在行政院長施政報告、專案報告、國是論壇及總質詢直播，加入「即時字幕」（中央社，2021），這是逐步改進環境「可及性」的例子。

《身權公約》第 2 號一般性意見第 25 段提到，國家應訂定可及性的標準。爲了避免對多樣的群體造成阻礙，環境設計應採取「通用設計」的概念。《身權公約》第 2 條第 5 項定義「通用設計」爲：「產品、環境、方案和服務，盡最大可能讓所有人可以使用，無須做調整或特殊設計。」例如提供不同高度的行人或顧客休憩座椅，不必等到有人沒辦法坐的時候再來做調整，或是運用可調整高度的設備，以回應不同高度需求者使用上的需要。

《身權公約》強調障礙只是人類多樣性的一部分，一個可及的環境，是考慮人的多樣性，而不是僅考慮特定群體。第 2 號一般性意見第 15 段提醒「通用設計應尊重人的尊嚴並考量人的多樣性」。因此，「可及性」其實並非僅針對障礙者。余虹儀（2019）便指出，「通用設計」與「無障礙設計」不同，前者考量多樣的群體，例如孕婦、兒童、老人、障礙者；後者則僅針對障礙者進行考量。因此，達到「可及性」的策略是「通用設計」，而不是「無障礙設計」，這也說明了「可及性」與「無障礙」這二個概念並不相同，後者相較於前者較爲狹隘。

當「通用設計」或「可及性」的概念被解釋成狹隘的「無障礙」時，環境設計仍以社會多數爲中心，搭配以「無障礙設計」，並不是

在設計時，對於多樣群體的差異即給予相同程度的考量。若強調的是「無障礙」，則容易產生的現象是：障礙者被認為僅能使用無障礙設施，例如應該搭乘無障礙計程車而非一般計程車、應到無障礙餐廳用餐而非一般餐廳用餐。這種作法仍然是將障礙者排除於主流社會之外，使障礙者無法充分與全面參與社會。相反地，如果強調的是「可及性」，則所有設施設備及整體環境，皆應將障礙者的差異需求納入整個系統，使因為障礙或其他各種因素產生的差異性成為「標準配備」，這是「融合」而非「排除」與「隔離」取向的思維。

　　儘管《身權公約》的「可及性」目的是促使環境考量人的多元多樣性，使每個人都能平等融入，而「障礙」只是人類多樣性的一部分，然而，「可及性」概念所包含的對於多元差異的尊重，卻不見得能被深刻認識，不同社會可能有不同的解讀。邱大昕（2016）介紹日本國立民族學博物館広瀬浩二郎的展覽理念，點出當博物館展覽的設計同時考量「依賴視覺來認識」和「依賴觸覺來認識」的不同方式，讓所有使用者都能運用多感官拓展經驗與認識，這種歐洲及日本稱為「融合設計」的作法，與國內將「通用設計」解釋成僅考量讓原本被排除的使用者可以使用，在概念及作法上並不相同（邱大昕，2016）。從這個例子便可以看出，「可及性」背後的價值是基於「融合」的概念，也就是將差異設計於「內建系統」。相對地，國內「通用設計」的概念傾向建立在「整合」的概念之上，也就是在系統設計中不包含回應障礙者差異性需求的設計，而是採取「外加功能」的方式處理。

　　近年來許多縣市推動的「共融公園」或「共融遊戲場」，便是希望透過考量多元需求的「通用設計」，以達到「共融」或「融合」的目標，然而，若社會對於多元差異與尊重的認識落後，則仍難以達到真正的「共融」或「融合」。因此，國內有些共融遊具，例如為輪椅使用者設計的盪鞦韆，管理單位為了避免社會大眾隨意玩弄而增加耗損，常在其外圍加設圍牆，導致家長帶著使用輪椅的孩子到公園玩，卻無法和其他孩童一起玩，而是被關在旁邊自己玩，這就無法產生真

正的「共融」。或者，在設計共融公園時，仍站在非障礙者狹隘的認識之上，將共融遊具設置於沙灘造景的地面，使得輪椅使用者動彈不得，這也是對於多樣性與差異性認識不足，導致「可及性」大幅降低的情形。

　　「可及性」的概念貫穿整個《身權公約》，例如第 24 條關於「融合教育權」的第 4 號一般性意見第 25 段提到，教育上應採通用設計：「運用通用設計，老師及其他人員創造一個可調整的學習環境，發展教學方法以滿足所有學習者的多樣需求。」這段文字點出了「通用設計」是方法，考量的是「所有人」的多樣需求，目標是「融合」。

　　值得注意的是，「可及性」不僅指環境設計，《身權公約》第 9 條「可及性」的內容，涵蓋的層面不僅包含物理環境、交通等硬體設施設備方面，亦涵蓋資訊型態與溝通方式，以及提供現場協助，和相關人員訓練等方面。這些不同向度的可及性，對於障礙者的參與，都具有不可或缺的角色。舉例而言，國內許多障礙者常遭遇低地板公車司機不遵守標準操作流程規範（例如未將斜坡板卡榫卡好），而導致障礙者摔傷的情形（聯合新聞網，2021a），雖然公車已有無障礙設計，但人為操作問題，卻導致「可及性」不足。因此，不應僅從環境設計的角度理解「可及性」概念，通用設計及無障礙設計僅是達到「可及性」的多種方法之一，相關人員訓練與監督管理等其他方式亦是達到「可及性」的必要措施。

（二）合理調整

　　《身權公約》第 2 條第 4 項定義「合理調整」為「在不造成過度或不當負擔的情況下，針對特定需要進行必要與適當的修改和調整，以確保障礙者在與他人平等的基礎上，享有或行使人權及基本自由。」而在第 2 條第 3 項關於基於障礙的歧視，提到「拒絕提供合理調整」也是歧視的形式之一。

　　例如《身權公約》第 13 條規定司法程序中應提供程序調整（procedural accommodation），因此，基於第 2 條第 3 項的前述規

定，若司法程序中未依據個別狀況及需要提供程序調整，將構成歧視。

第 24 條關於「融合教育權」也有「合理調整」的規定。第 4 號一般性意見第 27 段要求締約國應「提供個別學生合理調整，以使其能在與他人平等基礎上近用教育。」提供「合理調整」的時機是「一旦當事人提出請求，便有責任立即提供合理調整。」

至於「合理調整」的「合理性」如何判定，第 4 號一般性意見第 27 段指出，「視個別脈絡而定，必須考量調整的相關性和效能，目標是對抗歧視。在評估是否造成不成比例的負擔時，會考量可獲取的資源及財務上的負擔。」邱大昕（2017）提醒，美國企業常以「過當負擔」（undue hardship）為由，對於「合理調整」的要求加以抗辯，法院判決也因不同年代而有不同標準。由於「合理調整」的需要，以及是否造成過當負擔，都必須視個別狀況而定，因此，他建議臺灣應建立落實此概念的相關配套措施。

儘管「合理調整」是有條件的且視個別狀況脈絡而定，然而其目標是避免歧視，並且維護障礙者的自主、選擇與尊嚴。第 4 號一般性意見第 26 段強調，「合理調整為了確保不歧視及平等，應考量個人的尊嚴、自主與選擇。」

第 6 號一般性意見第 26 段提出進行「合理調整」的步驟：

1. 透過與障礙當事人的對話，指認與去除影響其享有「平等人權」的阻礙。

2. 評估在法律上和實務上進行特定調整的「可行性」。

3. 評估特定調整對於確保「平等權利」的「必要性」、「適當性」及「有效性」。

4. 評估特定調整是否造成「不成比例或過當」的負擔，這涉及衡量確保權利保障的目標與使用之方法間的「比例性」。

5. 確保合理調整確實能達到「促進平等和消除歧視」。須考量財務成本、可獲取的資源包含政府補助、須調整方的規模、進行調整對組織的影響、第三方可獲得的好處、對其他人可能造成的負面影響、

合理的健康與安全要求等。

　　6. 確保不是由障礙當事人負擔調整的成本。

　　7. 關於調整造成「過當負擔」的舉證責任應由調整方負責。

　　儘管根據第 6 號一般性意見，「合理調整」是在當事人提出之後，依據當事人需求進行的「事後調整」，然而，由於合理調整關心個別化的情況與需求，因此，若是真的尊重人權，責任承擔者應更主動與障礙當事人對話，了解其需求，並積極進行合理調整，以避免有些障礙者在長期被削權的狀態下，不敢或不知如何自我發聲爭取權益，而導致權益受損的情形。

四 障礙者是自己的主人：法律能力與支持決定

　　《身權公約》強調障礙者是「權利持有者」，擁有權利的人應有權行使與他人同等的法律權利，而障礙者應有權取得行使法律權利的支持，並且在生活中，能在支持下，為自己做選擇與決定，成為自己生活與人生的主人。

（一）法律能力

　　《身權公約》第 12 條規定，「法律之前平等認可」是基本的人權，第 1 號一般性意見第 5 段指出，「法律之前平等認可是不需要條件的。不能因為任何理由而剝奪個人此權利。公民與政治權利國際公約的第四條第二項更規定，即使是公共緊急時期，也不能減損任何人的這項權利。」「法律能力」的剝奪，同時也剝奪了個人進行健康、教育、工作等重大決定的權利，因此，「法律能力」的確保，是許多其他面向權利保障的基礎。

　　第 1 號一般性意見第 8 段指出，「否認障礙者的法律能力導致障礙者基本權利受到剝奪，例如選舉權、結婚及組成家庭的權利、生育權、親權、親密關係與醫療同意權、自由權。」例如在我國，被監護宣告者不論在工作、結婚、政治參與，甚至醫療決策上，都失去了自

主權，必須由監護人代為決定，從一個角度看似乎是為了保護，但另一個層面卻是對一個人多方面人權的嚴重剝奪。而這也是為什麼《身權公約》要求世界各國應廢除監護制度，以「支持決定」取代之。

「法律能力」這個詞，對某些人而言也許陌生，因而易與「心智能力」的概念相混淆。第 1 號一般性意見第 11 段指出，法律能力包含「擁有權利」和「在法律下作為行動者」二個面向。前者是「必須確保法律系統保障個人的權利」；後者則是「認可個人作為有權利參與交換、創造、修正、結束法律關係之媒介。」第 12 段更清楚指出，「法律能力是擁有權利與義務的能力（法律地位）以及行使這些權利（作為法律媒介）。」然而，「心智能力」則是「做決定的技巧，這因人而異且同一個人也可能受到許多環境與社會因素影響。」而且，「心智缺陷或其他歧視性的標籤都不能成為否認個人的法律能力（包含法律擁有與法律行動）的正當化理由。」

（二）由「替代決定」轉為「支持決定」典範

障礙者生命經驗往往是被許多自認為是「為他好」的人所決定，導致障礙者的自主選擇機會與權利被剝奪。《身權公約》捍衛障礙者的自主決定權，第 1 號一般性意見第 18 段規定，「在所有時期，包含危機狀況，個人自主與做決定的能力都必須被尊重。」然而，當社會習慣認為障礙者能力較差，則障礙者身邊的人便很容易自以為最能為障礙者的「最佳利益」代言、替代障礙者做生活中大大小小的決定，這是對障礙者「人權」的忽視，也是歧視障礙者的作法。

《身權公約》要求服務應支持障礙者做決定，而不是替障礙者做決定。第 1 號一般性意見第 3 段明確指出，「人權模式的障礙觀點意味著由替代決定轉為支持決定的典範轉移。」第 7 段規定，「替代決定的作法例如監護、託管、精神健康法律允許強制治療，都是否定障礙者法律能力權利的歧視作法。這些作法都應廢除，以確保障礙者的法律能力能全面被恢復。」第 17 段指出，「法律能力的行使應尊重權利、意願與偏好，且絕對不能用替代決定的方式。」並且，「為確

保法律能力平等行使，應提供支持。」

關於「支持決定」的「支持」，根據第 1 號一般性意見第 13 段，包含由支持提供者及同儕所提供的支持，也包含倡導、自我倡導、溝通協助、通用設計與可及性，還有發展與認可多元及非傳統的溝通方式，甚至精神疾病者預立當自己處於精神危機期的介入計畫。第 1 號一般性意見對於「支持」提出幾項重要的提醒。首先，障礙者應有權在冒險與犯錯中累積自我決定的經驗，並以當事人為中心。第 22 段指出，「行使法律能力的保障應包含使當事人避免被支持者過度影響。應尊重當事人的權利、意願、偏好，包含冒險與犯錯的權利。」其次，「支持」應是「充權」的過程，而不是製造對支持者的依賴。第 24 段提到支持法律能力的行使「目標之一是建立障礙者的自信與技巧，使其未來能在較少支持下行使法律能力。」

最後，社區生活中的自然支持網絡，是發展自我決定的重要條件。第 44 段指出，「障礙者應被給予發展與表達意願偏好的機會。這牽涉第 19 條的權利，亦即障礙者應在與他人平等基礎上，有自立生活於社區並做選擇、控制自己的日常生活的機會。」第 45 段則點出，「社會網絡與自然的社區支持（包含朋友、家人與學校）是支持決定的核心。」

（三）「意願與偏好」典範代替「最佳利益」典範

有些障礙者由於表達上的限制或其他因素，有時不太容易明確判斷其想法，為了確保他們的自主權，第 1 號一般性意見第 21 段指出，「在做過極大的努力後，實在有困難決定當事人的意願與偏好時，可以『意願與偏好的最佳詮釋』代替『最佳利益』決定。」應以「意願與偏好典範」，代替「最佳利益典範」。

「意願與偏好的最佳詮釋」的前提，是必須在做過極大的努力之後，這包含以耐心的方式溝通、適當溝通輔具之使用，以及善用多元方式溝通，例如依據障礙者的狀況和需要，使用手語、手指語、圖卡、溝通板、肢體語言等多元方式嘗試溝通，若仍無法辨認當事人的

意願與偏好時，才能運用所謂的「意願與偏好的最佳詮釋」。

　　Wood（1989）指出，專業人員容易有「『我知道他們需要什麼』症狀」，習慣性地為服務對象做決定。《身權公約》主張這種習慣應予摒棄，服務提供應詢問障礙者的想法與需求、以障礙當事人的意願與偏好為主要考量。若確實困難理解障礙者所表達內容，則應以障礙者為中心，觀察障礙者的意願與偏好、參考熟悉障礙者的人的解讀，進而形成暫時性的詮釋，再透過持續地觀察以期更能理解障礙當事人的意願與偏好。

五 肯認手語和聾人文化

　　權利、意願與偏好的表達，需要語言作為媒介。先前提到，發展和肯認多元的溝通型態，也是「支持決定」的一環。「手語」是聾人文化的一部分，也是聾人認同的重要元素。社會習慣以「口語」為「語言」單一標準，要求聽障者必須配戴助聽器，學習口語和讀唇，忽略了語言表達的媒介其實不只有聲音，肢體語言更形重要。當「語言」被以聽人為主的社會定義為僅有「口語」才算數時，「手語」乃被主流社會所邊緣化，「聾人文化」也隨之被排除。因此，肯認手語和聾人文化，是確保聽障者人權的重要工作之一。

　　《身權公約》第 2 條提到「語言」包含「口語、手語及其他形式的非口語語言」，肯認人類社會多樣性也展現在語言型態上。社會以聲音溝通的方式被賦予較優勢位置，使得其他溝通方式例如畫圖、角色扮演，或透過觀察等其他方式不被重視，也使得不太能夠或完全無法藉由口語溝通者面臨被排除的風險（Tisdall, 2012）。

　　《身權公約》第 21 條關於「表達、發表意見及取得資訊的自由」中，明定締約國應「採取適當措施以確保障礙者行使表達與發表意見的自由，包含透過第 2 條所界定的所有自己選擇的溝通形式進行表達與資訊傳遞和接收。」該條文並要求締約國應「認可及促進手語的使用」。另外，《身權公約》第 9 條關於「可及性」也提到國家應提供

「專業手語翻譯員」。

　　用自己選擇的溝通形式溝通，對於權利的維護很重要，尤其例如在警察局、法院，或是看醫生的時候溝通病情，能以對自己而言最貼近的語言溝通，在表達與資訊接收上，將較為完整而不易產生誤解。事實上，對於許多聽障者（包含主要倚靠「手語」溝通的「聾人」）而言，「口語」彷如聽人學習另一個語言，就算學得再好，仍難以成為最能充分與清楚表達的工具。因此，認可「手語」的地位，才能保障聾人平等表達與接收資訊之權利。

　　《身權公約》注意到「語言」與「認同」間的關係，也非常重視障礙者的社群認同。第24條關於「融合教育權」便提到應「促進手語的學習和聾人社群的語言認同」。而第30條關於「參與文化生活、娛樂、休閒和體育」中提到，「障礙者應在與他人平等基礎上，其文化和語言認同應受到認可與支持，包含手語和聾人文化。」

六　《身權公約》的法律性質與所保障之權利性質

（一）《身權公約》的法律性質：規範國家義務

　　聯合國的人權公約，範訂了國家對於其「公民」所該承擔的權利保障責任內容，同時也提供個人對國家提出權利主張的依據。締約國一旦簽署且國內法化，即應遵守公約所規範之國家義務（廖福特，2017）。若國家不僅簽署《身權公約》，也簽署了《身心障礙者權利公約任擇議定書》，則該國公民權利受損時，便可在窮盡國內法律途徑後，仍未獲得國家具體而友善的回應時，向聯合國身心障礙者權利委員會請求救濟（郭銘禮，2017）。

（二）《身權公約》所保障的權利性質

　　《身權公約》之目的，是說明自《世界人權宣言》，至《公民與政治權利國際公約》、《經濟社會與文化權利國際公約》明定的諸多

人權內涵，如何具體實踐於障礙者的權利保障。因此，《身權公約》涵蓋消極面的權利，也就是公民與政治權利，使個人免於強迫或干預；也包含積極的權利，即經濟社會文化權利，也就是要求國家提供或保障給付的權利（Dwyer, 2004）。

公民權與政治權的實施，建立在「權利優先於其他一切考量」的基礎之上（Neier, 2012）；而經濟社會文化權利的實施，則較接近 Marshall 所謂的社會公民權。在經濟社會與文化權的部分，《身權公約》並非如 Titmuss（1968）所主張的普及性福利，而是賦予締約國在合理的短時間內，以快速且有效的方式，逐步實現公約所保障之權利。

此外，即便是資源有限，國家也有義務確保在資源限制下最大限度之權利享有，這在《經濟社會與文化權利國際公約》的第 3 號一般性意見中即有明確說明（廖福特，2017）。若締約國將其未能履行最低核心義務的原因歸咎於欠缺資源，就應先證明已盡一切努力且已利用一切資源（郭銘禮，2017）。舉例而言，第 19 條要求世界各國「去機構化」，然而，這需要一個逐步的過程，現階段政府必須計畫性地將住宿機構的資源移轉到社區，並應有明確的目標、時間點與資源投入之規劃。

 ## 第五節　結語：障礙者人權保障的挑戰

「公民權」的概念，必須在政治、經濟、文化的脈絡與變遷，以及既有的權力關係中被理解（Faulks, 1998: 4）。障礙者的「人權」處境，與障礙者所在的社會如何看待障礙者有關，也與這個社會如何看待「人權」有關。隨著臺灣社會邁向民主化，民間社會力量蓬勃發展，也隨著我國簽署並制定多項公約施行法，「人權」逐漸受到重視與強調。然而，障礙者人權的保障，卻會根本挑戰社會價值和意識型態。

Russell（2002）指出，在資本主義的生產模式下，障礙勞工容易被視為不利於極大化資本家的利潤，因此障礙歧視不太可能被根除。他認為個人主義式的「反歧視」法案，賦予個人事後救濟的依據，卻無法根本解決障礙者被歧視的處境，他主張更重要的是「積極推動結構性的變革」。Felice（1996）也強調結構性阻礙的去除，是落實人權的關鍵。他認為聯合國的各項人權公約同時保障了個人與群體的人權，因此，國際社會對於「人權」的界定遠超過僅著重個人自由的自由主義觀點，而是從集體人權的角度了解權利，這包含自我決定與發展的權利，也包含因應特定群體的需求之權利。

　　前述二位學者點出了個人自由的保障，與積極推動結構性變革以確保群體的權利，二者的同時關照，是重要的課題。《身權公約》有許多確保個人權利的條文，但也提出「可及性」與「合理調整」的要求，透過環境的改變，確保群體與個人之人權保障。

　　從哲學層面思考障礙者人權，則須面對意識型態議題。Carpenter（2012: 251）指出，「『障礙』向社會，尤其是專業服務，拋出了道德與倫理的挑戰。例如資源有限或稀少時誰優先？誰該活、誰該死？」這個問題涉及二個層面，一個是國家與個人及家庭的關係；另一則是政策如何看待障礙者。關於國家與個人及家庭的關係，新自由主義觀點強調個人和家庭責任，而 Titmuss（1968）的觀點則反對「殘補式」的福利，主張國家應提供「普及式」的社會福利。國家介入的時機與程度，以及個人和家庭所應承擔的責任範圍，都會是推動障礙者人權時將面臨的論辯。

　　關於政策如何看待障礙者，挑戰的是社會如何看待「障礙」以及障礙者的人權（尤其重度障礙者）。Buchanan（1990）主張每個人皆應有充分的道德地位，即使最無法回饋他人、與他人互惠的人，都應該有道德上平等的價值。Marshall 的「社會公民權」概念主張公民皆應有權充分共享社會遺產與依照社會普遍標準過文明生活。而 Esping-Andersen（1990）則強調「社會權」應該是人無須單純靠將自己視為商品，在市場上用勞力換取生活。他主張公民地位取代階級地

位，讓社會權受到保障，使每個人的人性價值皆受到肯定，而不是建立在市場價值。

　　前述學者的觀點成為國家主動積極介入的依據，儘管他們提出了意識型態與道德的論述，然而不可諱言地，任何社會政策都建立在特定的社會、政治、經濟與文化脈絡之上。障礙者人權保障的挑戰，除了社會對於「障礙」以及國家角色的價值和意識型態，也挑戰著既有不平等的社會關係。若欲根本改變障礙者在社會中的劣勢處境，前述諸多方面都需要透過社會對話，進行解構並且重新建構，以落實障礙者公民權、政治權、經濟權、社會權與文化權。

　　《身權公約》提醒我們，在過去，障礙者容易被視為被動接受被給予的一切，包含被給予的不平等對待，而人權取向的觀點強調障礙者擁有平等的權利，並且是行使權利的媒介。因此，唯有障礙者作為行動者的主體參與，才能成為自己生活以及外在環境改變的媒介，透過與社會中其他群體的不斷對話，成為創造社會改變的力量。如此，作為「人」的自主性與能動性才能充分展現與發揮，這或許是人權推動過程最重要的部分。

第二章

被削弱的障礙者人權

在第一章中談到，為了確保障礙者的人權，無可避免的必須挑戰社會看待「障礙」的方式和既有的不平等社會關係。社會對待「差異」的方式，往往形塑著不平等的社會關係、削弱了障礙者的自主與人權。本章進一步從二個層面分析障礙者的自主與人權是如何地被削弱，其一是被標籤與歧視的經驗，另一則由於許多障礙者日常生活中需要協助，在協助／照顧關係中容易處於劣勢，許多的機會被剝奪，甚至被（迫）放棄自我。最後，總結社會看待「差異」的方式如何影響著障礙者生活的自主性，以及自我認同。

 ## 第一節　障礙歧視

　　聯合國於 1948 年公布的《世界人權宣言》（Universal Declaration of Human Rights）第 1 條規定：「所有人生而自由且具有平等的尊嚴與權利。」第 2 條並禁止因為各種因素所造成的歧視。然而，不論歷史上或今日的社會，障礙者卻經常為社會所排除與歧視，自主與人權不斷遭受削弱與剝奪。

一　「歧視」的定義與類型

　　《身權公約》第 2 條定義歧視為：「任何基於障礙的區隔、排除或限制，其目的或影響，是損害或取消在與他人平等的基礎上之認可、享有或行使政治、經濟、社會、文化、公民或任何其他領域的所有人權和基本自由。」

　　Thompson（2010）將歧視分為「個人歧視」與「制度歧視」。「個人歧視」是對於個人或團體的厭惡或者非故意的偏見，例如因為刻板印象而對於他人抱持歧視性態度。「制度歧視」則是透過組織運作，包含「文化性」與「結構性」，其中，「文化性」的制度歧視是基於理所當然的預設、共同的意義或規則，透過社會化而潛移默化，形塑

人們的世界觀，進而成為所謂的「常態」；「結構性」的制度歧視則是藉由社會組織內部層級和整體社會結構，決定不同社會群體間的權力與機會之分配。

▣ 《身權公約》關於「歧視」的性質與類型之說明

（一）「直接歧視」與「間接歧視」

1. 直接歧視

《身權公約》第 3 號與第 6 號一般性意見都對「歧視」的概念提出說明，直接歧視是當障礙者因為與「障礙」有關的原因，而被給予相較於在相同情境下的其他人來說，較為不利的對待，包括「有害行為」或「不作為」。例如在同一間學校就讀的當事人以外的學生，就是在相同情境下的其他人，而當事人因為障礙的關係而被學校給予較為不利的對待，這便是歧視。

《身權公約》第 6 號一般性意見指出，例如學校為了不調整學校環境而拒絕障礙兒童入學，便是直接歧視；第 3 號一般性意見指出，例如在訴訟程序中以「法律能力」為理由，而將心智障礙女性或心理社會障礙女性在法庭上的證詞駁回，使得她們作為暴力受害者卻無法得到正義與有效的補救，這便是直接歧視。臺灣的障礙者也經常遭受直接歧視，例如被公車司機拒載或司機態度惡劣（中央社，2020；台灣好新聞，2021）、被餐廳拒絕入內用餐（周月清、張家寧、陳毅、呂又慧主編，2019：164）、被保險公司拒保或予以不平等對待（ETtoday 財經雲，2021），甚至被拒絕就學（蘋果新聞網，2021）。

障礙者經常被直接歧視，例如障礙女性與障礙兒童的想法、意見和差異需求容易被直接予以忽略，因此本書第一章提到，《身權公約》的 8 大原則中，第 7 和第 8 項原則對於這二個群體容易受到歧視特別提出提醒，而直接歧視只是其中的一種形式，有些則是間接歧視

甚至是交叉歧視，容後說明之。

最極端的直接歧視是侵犯障礙者的生存權。例如二次世界大戰期間，障礙者是德國納粹最早系統化大規模屠殺的群體，也是納粹大規模屠殺猶太人的前奏。在 1939 年秋天德國入侵波蘭後，約有 1 萬 7,000 名精神病患及其醫師和照顧者被謀殺。1939 年，最早一批被送入毒氣室謀殺的是 400 名精神病患。在 1940 年春天，更謀殺約 2,000 名精神病患。而 1941 年至少有 1 萬 7,000 名精神病患者與照顧機構的障礙者被謀殺（Foundation Memorial to the Murdered Jews of Europe, 2015）。

由於對障礙者的歧視而造成的暴力，甚至在 2000 年代仍然發生。日本在 2016 年 7 月 26 日凌晨，神奈川縣服務智能障礙者的機構發生殺人事件，共 19 人死亡，26 人重傷，兇嫌認為「如果這個世上沒有智障者多好」、「想讓世界上的障礙人士都消失」（中華民國智障者家長總會，2016），這種源於偏見而直接歧視障礙者的現象，遍布於障礙者的生活之中。

障礙者的生活中，經常遭受類似的歧視與傷害。前述神奈川的事件，勾起了障礙者遭受歧視的創痛，例如日本障礙者奈良崎眞弓述說神奈川事件對自己的影響，在他小學五年級時，因為跟不上課業，同學對他說：「你去死吧！我們不需要障礙者！」20 多年來他已經忘記這句話，神奈川事件勾起了他的回憶，他說「再次抽痛我的心，有整整 2 天的時間，我一直都在嘔吐，而且（明明是夏天卻）一直覺得很冷。」（奈良崎眞弓，2016，高雅郁譯：9）臺灣的心智障礙者也表達他們對於神奈川殺人事件的心聲：「這根本是歧視！」「希望有一天別人對我們的看法不再只是障礙者，而且也能夠自己獨立生活。」（中華民國智障者家長總會，2016）這些障礙者對此事件的共鳴，反映了社會歧視深深刻印與侵蝕著障礙者的生活與心靈。

這種貶抑障礙者，甚至認為障礙者不應該存在的思維，亦可見於我國《優生保健法》。《優生保健法》第 9 條關於懷孕婦女經診斷或證明得施行人工流產的情事前四項分別為「本人或其配偶患有礙優生

之遺傳性、傳染性疾病或精神疾病者」、「本人或其配偶之四親等以內之血親患有礙優生之遺傳性疾病者」、「有醫學上理由，足以認定懷孕或分娩有招致生命危險或危害身體或精神健康者」以及「有醫學上理由，足以認定胎兒有畸型發育之虞者」。前述規定都顯示政策認定障礙者的生存價值較低，為了「優生」考量，可剝奪其生存權。

此外，《優生保健法》第 10 條關於結紮手術的規定，有雙重標準的情形。該條文規定已婚男女經配偶同意者，得依其自願，施行結紮手術。但經診斷或證明得逕依其自願行之的情事，前三項為：「本人或其配偶患有礙優生之遺傳性、傳染性疾病或精神疾病者」、「本人或其配偶之四親等以內之血親患有礙優生之遺傳性疾病者」、「本人或其配偶懷孕或分娩，有危及母體健康之虞者」。且規定當「配偶生死不明或無意識或精神錯亂者」，得不經配偶同意。換句話說，政策認定障礙者的生育權，為了「優生」考量，得給予較低的尊重與保障。

而第 11 條更規定醫師「發現患有礙優生之遺傳性、傳染性疾病或精神疾病者，應將實情告知患者或其法定代理人，並勸其接受治療。但對無法治癒者，認為有施行結紮手術之必要時，應勸其施行結紮手術。」且「懷孕婦女施行產前檢查，醫師如發現有胎兒不正常者，應將實情告知本人或其配偶，認為有施行人工流產之必要時，應勸其施行人工流產。」換言之，障礙者的生命被認為較沒有價值、較不值得活，因此醫師甚至應基於優生考量，積極主動勸告懷孕婦女施行人工流產。直接歧視使障礙者遭受不利的對待，損毀障礙者的人格尊嚴，甚至否定障礙者存在的價值與生命權，對障礙者人權造成極端的侵害。

2. 間接歧視

《身權公約》第 3 號與第 6 號一般性意見定義「間接歧視」為法律、政策或作法表面上看起來中立，但是對障礙者具有不成比例的負面影響。第 6 號一般性意見指出，如果學校讓心智障礙學生入學，卻不提供易讀版本的教材，便是「間接歧視」；或是雇主在面談新招募

員工時，地點在沒有電梯的二樓辦公室，致使行動限制者陷於較爲不利的處境，也是「間接歧視」；另外，第 3 號一般性意見指出，例如健康照顧設施看起來可能是中性的，但是卻不包含「可及的」婦科檢查床，這是「間接歧視」。

許多時候，雖然環境有「無障礙設施」，卻有可能因爲「間接歧視」而使得障礙者無法使用無障礙設施。例如在新冠肺炎防疫期間，曾經出現爲了防疫管制單一出入口，臺南市中西區國華街的「淺草青春新天地」商圈自治會將無障礙坡道以鐵鍊封鎖住，阻礙了前往無障礙廁所的通道（自由時報，2021）。表面上，單一出入口管制是針對所有人的規定，似乎是一項中性的措施，但是未考量無障礙坡道是輪椅使用者唯一可行的通道，而加以封閉，剝奪了障礙者平等通行的權利，這屬於「間接歧視」，這也凸顯欲落實「可及性」，相關人員的訓練與管理不容忽視。類似的狀況也曾發生在臺南鹽水區公所，因爲建築物整修而封閉斜坡道，導致障礙員工進出困難（ETtoday 新聞雲，2020）。

（二）「不可及」和「拒絕合理調整」便是歧視

關於「歧視」的概念，直接／間接歧視是最常見的分類方式之一。而對於障礙者而言，環境以多數「非障礙者」的標準建構，忽略障礙者的差異性需求，其實可說是一種「多數霸凌少數」的作法，因此，《身權公約》關於第 5 條「平等不歧視」的第 3 號及第 6 號一般性意見都提到，「拒絕合理調整」便是歧視，國家應確保障礙者與他人平等的權利。

障礙者作爲平等的公民，就像其他人一樣，具有作爲「公民」的權利與義務，然而，當環境充滿阻礙，障礙者將如何能履行自己作爲「公民」的權利與義務呢？同樣地，社會中許多資源，包含福利資源，也經常因爲環境阻礙，權利因此受到剝奪。因此，《身權公約》第 3 號一般性意見指出，例如醫療單位物理環境的「不可及」，致使女性障礙者無法獲得 X 光乳房攝影，這便是因爲拒絕合理調整造成

的歧視，這同時也是「間接歧視」。此外，《身權公約》第 2 號一般性意見第 13 段和 29 段皆指出，「不可及」即構成歧視，且於第 29 段規定「應有法律上的補救措施」。Degener（2016）指出，社會大眾可取得的物理環境、交通、資訊溝通科技、設施與服務，障礙者無法取得，就是歧視。

國內也有許多「不可及」的問題，例如游政諺、陳孝平（2015）發現聽障者就醫遭遇許多醫療院所「不可及」的問題，包含：住院開刀時家人無法進手術房，聽障者和醫生溝通困難；診所缺乏叫號器、醫護人員堅持以筆談方式溝通，使得聽障者難以深入討論病情；醫師堅持不脫下口罩導致聽障者難以理解醫師的說明；眼科視力檢查未提供書面資料而致使聽障者難以了解檢查步驟或流程。醫療院所這些「不可及」的情形，侵犯了障礙者平等使用醫療資源的權利，對障礙者構成歧視，違反了《身權公約》的規定。然而，由於《身權公約》的法規性質，乃是對於「國家作為」的要求，個人並無法據以對醫療院所提出告訴，因此無法由個人直接採取法律行動以促成改善，而須藉由倡議政府透過政策措施約束醫療院所，以及透過宣導而促使改變。

同樣地，教育方面，《身心障礙學生考試服務辦法》規定各級學校及試務單位公開辦理入學相關考試時，考試服務「應衡酌考生之考試科目特性、學習優勢管道及個別需求，提供適當之試場服務、輔具服務、試題（卷）調整服務、作答方式調整服務及其他必要之服務。」而所謂「試場服務」包含：調整考試時間、提供無障礙試場環境、提供提醒服務（視覺或聽覺提醒、手語翻譯或板書注意事項說明）、提供特殊試場（單人、少數人或設有空調設備等試場）。

儘管這些規定試圖提供障礙考生號稱「無障礙」的考場，然而，提供考生的調整，卻常有不符障礙生實際需求的情形。監察委員王幼玲便曾於 109 年促請教育部盡速檢討改進大學入學考試的調整措施，包含考試時間的延長，不應該統一規定以 20 分鐘為限，而是應該依據考生實際需求；不應以減圖和刪除圖題的方式調整考題，而應採

「通用設計」考題；特殊試場距離反而比一般考場更遠等等現行不當作法（監察院，2020）。前述問題的根源，主要來自於相關調整採取統一規定、一體適用的方式辦理，因而無法實際回應個別差異需求，而試題內容也欠缺「可及性」。這些現象都是因為環境缺乏「可及性」與「合理調整」所造成的「歧視」。

在本書第一章中提到，「合理調整」強調必須視個別狀況進行調整，而非「一體適用」的所謂「無障礙」設施設備作法之思維，《身權公約》第6號一般性意見第26段更提出進行「合理調整」的7個具體步驟（參見第一章內容），而其中第1個步驟即是與障礙當事人進行對話，指認與去除影響其享有平等人權的阻礙。目前作法雖有「調整」，卻缺乏與當事人對話，因而與「合理調整」的作法仍有落差。這似乎透露著相關部門人員雖有「無障礙」的概念，但尚未體認「合理調整」的實質意涵，以及未進行「合理調整」即構成歧視。然而，儘管這已構成「歧視」，但改善方式仍須採取督促政府相關部門作為的方式，當事人並無法以提告方式主張權利與補償，這是《身權公約》法規性質的限制。

再以就業方面觀之，目前國內訂有《身心障礙者職務再設計實施方式及補助準則》，規範「職務再設計」的提供。所謂「職務再設計」，是指「為協助身心障礙者排除工作障礙，以提升工作效能促進就業，所進行之改善職場工作環境、工作設備、工作條件、提供就業所需之輔具及調整工作方法之措施。」根據該準則，雇主、身心障礙自營作業者、公、私立職業訓練機構、接受政府委託辦理職業訓練之單位、接受政府委託或補助辦理居家就業服務之單位，皆可向主管機關提出申請補助。

「職務再設計」表面上看起來和「合理調整」很像，都是依障礙者個別需要進行調整，然而，此二者卻有巨大的不同。「職務再設計」是鼓勵性質的補助措施而非強制性規定，且申請者不包含障礙員工本人，雇主若不提出申請也不會遭受懲罰，因此，「職務再設計」與「合理調整」的概念並不相同，前者沒有強制性，後者則具有強制

性，沒有進行「合理調整」即為「歧視」。

此外，職務再設計的規定也沒有依循《身權公約》第 6 號一般性意見第 26 段提出進行「合理調整」的步驟，而是視需要結合工程、管理、設計、醫事、勞工安全衛生、社會工作及特殊教育等相關專業人員進行訪視，障礙員工本人並不被賦予參與協商的角色。不過，雖然《身權公約》定義了「拒絕合理調整即構成歧視」，且提供了進行「合理調整」的具體步驟，然而，如何具體實踐，卻需要政府進一步透過法規政策措施予以落實。目前僅有鼓勵性質的職務再設計規定與措施，而儘管障礙員工有需求，雇主不提出職務再設計申請，也並未構成「拒絕合理調整」，因為目前尚未建立進行「合理調整」的具體步驟。

檢視國內許多法規，都已有禁止歧視障礙者的規定。例如《身心障礙者權益保障法》第 16 條規定：「身心障礙者之人格及合法權益，應受尊重及保障，對其接受教育、應考、進用、就業、居住、遷徙、醫療等權益，不得有歧視之對待。」違反該條文處新臺幣 10 萬元以上 50 萬元以下罰鍰；《特殊教育法》第 21 條規定：「各級學校及試務單位不得以身心障礙為由，拒絕學生入學或應試。」此條文無罰則，施行細則亦沒有說明；《精神衛生法》第 22 條規定：「病人之人格與合法權益應受尊重及保障，不得予以歧視。對病情穩定者，不得以曾罹患精神疾病為由，拒絕就學、應考、僱用或予其他不公平之待遇。」違反該條文處新臺幣 3 萬元以上 15 萬元以下罰鍰。另，《就業服務法》第 5 條規定：「雇主對求職人或所僱用員工，不得以種族……身心障礙……為由，予以歧視。」違反該條文處新臺幣 30 萬元以上 150 萬元以下罰鍰。

前述諸多法律雖有禁止基於「障礙」的歧視，但是當障礙者遭受歧視時，僅能向相關機關依法提出申訴，相關罰鍰也有一定的上限規定。此外，這些關於歧視的規定，都沒有將「合理調整」的概念放入，因此，未提供「合理調整」是否會被視為「歧視」，則須視審理申訴案件的委員會之定奪，較缺乏明確的法律規定以為一致性判定之

依循。

　　舉例而言，蘋果新聞網於 2019 年實測 17 家銀行無障礙網頁與 App，發現「友善專區」將一般社會大眾都能使用的多項服務例如「非約定轉帳」等金融功能取消，其中，有 8 大公股銀行擁有「AA」無障礙認證標章，取得「AAA」無障礙認證的 1 家民間銀行則僅剩簡單查詢功能（蘋果日報，2019）。從《身權公約》的角度，這已因「可及性」的缺乏而構成「歧視」，視障者可向國家通訊傳播委員會倡議，相關主管單位藉由行政上對於無障礙網頁施以更爲嚴謹的規範，以及向金融主管機關倡議，對於所屬金融業者進行更強制性的規範，然而，《身權公約》法規的性質並無法賦予障礙者向銀行提出歧視告訴的權力。

　　因爲環境缺乏「可及性」與「合理調整」而造成的歧視，充斥著障礙者生活各層面，例如防疫期間因爲負壓隔離病房缺乏無障礙設施，且規定家人無法陪同予以協助，導致障礙者難以如廁、更衣，甚至被迫坐在輪椅整整 2 天（聯合新聞網，2021b）。障礙者服刑也受到歧視，例如有聽障者入監服刑，家人探監時進行筆談卻被制止、視障者要帶手杖入監卻被拒絕（黃怡碧、黃嵩立，2020）。建築物施工期間動線調整，直接忽略障礙者通行的權利，例如臺北捷運局曾經爲了興建大眾運輸導向型發展開發案大樓，以圍籬封住無障礙斜坡道將近半個月，經障礙者向議員陳情，捷運局才道歉並連夜加蓋無障礙坡道（自由時報，2022）。這些所涉及的，不僅是硬體設施的「不可及」，亦包含相關人員的態度所造成的環境「不可及」。

　　因此，《身權公約》第 9 條關於「可及性」除了關注物理環境、交通、資訊與溝通等方面的可及性以外，也提到相關人員的教育訓練會影響可及性，產生歧視的情形。經常發生司機未依照標準化作業流程將斜坡板固定，導致障礙者受傷的情形（陳美琪，2021；台灣好新聞，2021），這也是因爲相關人員態度所造成之環境「可及性」不足，所衍生的「歧視」。

　　儘管《身權公約》定義環境「可及性」與「合理調整」的缺乏都

是「歧視」，但是法規本身並不賦予障礙者對於個別歧視者採取提告及事後補救措施之權利，而這也是日本遲至 2014 年才簽署《身權公約》的部分原因。日本政府計畫簽署《身權公約》之時，以「日本障礙論壇」（Japan Disability Forum, JDF）為首的障礙運動集體反對，主張應先進行障礙政策改革，其中包含了 2013 年制定的「消除障礙歧視法令」（Law on Elimination of Disability Discrimination），也就是專門禁止歧視障礙者的「反歧視法」，賦予障礙者對於歧視者採取法律行動之依據。

（三）多重歧視、交叉歧視

Degener（2014）指出，社會模式忽略損傷的經驗，重視社會集體而非個人解放，無法處理認同和多元認同的議題，而人權模式重視損傷是人的多元性的一部分，強調尊重差異，主張認同政治是解放的一環，重視多元認同、多重歧視的議題。《身權公約》重視人類差異性與多樣性，因而特別關注多元歧視與交叉歧視的議題。

《身權公約》第 3 和第 6 號一般性意見都提到多重歧視（multiple discrimination），指由 2 個或多個原因加總起來產生的效果，而交叉歧視（intersectional discrimination）的來源則是好幾個理由（包含年齡、障礙、族群、原住民、國家或社會來源、性別認同、政治或其他意見、種族、難民身分、移民或尋求移民地位、宗教、性、性傾向等等）彼此互動，交互運作、無法分割。很多時候不同原因的歧視彼此間的關係也不容易釐清，而非加總效果。

《身權公約》是第一個明確對於「交叉歧視」予以規範的國際人權公約（許宗力、孫迺翊，2017）。所謂「交叉歧視」，是導因於多種身分的歧視，相互交錯構成獨特的歧視樣貌，例如障礙女性所面臨的標籤與壓迫經驗，往往是「交叉歧視」的結果。邱大昕（2012）便曾指出，「雙重歧視」或「雙重弱勢」的概念不足以理解「性別」與「障礙」的複雜關係，因此多位女性主義者主張「身心障礙的女性主義」或「女性主義的身心障礙研究」，跨越身心障礙研究與女性主義

研究的疆界，採取多元交叉的視野理解障礙女性所經歷的歧視經驗。

《身權公約》第6號一般性意見提出「交叉歧視」的例子：有關家庭計畫的資訊不可及，導致障礙女性平等資訊取得的權利受損，這便是基於性別與障礙的交叉歧視。例如社會預設女性是「照顧者」，但又因為障礙歧視，認定女性障礙者沒有能力照顧小孩，而不是努力想辦法提供障礙者適切的育兒資訊與支持，這便是交叉歧視的例子（呂思嫻，2015；生命力新聞，2020）。

交叉歧視背後所涉及的，正是 Thompson（2010）所謂的文化性與結構性的制度歧視，以障礙女性所面臨的交叉歧視而言，往往源於社會對於「女性」及「障礙」的文化意識型態，與結構性的安排，而這二個因素產生相乘（而非相加效果），所造成的獨特性的被歧視處境與經驗。因此，《身權公約》特別關注障礙女性因為多元身分所經歷的交叉歧視問題（intersectionality），而解決之道也必須是從文化與結構層面著手。

學者強調，遭受交叉歧視者往往是最弱勢者，「反歧視法」只能提供事後彌補，卻無法處理造成不平等的「系統性問題」，況且，依據「反歧視法」提出告訴，障礙者須承受較大的金錢與情緒負擔。因此，對抗「交叉歧視」採取「積極行動」政策與措施，積極建構不歧視的環境，會比個人主義式的事後申訴與補救模式來得更有實質效果（Fredman, 2008; Smith, 2016）。換句話說，「反歧視法」或許有助於給予個別障礙者在遭受歧視時，對歧視者採取法律行動並進而獲得補償，然而，結構性與文化性因素造成的「歧視」，仍須國家積極採取政策措施，以及透過立法，始能創造整體社會巨幅改變之可能。

（四）關聯歧視

《身權公約》第3及第6號一般性意見皆指出，除了直接與間接歧視，還有「關聯歧視」（discrimination by association），指因為「與障礙者的關係」而受到歧視。例如許多障礙者的手足，在成長過程中常遭受同學的嘲笑；有些障礙者的手足會被認為具有遺傳性的疾

病，因而在交往和結婚方面被排拒。另外，許多障礙者的母親被質疑懷孕期間有不良生活習慣才會生出障礙孩子，因而對其責難，這也是關聯歧視。第 3 號一般性意見舉關聯歧視的例子：障礙孩子的母親被雇主歧視，理由是雇主擔心她可能因為孩子的關係而不太投入工作。

聯合國 CRPD 委員會於 2018 年對於一個間接歧視與關聯歧視案件做出決議。這是關於一位丹麥國民 Bendtsen 先生，在 2009 年發生車禍導致永久腦部損傷因而無法工作並領有社會福利補助，丹麥移民局拒絕 Bendtsen 先生的妻子於 2013 年提出的家庭團聚與居留許可申請，理由是丹麥《外國人（團聚）法》（Aliens (Consolidation) Act）規定，若申請人的配偶在申請前 3 年內領取社會福利，即不予允許。Bendtsen 先生和其妻子 Domina 女士向 CRPD 委員會提出個人申訴，CRPD 委員會認定該國《外國人法》的規定對障礙者 Bendtsen 先生造成了「不合比例」的影響，使他受到間接歧視待遇，損害申請人在與其他人平等的基礎上享有和行使家庭生活的權利。且根據委員會結論，丹麥有義務不將 Domina 女士驅逐回烏克蘭，並確保申請人在締約國的家庭生活權受到尊重。換句話說，丹麥政府若將 Domina 女士驅逐出境，則將是對她進行「關聯歧視」（人權公約施行監督聯盟，2019）。

🔘 三 微歧視

障礙者所面對的「歧視」，不僅僅是如上的分類，還有一種是日常生活中經常發生且帶來心理上的不舒服，當事人感覺到被「歧視」了，可是卻又難以在法規上被定義並給予懲罰，這就是所謂的「微歧視」（microaggression）。Robbins（2016）指出，微歧視往往是簡短、細微、不容易被意識到，透過輕蔑的言語或行動，傳達敵意、貶抑、種族歧視、性別歧視等意思，這種歧視經常不是有意的，也並不明顯，但卻讓當事人感到相當的不舒服。

許多障礙者經常被迫面對社會大眾的「微歧視」，許多是出於

「關心」、「愛心」，但實質上卻造成騷擾。例如，障礙者在路上會遇到路人對他說：「加油喔！」這句話通常是對正在努力做某件事情的人而說的，路人假設障礙者是很辛苦的，而這個辛苦是來自於障礙者個人身心狀況，因此透過這句話希望為障礙者打氣，然而，實質上產生的效果卻是讓障礙者感到被貶抑，因為該加油的是這個充滿阻礙的社會環境，而不是障礙者個人。

再舉例而言，障礙者也常遭遇路人莫名其妙突然塞錢給他、在外面吃飯被隔壁桌的主動代其付帳等情形，這些出於好意的行為，背後是預設障礙者必定是沒有能力工作賺錢、必定是需要他人照顧的，且不需要問當事人是否有需要的。輪椅使用者也經常遇到路人連問都不問就直接上前為其推輪椅、視障者也會遇到路人直接上前牽其過馬路，這些行為會讓當事人非常驚嚇甚至有實質的危險或是感覺被騷擾。事實上，障礙者不一定等於經濟困難無法支付生活所需，而經濟困難也不一定是障礙者個人問題，還有許多關於勞動市場歧視與國家經濟安全保障政策的結構性來源，此外，任何的協助也必須先徵詢障礙者當事人意願，才是對人的基本尊重。然而，社會對障礙者的刻板印象，往往透過這些生活中細微的、簡短的互動中顯露出來。

障礙者經歷的微歧視情況不勝枚舉，有些甚至有人身攻擊的意味。例如有些人會對障礙者說：「你怎麼了？」「你們家還有人像你這樣嗎？」「你的家人一定很辛苦！」「妳長得那麼漂亮，可惜是坐輪椅的，不會走路。」「這麼有才華，要是眼睛看的到就好了。」（左邊女孩，2022）這些語言透露著對障礙者身心狀況的貶抑，也透露著對障礙的負面觀點，認為障礙者是有問題的、不美的、較差的、是家人的負擔。這些語言對當事人而言都可能造成傷害，也是非常沒有禮貌的侵犯。

上述諸多例子，都可說是「微歧視」，發生於日常的人際互動當中，是偶發與隨機的，且是在生活中不經意的狀況下發生的，這些都讓當事人感覺被貶抑與冒犯，但卻難以透過任何法規而予以規範，而是需要透過文化的改變，改變整體社會認識「障礙」的方式與看待

「障礙」的觀點，才能根本改善這些微歧視的現象。

第二節　照顧關係中被（迫）放棄的自我

　　本章第一節介紹「障礙歧視」的概念與類型，而障礙者面臨之不平等的社會關係，不僅僅是前述諸多類型的「社會歧視」，由於許多障礙者的生活中，需要他人給予協助／照顧，在協助／照顧關係之中，障礙者也經常處於劣勢，被放棄有發展自我的可能，或被迫放棄自我。本節首先探討「易受傷害」的概念，進而說明照顧的意識型態如何創造不平等的照顧關係，迫使被照顧的障礙者陷入「易受傷害」的處境。其次，探討家人及服務提供者的照顧方式如何削弱障礙者的自主。最後，討論社會對於障礙者的差異貼上負面標籤，對障礙者產生的社會排除與影響。

一　障礙者作為「被照顧者」的「易受傷害」處境

　　當障礙者身體照顧的需求越高，則照顧者越有機會決定他／她所受到的是權益的保障，或是虐待（Morris, 2001）。Goodin（1985）的「易受傷害模型」（vulnerability model）便指出，依靠他人照顧的人是脆弱、易受傷害的，因為他的基本需求滿足與生活品質皆倚靠照顧者提供，若照顧者疏於照顧，則他將得不到最基本的保障（吳秀瑾，2005：162）。Goodin（1985）主張，對於那些最容易因為我們的行動或疏忽而受傷者，我們有最多的保護責任，也就是透過行動與選擇，以預防其受到傷害，這是倫理的議題（Stålsett, 2020）。

　　Stålsett（2020）批判 Goodin 的易受傷害模型將某些人定義為「易受傷害」且需要被保護，而另一群人則是有責任提供保護，這種二分法忽略了每個人其實都具有某些脆弱性，在某些狀況下，每個人都可能需要依賴他人，也可能是易受傷害的，而易受傷害者也並非是完全

沒有能力或資源的。他主張應從歷史與政治背景、社會結構與權力關係的角度理解人的易受傷害性，而不是以二分法視易受傷害爲個人特性。

障礙者之所以「易受傷害」，部分是因爲生活中需要依靠他人協助越多，自己的生活福祉就越受他人所影響，而爲什麼生活越受他人影響會導致「易受傷害」，則與他人如何看待與對待障礙者有關。以下探討照顧者的觀點如何創造出不平等的照顧關係，使得障礙者陷入「易受傷害」的處境。

🔘 「照顧」的意識型態創造不平等的照顧關係

照顧者採取的是保障被照顧者的人權，或是侵犯照顧者人權的取向，這與照顧者如何看待「照顧」這件事，以及如何看待被照顧的障礙者有關。有些障礙者進行日常生活中的某些活動，包含做某些決定與選擇，需要他人協助下始能完成，然而，有些照顧者認爲，「沒辦法自己做」就等於「沒有能力」，包含沒有能力做選擇、沒有能力表達自己的偏好（Collopy, Dubler, Zuckerman, Crigger, & Campbell, 1990）。

這種觀點不是從「以當事人爲主體」的「協助」角度出發，而是「以照顧者爲主體、障礙者爲客體」的「照顧」角度看待照顧／協助者與被照顧／被協助者之間的關係。一旦個人所需要的協助被視爲是「照顧」，掌控權就會在專業人員或家人手裡，「照顧」的意識型態，使得障礙者被迫依賴照顧者的「慈善」，形成照顧者與被照顧者間不平等的關係（Smith, 1997）。此外，將被協助者認定爲依賴與被動接受照顧的人，照顧者成爲負責管理與控制的人，這種論述也建構出不平等的關係（Wood, 1989; Morris, 1993; Smith, 1997）。

Swain 和 French（1996）指出，障礙者經常發現其他人不是關心他們，而是代替他們負責、過度保護他們、把他們視爲依賴者、控制他們、阻撓他們的自主，他們稱之爲「壓迫性的照顧」（oppressive caring）。壓迫性的照顧是建立在非障礙者的正常／不正常劃分之意識型態之上；照顧概念的重構需要從正常／不正常的意識型態，轉向肯認、接納、慶祝差異。

照顧者認爲被照顧者沒有能力，這種長期將被照顧者稚齡化（infantilized）、認爲自己比被照顧者更有能力評估被照顧者的需求，不僅使被照顧者長期處於不平等與不自主的社會關係之中，更有甚者，許多被照顧者也因而內化了這種被稚齡化的自我認同（infantilized identity）（Tronto, 1993）。障礙學者也批判，障礙者被視爲永遠需要依賴他人、被以孩子般對待，這種作法剝奪了障礙者平等參與社會生活、成爲一個完整的人的權利（Barnes, 2000）。而特殊教育系統被認爲與將障礙者稚齡化有關。特殊教育系統將障礙者視爲「永遠的小孩」（eternal child），社會環境也視障礙者爲永遠沒有能力改變的、不成熟的、永遠需要被教導和被給予，甚至是需要被隔離的，並且是他人的負擔（Finkelstein, 1980; Oliver, 1990；張恆豪，2015）。

這是常見的現象，例如國內對於先天性成骨不全症者，許多人稱他們爲「玻璃娃娃」，好似他們是永遠都不會長大的小孩。對於所服務的智能障礙成人，服務提供單位常以「孩子」稱之，而他們也常被要求稱呼工作人員爲「老師」或是「哥哥」、「姐姐」。筆者曾經在一個機構遇到畢業不久、在某單位擔任社工的系友，詢問工作是否適應，她說：「都好，只是不太適應很多年紀跟我爸媽一樣的服務對象叫我『姐姐』。」於是筆者建議社工可以和該機構討論，將稱呼改成互相以名字稱呼，或是以姓氏加上名字的方式稱呼社工，例如「陳社工」、「黃社工」。約莫半年後，再度遇到該名系友，詢問是否仍被服務對象稱呼「姐姐」，系友回答「是，但是已經習慣。」於是筆者問該系友：「那妳有沒有覺得自己越來越像『姐姐』了？」該系友驚恐地回答：「完蛋了，我眞的越來越像『姐姐』了！」筆者問「越來越像『姐姐』是什麼意思？」該系友說：「因爲我會罵他們、我會命令他們！」將障礙者「稚齡化」，明明是成年人，社會卻認爲他們

「永遠不會成年」，這種觀念形塑了不平等與壓迫的照顧關係，這個例子僅是諸多現象的一個縮影。

還有一次，筆者與一位特教專業的朋友到庇護餐廳吃飯，餐廳服務人員皆為心智障礙者，當服務人員送餐時，這位朋友用對待幼稚園孩童說話的語氣，對服務人員說：「哇！謝謝你！你好棒喔！你在這裡工作多久了？」緊接著詢問「你每天都在這裡工作嗎？」「你一個月賺多少錢？」這位特教專業的朋友想表達的雖然是關心，但是這些問話似乎不是一般在餐廳會有的對待服務人員的方式，這也是社會習慣以「特殊化」、「稚齡化」對待障礙者的一個縮影，專業人員以「上對下」的口吻，透過不斷詢問個人資訊的方式侵入障礙者的生活，而這種不平等的關係，卻似乎又會被以「關心」而合理化與正當化。

將障礙者「稚齡化」、以取代當事人自主的方式提供照顧，使得被照顧的成人障礙者無法像其他成人一樣，對於自己在生理衛生、服裝儀容打扮，以及生活各方面，都無法自主決定，進而影響其作為成人應有的社會地位與自我認同（Wellina & Jaffeb, 2004）。

三 家人「照顧」方式限制與剝奪障礙者的自主

將障礙者「稚齡化」，是以保護主義的角度將障礙者標籤，障礙者常被視為是負擔、被憐憫或輕視的客體（Borsay, 1990）。而照顧者過度保護與擔憂，也造成照顧者對受照顧方的約束（Power, 2008），因而剝奪了障礙者作為人該有的自主權。

對許多障礙者而言，家人的觀念態度形塑著他們的生活型態，也決定了他們對自己的生活選擇與決定的機會。障礙者在家庭之中容易受到父母的監控與過度保護（Hirst & Baldwin, 1994），家人的限制往往造成障礙者生活選擇的阻礙（Dowling, Manthorpe, Cowley, King, Raymond, Perez, & Weinstein, 2006）。

家人透過許多方式限制障礙者，例如限制障礙孩子從事某些活

動，因為擔心他會失敗，然而，這樣做卻使得障礙孩子沒有機會認識與發展自己的潛能（Falvo, 2005）。障礙者與喜歡的對象交往、建立親密關係的機會，也常被過度保護的家人所阻撓（Macfarlane, 1994）。而由於「性別」與「障礙」二因素交織影響，有些女性障礙成人的父母對她們抱持較低的期待，不認為她們可以就業與結婚（Hendey & Pascall, 2001），有的家人甚至把障礙者「藏」起來，避免與社區接觸（University of Minnesota Human Rights Center, 2007）。

有些家庭雖然提供支持，但過度的參與、不尊重被照顧的障礙者本身的想法，對其自主有較多的限制（Marshak, Seligman, & Prezant, 1999）。過度保護的家庭中長大的障礙者，不容易產生自主意識，因而更難適當運用資源以尋求自主（Litvak, Zukas, & Heumann, 1987）。Barron（2001）指出，「家庭支持」的另一面是「控制」，父母親的過度保護、否定障礙孩子的想望、對障礙孩子的情感壓力，這些都對於障礙孩子的生活造成控制、阻礙障礙孩子的自主。

家庭環境經常也是否定障礙者參與社會、維繫朋友關係、工作及休閒，甚至也剝奪障礙者扮演家人角色的機會，有些障礙者在家庭中不被給予自我表達的機會。很多障礙者的家人認為障礙者無能力做「明智的」決定，因而剝奪障礙者的自主權（University of Minnesota Human Rights Center, 2007）。

前述種種，都使得障礙者陷入「易受傷害」的處境，削弱了障礙者的自尊與自我價值，剝奪著障礙者作為人應有的基本人權（Gibson, Secker, Rolfe, Wagner, Parke, & Mistry, 2012）。無怪乎《身權公約》第 8 條關於「意識提升」，特別提到「意識提升」不僅包含對於障礙者權利的尊重，也包含對於障礙者潛能與貢獻的意識之提升，且需要提升意識的對象包含了服務提供者、家人、社會大眾，甚至障礙者本人。

四 因為怕「成為別人的負擔」而限縮了自主

有些家庭照顧者並非自願擔任照顧者，而是由於經濟或是其他考量，被迫提供照顧，因而產生極大的心理壓力，進而對被照顧的障礙者，造成心理與生理上的虐待（Litvak, Zukas, & Heumann, 1987），對於障礙者的人權產生很大的侵害。Barry（1995）批判，照顧者將障礙者視為沉重的負擔，許多文獻關心照顧者所承受的壓力，然而，被照顧的障礙者常因為覺得自己造成重要他人的負擔，而感受極大的壓力，而且許多受照顧的障礙者生活侷限於居家範圍，過著疏離的生活，卻被認為這個處境源於障礙者個人身心狀況而非環境的限制。障礙者在照顧關係中經常處於弱勢，然而這樣的處境卻較少被關心。

國內障礙團體也點出障礙者為了不想成為別人的負擔，而失去了生活的自主：「許多身心障礙者為了不仰賴他人，不成為所謂的『負擔』，時時刻刻簡化自身需求，生活大小事，舉凡：如廁、盥洗、出門，甚至三餐，配合照顧者（親屬、看護或機構人員）的狀態來過生活，相對地失去了自主權及自己的人生。」（社團法人台北市新活力自立生活協會，2011）

照顧者的照顧方式，導致被照顧的障礙者害怕自我主張，照顧者放棄了障礙者的自我，而障礙者也因而被迫放棄了自我，這是許多障礙者的生命經驗。例如障礙者如同其他人一樣，也有外出休閒與交友的需求，然而家人卻會覺得障礙者很麻煩，導致障礙者自我懷疑，甚至「已經忘記自己喜歡什麼、討厭什麼，可以要什麼、不可以要什麼。反正都是別人替你決定要吃什麼、要穿什麼、什麼時候出門。」（莊棋銘，2009）

五 醫療化與機構化的照顧服務提供方式剝奪障礙者的自主

生物醫療取向將身體視為生物性的整體，試圖使障礙者盡可能回復健康狀態，或是減少疾病對身體的影響。透過症狀控制，目標

是「越接近正常健康樣態越好」（Wellard, 1998）。醫療化的服務模式，不斷剝奪障礙者自主的權利。Mattson-Prince（1997）批判，有些照顧服務提供的方式使得脊髓損傷者「被鎖在疾病模式之中」（locked within a sickness model），受到許多限制而無法自主。

Collopy、Dubler、Zuckerman、Crigger 和 Campbell（1990）也批判，居家照顧服務採取醫療化模式，將醫院延伸至家庭，倚靠醫療診斷與處遇，提供的仍然是機構式的照顧模式。在此種服務模式下，障礙者「緩慢且不完美地」執行生活活動時，由於服務提供者的過度保護與缺乏耐心，不斷介入以取代障礙者自主的努力，因而剝奪了障礙者自主的機會，障礙者逐漸成為被動、被稚齡化、對於自己每天的生活無法自主發聲。Crowe 和 Averett（2015）更指出，專業人員的態度對於精障者有內在與外在的破壞性影響，內在方面包含降低自尊、使其感到羞愧、害怕與逃避；外在方面包含排除、歧視、偏見、刻板印象、社會隔離。

專業人員傾向以個人化與醫療化的觀點看待「障礙」，導致很多障礙者的生命經驗中，經歷許多不適當與壓迫的醫療介入（Terzi, 2008）。當社會從「生物性」的角度而不是「社會性」的角度看待「障礙」，障礙者被以「生物有機體」而不是被以「人」的方式對待，則障礙者所接受的服務也容易被化約為生理性的照顧。Twigg（2002）批判照顧工作常被窄化為「身體工作」，這是對照顧本質的誤解，照顧往往涉及當事人的隱私與認同，忽略照顧的社會面向，這對當事人而言，是一大剝奪。

照顧服務忽視障礙者的自主，最典型的是「全控機構」。Erving Goffman 在 1955 年至 1956 年間在美國的一所精神病院觀察被收容者主觀經驗的社會世界。Goffman（1961）指出，全控機構的特色包括：封閉、與社會隔絕、受到正式非人性化的管理、一群人在同一個空間進行被安排的大同小異的活動、被監控管教、被剝奪原本的社會角色、自我的界線被侵犯、被強迫的社會關係、去個人化。

即便今日，機構式照顧仍有不夠人性化的居住空間、去個人化與

缺乏隱私、與社會隔離、個人缺乏選擇權等特性，甚至還不時傳出機構住民被虐待的事實（王育瑜，2004），例如2021年苗栗德芳教養院社工與行政助理虐死住民、2018年花蓮美崙啟能中心組長性侵住民。陳伯偉、周月清、陳俊賢、張恆豪（2018）認為教養院、封閉的機構式服務是歧視的隔離管理方式，容易引發權利侵害的情況。他們強調，封閉式機構服務模式限制了障礙者的居住權利以及與社區互動、和他人連結的機會，而當障礙者在遭遇性侵危機時，也不易向外求援，且機構容易優先考量組織存續利益，採取隱匿方式處理暴力、性侵害等情事。

　　儘管現今臺灣社會多數機構皆已不是高夫曼所描繪的「理念型」（ideal type）機構，居住空間的安排、個人化、隱私、選擇、與社區互動等方面，各機構的設計與管理不同，因此，「不夠人性化」（或「人性化」）的「程度」也有所不同（王育瑜，2004），然而，不可否認地，機構的集體式生活，對於障礙者個人自主仍有許多的限制。

　　《身權公約》第5號一般性意見點出「機構」的基本成分：共用協助者、使用者對於協助者缺乏影響力；無法自立生活且與社區疏離或隔離、同一個居住環境居住不成比例的障礙者；不能選擇與誰同住、無法控制自己每日的生活決定、日常作息不考慮個人意願及偏好、在同一個單位同一個地點進行同樣的活動、生活安排受到監控；保護主義式的服務提供；機構提供的自我選擇控制機會往往僅針對生活特定領域，並無法改變機構的隔離特性；因為被強加特定的生活安排，而失去個人選擇與自主。《身權公約》強調，只要具備前述「機構」成分，上百人的大型機構和服務5至8名的較小型團體家庭，甚至個人的家庭，都不能被稱為是自立自主的生活安排。

　　綜言之，機構式服務使得障礙者無法選擇與決定與誰同住及過什麼樣的生活型態、誰來提供協助，也使得障礙者過著與社區隔離的生活，並且受到監控而無法自主。居住於機構中的障礙者，其生活品質高度決定於服務提供者所提供之服務，在隔離的環境中，因而也更加處於「易受傷害」的劣勢處境。縱使許多機構的存在目的是助人，且

許多機構的管理模式也改進許多，然而機構型態的生活，在各種人力、經費、軟硬體空間、安全性，以及預防事故發生缺乏證據而須錄影等諸多因素的限制下，仍難以讓障礙者過自主與隱私受到充分保護的生活。

 ## 第三節　被貶抑的「差異」

不論是本章第一節中提到的各種歧視型態，或是第二節中提到在照顧關係中的易受傷害處境，這些其實都與社會如何看待「差異」、如何看待「障礙者的差異」有關。

一 將「差異」貼上負面標籤，忽略人性共通性

障礙者作為社會中相對少數的群體，經常被給予負面的標籤，這是障礙歧視與壓迫的主要來源。優勢團體將自己的能力、價值、認知與行為模式界定為「正常」，而且是所有人都必須遵守的「標準」，不符合「標準」的，就被標籤為「不正常」，或是「缺陷」。Young（1990）批判，社會支配群體將自己以正面形象定義，建構對於身體的單一美學標準，將某些種類的身體建構為醜陋的與令人不悅的，女性、黑人、美洲印第安人、身心障礙者等群體都經歷這樣的壓迫，因此，這些群體的解放運動都主張「差異」應該被認識與尊重。

Priestley（2003）主張，障礙是社會過程所造成的「社會現象」，而不是生物過程的「個人現象」。障礙經驗是透過語言與文化展現而「協商認同」的過程，「個人認同」受「社會文化結構」影響，透過語言在特定的歷史時空中展現。社會體制不斷在形塑我們對於所謂正常生活的了解，有些人在這樣的建構下，被視為是無法過正常生活的失敗者。

因此，Young（1998）主張，唯有當社會能平等考量不同群體在

能力、社會化、價值、認知與文化型態等諸多方面的差異，所有的群體才有可能在政治與經濟方面達到真正的融合及參與，而這正是《身權公約》指向的理想世界。Young 和 Quibell（2000）強調，社會需要的不是個人主義式的「權利」，「權利」是具有高度社會性與地區性的，人與人之間是互賴的關係，權利的實踐也必須在個人的社會關係與社區關係中實現，因此，社會成員彼此間的相互了解，是權利實踐的基礎。這需要各種不同的聲音都有機會發出來與被聽到，因此，「自我敘說」與「認同政治」是障礙運動所強調的根本議題。對於自我的過去、現在與未來的認同，會使個人更了解自己在社會中的位置，對未來比較能充滿希望。

過度強調障礙者與其他人間的「差異」，忽略人性的共通性，導致社會對於障礙者給予負面標籤，將障礙者視為「沒有能力」。Bowers（1998）批判，社會採取去人性化的方式界定精神疾病，認為精神疾病者失去行使一般功能與角色的能力，因此被期望承擔的責任減少，將一個人視為不必負責，也去除了這個人作為人的意願行動、互動，以及有意義的溝通等。而這也使得精神疾病者得以聲稱自己可以不必負責，或是當事人自己沒有聲稱，可是其他人自動把他當成不必負責的人。

二 「不正常」與「能力差」的標籤造成心理負擔與影響自我認同

「歧視」會影響障礙者對自己與對生活的感覺，使得他們的生活經驗受限，剝奪了他們過豐富與自我實現的生活之機會，讓他們感到低自尊、低自信，並且容易焦慮、沮喪與疏離（BILD, 2011a）。Watson（2012）批判，障礙者不被視為能夠自主發聲的主體，而是福利或醫療介入的客體，導致障礙者的社會疏離、隔離，以及心理情緒福祉的破壞，尤其對於在自我認同發展時期的障礙兒童來說，更影響其自信心和自我形象感。

Camilleri（1999）以自身經驗指出，障礙者從小到大被社會標籤為殘廢、損傷、較爲不幸，教育人員、媒體、宗教教義，以及每天互動的人的負面反應，被以有色的眼光僅著眼於沒有能力的部分，使得障礙者對自己產生負面的自我形象，認爲自己不如人，因而感到羞愧、罪惡、沒有價值、是別人的負擔。Pogue（2019）指出，緊盯著看，並且指指點點、評論障礙者的外表、輕易碰觸或移動障礙者的輔具、不斷詢問關於導盲犬的問題，這些都是不尊重障礙者的作法。障礙者不應被當成怪物、不應被決定，也不應被期待負有「教育社會大眾」的責任。

障礙者的身體形象被塑造成「不正常」，社會試圖透過醫療復健將這個「不正常」轉爲「正常」。然而對障礙者而言，他們的身體「很正常」，就像其他人的身體對自己而言「很正常」。例如，對於全盲的視障者而言，「眼睛看不到」是「正常」，若是哪天一早起床，眼睛突然看得到，這才是「不正常」，才是一件需要適應的事情。因此，障礙不是醫療狀態，而是一種社會性存在的方式，端視社會如何形塑「障礙」的意義（Scully, 2009）。

事實上，許多障礙者並不想被治療，而是想被接納和欣賞，他們看待自己的障礙也並非負面地認爲是缺陷或功能缺損，而是認爲障礙在個人認同與政治認同上，帶來非常寶貴與正向的經驗和價值（Hahn & Belt, 2004）。因此，有些人爲了鼓勵障礙者，會強調「你看起來很像正常人」，然而，這樣的話聽在障礙者耳裡，卻是難過與受傷的，因爲這句話隱含著要求障礙者達到非障礙者的「標準」，而這麼做其實是否定了障礙者的差異性。

王毅峯（2020）發現，聽障者從小經常被要求和以口語作爲溝通方式的「聽人」一樣，透過無數的語言矯治課程，要求聽障者學習口語。然而在口語學習的過程中，聽障者也明白自己永遠都不可能和「聽人」一樣，因而無法認同於「聽人」，而另一方面，許多聽障孩子的父母拒絕其學習手語，因而聽障孩子也無法認同於「聾人」，遊走於二個世界的聽障者，往往無法找到屬於自己的自我認同。

Overdorff（2022）也批判，許多出於善意的非障礙者努力要幫助障礙者「消除障礙」，例如不斷建議聽障者進行人工電子耳手術，但是對於許多聽障者而言，他們認同的是以手語溝通的聾人文化，並不一定想使用人工電子耳。屬於障礙者身體的一部分，被認定為是負面的，這往往對於障礙者的自我認同產生負面的影響。

Taylor（1994）指出，不肯認是一種壓迫，社會以限制、貶抑或輕蔑的態度對待障礙者，將使得障礙者受到傷害，進一步自我厭惡、自我貶抑與自我壓迫。我們需要對於彼此的差異更多的認識與尊重，唯有如此，障礙者的人權才會真的被嚴肅對待、平等尊重。

另一種負面標籤的方式是以「功能」對人進行分類，將障礙者視為沒有能力，因此也無須傾聽障礙者的想法。區分功能好壞是將障礙者分等級，然後依據等級給予不同的機會，就像是將非障礙者與障礙者區隔成不同等級，擁有不同的機會。Kennedy 和 Shoultz（1996）從自身經驗指出，人們稱他們為「高功能」的時候，他感覺人們認為障礙者與非障礙者沒有共通處，而且障礙者是被分類的，沒有說話的餘地，透過分類，給予「高功能」的障礙者較其他障礙者更多的機會。這個例子透露著，障礙者被視為「客體」被分類，而不是尊重障礙者是具有想法與權利的「主體」。被分類為「高功能」的障礙者，許多時候擁有較其他障礙者更多的權利，但有時卻也會被指派照顧其他功能較差的障礙者，反而剝奪了其發展自我潛能的機會，這種現象在學校和機構場域經常發生，不論對被認定為高功能或功能較差者而言，都是不平等的現象。

三 牆裡牆外：生活機會與社會角色的排除

由於視障礙者為「沒有能力的」、「需要他人照顧的」，社會習慣性地認為障礙者身邊必須有「照顧者」陪伴，甚至有些人會恐懼與障礙者互動，越沒有機會互動就越不知如何互動，因此，常見障礙者到許多地方辦事，明明辦事的人是障礙者，卻被晾在一旁，別人反而

是跟陪伴者談話，這種行為很不尊重障礙者也很沒禮貌，但卻是常見的現象。障礙者在社會中好似永遠只有一個角色：「被照顧者」，而且被照顧者是沒有發語權的。

　　而專業人員傾向以工具性功能的角度看待障礙者和他人之間的關係，認為其他人提供障礙者社會支持，卻忽略了障礙者不一定都是接受者，障礙者就像其他人一樣可以接受和給予照顧，例如有些思覺失調症者可以運用疾病經驗幫助他人（Ho, Chan, Lo, Wong, Chan, Leung, & Chen, 2016）。將障礙者視為僅能扮演「依賴者」角色，障礙者被視為「他人的負擔」，使得障礙者無法像多數「非障礙者」一樣，隨著年齡增長與不同生活場域的接觸，扮演著各種不同的社會角色，在不同的社會關係中，在「需要他人」與「被需要」當中，感受到自己存在的價值。

　　許多障礙者的人生，從小到大只有一個角色：「依賴者」，他們無法像其他人一樣，扮演別人的手足、子女、朋友、同事、主管、男朋友、女朋友等不同的社會角色，他們的生活被視為只需要照顧好吃、喝、拉、撒、睡，還有不斷的復健，作為「人」的許多其他需求，例如美感的經驗、文化的參與、接近大自然的機會、參與體育運動、談戀愛、結婚等等，這些經常是被否定與剝奪的。「障礙者」與「非障礙者」之間彷彿有著一道無形的牆，牆內是多元豐富的生活與社會角色及關係，障礙者被排除於牆外，彷彿過著不同世界的生活。

 ## 第四節　結語：習以為常的排除是多數對少數的霸凌

　　人們的個人偏見，或是文化性與結構性的因素，經常導致對於障礙者的個人歧視或是制度性的歧視，剝奪了障礙者平等的人權。障礙者所遭遇的歧視不一定是直接對障礙者的偏見與不良對待，更常見的是表面看似公平，實則因為忽略障礙者的差異需求而造成的隱晦與間

接剝奪障礙者平等權利的情形，根源在於社會是否尊重障礙者是社會中平等的成員。長期以來，這個「社會」似乎被認為是「多數人的社會」，障礙者作為少數，在生活中大大小小的事情，以及在生活中許多的空間，經常被排除，然而，社會中對於障礙者「被排除」這件事卻總是「無感」，甚至理所當然地認為障礙者既然「自己是這麼的不方便」，就應避免出門，或是應該創造特殊的、隔離的空間與服務資源以讓障礙者使用。這種思維是將「障礙」個人化，忽略了環境是可調整的，也應該是尊重所有人的「差異性」的。這可說是社會中多數群體對少數群體的霸凌。

筆者曾經在公務人員訓練課程中，說明公共廁所設置「照護床」對於需要躺著換尿褲或衛生棉的障礙者而言之重要性，沒有這樣的設置，將會迫使有需求的障礙者難以出門、無法參與社會。有一次，一位剛考上公務員的社工非常困惑但以相當誠懇的態度回應：「我聽不太懂，如果他需要躺著換尿褲或衛生棉，這些人不都是在家裡被別人照顧，為什麼還會出門？為什麼公共廁所還要設置這些照護床？」這位新進公務員的疑問，反映著社會對於障礙者「被排除」是如此地習以為常。當時，筆者反問：「我們來想像一下，如果我們是這位需要躺著換尿布或衛生棉的障礙者，我們會不會也想要出去走走，換個不同的環境，看看不同的事物，跟不同的人互動？」他回答「會」。筆者再回應：「所以同樣是人，我們是不是有某些共通的需求，雖然我們的身體狀況不太一樣？」然後他微笑地說「我懂了」。這個例子顯示出，在社會化過程中，許多人被深植入的思維是將障礙者排除的，而不是根本地視障礙者為社會的一員，在環境的設計平等考量障礙者的差異性需求。

還有一次，在一個定額進用制度宣導的課程中，某公立國中的主任在中場休息時間來和筆者討論該校聘用困境。他說：「我們最近有一位合格的肢障老師來應徵，我們也很想聘用他，可是學校規定每位新老師一定要擔任導師，可是我們導師辦公室在二樓，導師們隨時會互相討論學生狀況，而學校建築物非常老舊，如果加裝升降梯會破壞

建築物結構，有困難。」於是筆者問是否有可能將導師辦公室移至一樓，他回答一樓沒有這麼大的空間。筆者再問，有沒有可能在樓下找一個空間，讓這位教師平常在一樓辦公，有事情用電話或其他通訊方式聯繫，若有特殊狀況，再請大家一起在樓下找間教室或會議室開會討論。這位主任聽了說：「對喔，我怎麼沒有想到！」這個例子也呈現出許多人的思維先將障礙者視為「困難」、「負擔」，而不是將「環境理應考量與尊重障礙者的平等權利」視為做所有事情的原則。

　　上述例子都一再顯示社會習慣認為「障礙」是個人問題，而忽略了環境應該考量具有各種差異的個體之不同需求，長期以來透過社會化，不論是專業人員、社會各個不同崗位的工作者、社會大眾、障礙者及其家人，都深深受到這種個人化觀點的影響，也在不知不覺中削弱著障礙者的人權與尊嚴。

　　社會以「習以為常的排除」對待障礙者，這是作為多數的「非障礙者」對於作為社會中相對少數的「障礙者」的霸凌，在每日的生活中，不斷削弱著障礙者的人權與尊嚴。許多障礙者生活中更經常面對各式各樣的微歧視。當我們在倡議障礙者的人權時，必須讓社會對於政治、經濟、社會等各方面的「不正義」有所醒覺、反省與改變，文化與意識型態的層面也不可忽略。「障礙」作為人與人之間各種差異的一種，而不是缺陷、不完整，社會中具有各種差異的個體，應該擁有平等的人權。障礙者所經歷的社會排除，是社會中多數對少數的長期霸凌，社會上每個人都有責任進行改變。因此，《身權公約》第 8 條特別提到「意識喚醒」，根本改變對「障礙」這件事的看法，才能保障障礙者的人權。

第三章

自主、自立與支持

本書第一章介紹了「人權」與障礙者人權的概念，儘管所有人的「人權」應該是平等的，但是障礙者的人權卻經常被忽視，因此，第二章描繪障礙者的自主與人權如何受到削弱，勾勒障礙者在社會中的處境。各種型態的歧視，以及在照顧關係中的劣勢處境，使得障礙者被認定為「沒有能力的」，與「需要他人保護照顧甚至代言」，障礙者因而難以發展自我，對於自己的生活也失去「自主決定」的權利，導致自我的價值與尊嚴難以建立。在談「自主的決定」之前，首先須釐清什麼是「自主」、如何促使障礙者「自主」？本章第一節首先分析「自主」、「自我決定」與「自立」的概念。「自主」是「權利」、是「機會」，而不應被視為「能力」。每個人不論其能力，皆應有「自主」的權利。

　　「自立」與「自主」的概念經常被交替使用，障礙者的自立生活運動批判社會習慣從生理的角度，將「自立」與「依賴」視為對立概念。障礙者的「自主」或「自立」，往往需要在「相互依賴」的社會網絡關係中，在「尊重與肯認差異」下，透過「支持」和「障礙者參與」，而逐漸達成。因此，本章第二、三、四節分別從「自我決策與自主的支持」、「關係中的自主」，以及「融合平等和差異政治」等角度，探討如何確保障礙者的自主權利。

第一節　自主、自我決定與自立

一　「法律能力」（legal capacity）與「心智能力」（mental capacity）

　　「自主」是權利還是能力？障礙者（尤其是智能障礙者和精障者）能「自主」嗎？本書第一章提到，《身權公約》第 12 條關於「法律之前平等認可」強調，障礙者具有同等的「法律能力」，這是所有人，包含障礙者，固有的權利。然而，社會容易將「法律能力」與

「心智能力」混為一談。《身權公約》第 1 號一般性意見指出，「法律能力」包含「法律地位」與「法律媒介」，前者指「擁有權利與義務的能力」，後者則是「行使權利與義務」。從這個角度而言，「自主」是每個人與生俱來皆具有之平等的「法律能力」權利，每個人不僅在法律上有平等的地位，且作為法律媒介，能自主行使法律權利。

「心智能力」受限者作為「法律媒介」時，若未能取得適當的支持，則其「法律能力」將無法受到確實保障。《身權公約》第 1 號一般性意見指出，締約國有責任提供障礙者必要的支持，以使其能行使「法律能力」。此外，法律能力的行使應尊重權利、意願與偏好，且絕對不能用「替代決定」的方式。因此，「取得適當的支持」是心智能力受限者「自主」權利獲得保障的前提。

然而，如何判定個人的「心智能力」？常見四個評估標準：(1) 溝通自己做的選擇之能力，例如雖然生病，但有能力做決定和告訴照顧者自己想要的處遇；(2) 了解相關資訊的能力；(3) 理解情境性質及可能後果的能力，亦即能將所獲得的資訊運用以判斷自己的情境；(4) 運用邏輯思維，比較不同選擇的好處與風險之能力（Appelbaum & Grisso, 1995）。

英格蘭與威爾斯 2007 年開始實施的《心智能力法案》（The Mental Capacity Act 2005）對於「做決定能力」（capacity to make a decision）的定義，類似上述「心智能力」。根據該法案，評估「做決定能力」有二個步驟：(1) 診斷：當事人心智或大腦有損傷或干擾，才適用《心智能力法案》；(2) 做決定過程：當事人是否了解關於這個決定的資訊？掌握資訊的時間是否足夠其做決定的判斷？是否了解自己所做的決定會有什麼結果或意義？是否能夠溝通表達他自己做的決定？（Putting People First, 2011）

綜上，「心智能力」或是「做決定能力」涉及理解、分析與表達。心智障礙者的「自主」權利，乃是「法律能力」的一部分，應被予以尊重，而不應為他人所剝奪。

二 「執行的自主」與「決定的自主」

「自主」是指「不被他人影響下做決定」，以及「自我掌控感」（Chan, 2002）。學者指出二種「失能」型態：障礙者由於「執行上的失能」（executional incapacity），常被照顧者認為等於「決定上的失能」（decisional incapacity）（Collopy, Dubler, Zuckerman, Crigger, & Campbell, 1990），而事實上這二者屬於不同層次。

同樣地，「自主」也分成「執行的自主」（executional autonomy）與「決定的自主」（decisional autonomy），前者是能按照自己的想法行動；後者是在沒有外在限制或強制下而做決定的能力（Cardol, DeJong, & Ward, 2002）。學者強調，「越無法自己執行，越需要決定上的自主，以維護個人的自尊、認同，和個人所重視的社會角色。」（Cardol, DeJong, & Ward, 2002: 972）

換句話說，「決定的自主」涉及作為「人」的尊嚴，是不受外在限制與強制下，自己做決定的「機會」，是作為人的基本權利。從人權的角度界定，「自主」不是「能力」而是「機會」。Cardol、DeJong 和 Ward（2002）指出，自由主義個人主義傾向將「自主」（autonomy）等同於「身體獨立」，以及「個人獨立行動的能力」，而「關懷倫理」（ethic of care）則承認人與人間「相互依賴」的事實，因而主張每個人在自己的社會脈絡中應獲得盡可能最大的機會。因此，為了維護「心智能力」障礙者「自主」的「機會」，應給予做決定上的支持。

英格蘭與威爾斯的《心智能力法案》規定，只有在「已經提供所有可能的支持」之後，當事人仍然無法做「特定的決定」，才能視當事人為缺乏「做決定的能力」，且其他人為他做的決定，應該盡量減少限制其權利與行動自由（BILD, 2011b）。換句話說，「做決定的自主」最重要的是「機會」，而「能力」評估乃是針對「特定的決定」之能力評估，而非「廣泛的做決定能力」之評估，且其前提是已經提供所有可能的「支持」，並應以「最小限制」為原則。

三 自立

（一）「自立」不是能力，而是平等「權利」

「自主」（autonomy）常被與「自立」（independence）的概念交替使用，聯合國人權委員會指出，「個人自主」意指自主自己的生活並有自由做自己的選擇；尊重障礙者個人自主意味著障礙者在與他人平等基礎上，擁有合理的生活選擇、有最少的私生活的介入、能取得所需的適當支持下做自己的決定。這個原則與其他很多自由相關，例如醫療介入、健康照顧等都必須在個人自由意願下提供（OHCHR, 2010）。

傳統上，對於障礙者「自立」程度的評估，聚焦於不須他人協助而能獨力完成日常生活活動（Activities of Daily Living, ADL），例如盥洗、穿衣、如廁等事務，與工具性日常生活活動（Instrumental Activities of Daily Living, IADL），例如上街購物、外出活動、洗衣服等事務的程度。因為認為障礙者是「沒有能力的」，所以「提升障礙者的能力與提供其照顧」成為焦點，否定了障礙者作為「人」，對自己人生的決定權，以及提供其「支持」的必要性（Ericsson, 2003）。

障礙者主張應從「社會心理」的角度，而不是由「生理」的角度界定「自立」，他們主張「自立」應該是對自己的人生做「選擇」、「決定」與「控制」的權利（Finkelstein, 1980; Reindal, 1999; Oliver, 1990, 1993）。「自立」不是「在沒有他人協助下自己能完成多少任務」，而是「個人能控制影響自己生活的重要決定、對自己人生的掌控程度」（Oliver, 1991, 1993; Parker, 1993; Boschen & Gargaro, 1997）。「自立生活」是與他人擁有一樣的「控制、選擇、參與」，對自己的生活與人生之自主決定、達成自己的目標、自由且充分參與社會（Oliver, 1991; Barnes, 1993; Priestley, 2003; Thomas, 2007）。

隱含在政策中的，往往是預設障礙者為「依賴」、「沒有能力為

自己做選擇與決定」的意識型態，障礙者因而被迫成為被動依賴專業人員服務的「客體」（BCODP, 1987; Oliver, 1993）。障礙者的聲音很少被傾聽與重視，障礙者對自己的身體、生活與人生，也因而缺乏自主掌控，因此，「保障個人選擇與決定的機會」成為障礙運動所倡議的重要目標之一（Barton, 1990）。障礙運動主張障礙者應能對自己的生活控制與選擇、追求夢想與建立有意義的人際關係（Laragy, 2002）、掌控自己的人生，唯有如此，障礙者才能參與及貢獻社會，公民權也才能獲得保障。簡言之，障礙運動主張，「自立」是權利，而不是能力。

（二）「相互依賴」和「巢狀依賴」與連結關係

「自立」與「依賴」不應被視為互相對立的概念。社會將「照顧者」與「被照顧者」之間的關係，視為「自主」與「依賴」的關係，此種二分法忽略了人與人關係的「相互依賴性」與「互助性」（Barry, 1995; Cardol, DeJong, & Ward, 2002）。「自立」應跳脫自立／依賴的對立思考，「自立」不是能力問題，而是雙向互賴的關係（Reindal, 1999）。因此，唯有文化的根本改變，才能在提供充足資源下支持障礙者參與（Morris, 2005）。

早在 1980 年，英國提出「社會模式」的代表學者 Finkelstein 便指出，「依賴」並非障礙者專屬，現代社會中，每個人皆須依賴他人才能自立，因此不應以「依賴」作為區隔「障礙者」與「非障礙者」的指標。另一位「社會模式」的代表性學者 Oliver（1990）也指出，沒有人是完全獨立的，人彼此依賴，因此，不能以依賴／獨立來劃分「障礙者」與「非障礙者」（Oliver, 1990）。Goodley、Lawthom 和 Runswick-Cole（2014）認為，心智障礙者讓我們超越「新自由主義」以及「資本主義」看待「人性」及「自我」的觀點，轉而從「相互依賴」、「相互性」及「相互連結」的角度了解人性。Smith（2001）也認為，社會關係本來就是互賴的，各種型態的互賴都應該被慶祝，而不是被視為社會問題。

Barnes（2006）也批判，社會政策如果經常將照顧提供者與接受者視爲二個不同的群體，這種作法將會強化「認爲社會是由一群相互競爭社會物質的疏離的個體所組成」這樣的概念，他主張我們需要一個新的社會正義取向，肯認「人是相互依賴」的事實，每個人在人生某些時期都需要接受照顧，社會應該鼓勵提供照顧，也應確保每個人都得到照顧。Condeluci（1999）指出，對於障礙者而言，承認「相互依賴」，意味著不僅支持障礙者在社區中能從事日常活動，也必須能扮演社會角色，包含朋友、鄰居、消費者、公民等角色，而這需要整體文化的改變。

　　White、Simpson、Gonda、Ravesloot 和 Coble（2010）認爲自立生活服務像光譜，有些比較偏重強調「自立」端，有些比較偏重強調「互賴」端，有些介於中間。「自立模式」認爲只要滿足基本自立生活需求，消費者將能自然地參與社區，但是這也可能使某些障礙者成爲與世隔絕的疏離存在；「互賴模式」則認爲自立生活核心服務應重視建構社會資本，以幫助障礙者充分參與社區。自立生活應該從強調自立，轉變爲也必須重視社區中的互賴，才能使障礙者不只存在於社區，而是能成爲屬於自己的社區中有貢獻的一員。Yang（2014）也強調，一個人的支持圈影響個人生活品質，因此，應致力於支持障礙者累積社會資本，並運用社會資本建立社會關係。

　　由於人與人之間是「相互依賴」的，因此，障礙者的自主必須透過社會關係與社會資源才能具體實踐。專業人員與家庭照顧者對待障礙者的方式會影響障礙者自主的可能。當障礙者的生活活動需要協助才能進行時，協助者的協助方式便決定了障礙者自立生活的可能性。專業人員應著重提供「支持」與「倡導」、提升障礙者「自主性」，而不是專注於專業控制、福利資格把關；父母親也應支持障礙者自主，而不要過度保護與控制、否定障礙子女的想望（Barron, 2001）。歐洲自立生活網絡（European Network on Independent Living）也認爲，自立生活並不是要獨立於其他人，而是要與所有人一樣，相互依賴（ENIL, 2020）。

Kittay（2011）指出，非失能者僅是暫時相對較有能力（temporarily abled），但人類生活的事實是，每個人在人生的某些時期都會需要依賴他人。對於無法自主而須依賴他人的人，傳統上採取保護主義，他主張取而代之的，應該是人與人間的合作、尊重和相互關照的關係，他認為我們每個人都處於「巢狀的相互依賴與連結的關係網絡」（nested dependencies）之中，每個人都應被支持給予他人照顧，也接受他人照顧（Kittay, 1999, 2011）。

Glendinning（2005）則進一步認為，「權力」是充權的形式之一，社會應使得照顧的給予方和接受方，皆在巢狀依賴的照顧關係系統中獲得能力的發展（develop their capabilities），例如在自己的人生中促使有意義的改變、處理人生中不可避免的依賴、降低或消除社會加諸的否定個人自主的依賴。Glen（2000）也指出，「照顧」不應是私人責任而應為公共責任，「照顧」應為「公民權」的核心，社會應讓需要照顧者都能取得照顧、提供照顧的人都可以得到津貼。

前述學者皆是由「照顧倫理」（ethic of care）的角度，指出了人其實是在「相互依賴關係與連結網絡中的自立」。照顧倫理重視人與人之間的連結、關心、對他人需求的回應、責任感；照顧倫理視依賴為人類生活與人類關係的核心特色，認為人類發展的目標是相互依賴而非獨立（Kittay, Jennings, & Wasunna, 2005）。循此脈絡，自立生活強調障礙者自我發聲、自主、選擇與決定，對某些障礙者而言可能會是邁向自立生活的阻礙。例如 Hermalyn 和 Breen（1993）指出，自立生活強調自我主導自己的服務目標與計畫，但「腦傷」影響判斷和認知，過度強調「當事人主導」會排除腦傷者，因為腦傷可能影響判斷和認知，腦傷者在自立生活的計畫與執行階段都需要家人和重要他人的協助。因此，伴隨自立生活的另一個重要概念是「自主的支持」（Hermalyn & Breen, 1993）。

第二節　「自我決策」與自主的支持

　　障礙運動強調障礙者作為「主體」應能自我決定，不應被當成「客體」而由他人決定。「自我決定」（self-decision）常被與「自我決策」（self-determination）的概念交替使用，然而，此二者卻有些許的不同，「自我決策」的涵蓋面較廣，自我決策的理論提供了「自主支持」很好的理論基礎。因此，本節首先探討「自我決策」的概念，再進一步討論「自主的支持」。

一　自我決策

　　「自我決策」與「自我決定」的概念相近，不過，「自我決定」比較是「行動」層面，而「自我決策」則在「行動」層面以外，亦著重「態度」與「能力」，甚至是「社會文化」層面。因此，「自我決定」可說是「自我決策」的一部分。

　　首先，在「行動」層面，Wehmeyer（1996）認為「自我決策」是作為自己人生的主宰、在免於不必要的外界影響或干擾的狀況下，對於自己的生活品質做選擇與決定。在「態度與能力」層面，Field、Martin、Miller、Ward 和 Wehmeyer（1998）指出，「自我決策」是技巧、知識與信念的組合，使個體能進行目標導向、自我規約與自主的行為。Ward（1988）主張「自我決策」是能夠為自己定目標、採取達成目標的行動之態度。

　　Mishna、Muskat、Farnia 和 Wiener（2011）指出，「自我決策」有多面向的涵義：傳達自己的興趣和需求、了解個人強處與限制、在沒有外在鼓勵下做選擇並承擔責任、堅定的態度。「自我決策」最常見的定義是：重視自己並且有能力對於自己的目標承擔責任。自我決策的元素包含自我認識、重視自己、計畫、行動、從自我決策的結果累積經驗與學習。Wehmeyer（2015）更進而認為自我決策是「性格

特徵」，透過個人成爲自己生活的主導而予以實踐。自我決策的人依據自己自由選擇的目標行動。

此外，關於「自我決策」的討論，應把「文化」層面考慮進來，自我決策的第一步，是要翻轉認爲障礙者「沒有能力做決定」的觀念，因爲採取「缺陷」的角度看待「障礙」，就不會認爲「自我決策」是重要的（Wehmeyer & Schwartz, 1998; Wehmeyer, 2015）。

另方面，Ryan 和 Deci（2018）的《自我決策理論》（*Self-Determination Theory*）一書，關注的則是「自我決策」背後「自主」的內在動機。他們認爲「自主」是對於自己的行動有眞實意願，是作爲行動者的自願選擇，「自主」是自我規約或自我管理。當人們從事自己有意願甚至自己發起的活動時，會感到自己有能力且滿足。相反地，對於非自願性與非自我規約的活動，就算成功，也無法激起自己的內在動機、能力感與生命的活力。因此，態度與能力的養成，背後須有「內在動機」。從這個觀點可以得知，自主的支持，首先須先激發出個人的「內在動機」，而這也說明了一件重要的事：自立生活的前提是「意識覺醒」，必須先產生能「自己決定自己的生活」之意識。

Ryan 和 Deci（2018）點出「內在動機」與「外在環境」和「自主」之間的關係。他們提出「人際關係動機理論」，這是「自我決策理論」的次理論。這個理論主張人具有相互連結的基本需求，人際關係的正向情感帶來喜悅與滿足。「有自主的動機願意連結」是建立高品質且有安全感的人際關係之必要條件。而所謂高品質的人際關係，是以「主體」的方式對待人，是「相互的自主」與「支持自主」。以刻板印象對待或是將對方視爲客體，會剝奪對方的自主，也會破壞彼此的相互連結；在支持自主的關係中，人則有較大的安全感與情緒的依靠，且當彼此支持自主，則容易產生較爲正向的關係。

Ryan 和 Deci（2018）強調，自我決策理論的終極目標是當事人的自主、能以知情和反思的方式做自己生活方式的選擇並勇於接受挑戰。他們認爲，支持自主是「促進眞實的自我表達」，亦即，當事人不會覺得有被要求只能夠用特定的方式思考、感受與行爲，也不會感

覺被控制必須這麼做。「自主」不應等同於「個人主義」，因為人類是社會性的動物，每個人都是「個人自主」與「人際連結」的綜合體，自主的人某種程度會依靠某些重要的關係，並且在群體當中與他人之間「自主的相互依賴」。因此，社會環境不採取「要求」與「控制」的方式，而是以提供選擇、正向鼓勵當事人自我規約、提供結構的與正向的資訊回饋、提供關懷等方式的支持，將較能促使當事人能發展自主與能力，並且能充分地參與自己的生活。

綜言之，自我決策理論為「自主的支持」提醒了幾點非常重要的工作方向：(1) 激發內在動機；(2) 建立自我認識和自我價值；(3) 為自己訂定目標並採取行動，勇於表達、選擇與承擔責任，並能自我管理；(4) 在自我決策的經驗中學習；(5) 他人的信任與支持；(6) 建立與他人的連結與「自主的相互依賴」。換句話說，「自主」需要一段養成的過程，透過環境的支持，逐漸培養自信與內在動力，勇於表達、嘗試、學習與自我管理。

二 自主的支持、自立生活

《身權公約》第 1 號一般性意見指出法律能力的「支持」有很多種型態，包含由信任的人提供決定上的支持、同儕支持、倡導和自我倡導的支持、溝通協助等等。環境透過「通用設計」或是尊重多元的溝通方式，考量不同群體的需求，也屬於「支持」的型態之一。

先前提到，「表達」是發展自我決策的要素之一。《身權公約》第 1 號一般性意見也提到，障礙者應被給予發展與表達意願與偏好的機會，而這意味著障礙者應在與他人平等基礎上，有自立生活於社區，並且對於自己日常生活各種事物，擁有能夠做選擇和能夠自主控制之機會。透過在社區中有機會接受融合的教育、工作、居住與生活，擁有社會網絡與社區中家人、朋友、同學等自然支持，障礙者才能發展個人的個性、興趣，並且為自己進行人生中有意義的決定（Putting People First, 2011）。可見「自主」與「自立生活」的權利

息息相關。

「自主的支持」之概念，挑戰著「照顧」的意識型態。Morris（2001）主張新的「照顧倫理」，她認為照顧的焦點應在於「維護人權」，這需要認識障礙者的差異需求，並給予差異的對待，並且重視障礙者所表達的偏好。Duffy（2003, 2006）則指出，「照顧」可以分成二種模式，一種是「專業才華模式」，採取保護取向，認為有需求者依賴專業人員提供照顧；另一種是「公民模式」，強調服務過程以當事人為中心、當事人對於所接受的支持與服務能夠選擇與主導，並參與社區（包含參與社區活動、使用設施且貢獻社區），專業人員則透過與當事人建立連結而提供支持。誠如自我決策理論所強調，人與人之間的連結，與「自主的相互依賴」，是邁向自主的重要條件。

然而，也誠如自我決策理論所言，「自主的相互依賴」之關係，其前提乃是將障礙者視為「主體」，這包含了肯認每個人對自己的人生以及生活的「自我決定權」，包含有權利做錯誤的決定、在冒險與犯錯中逐漸累積經驗與充權（Brisenden, 1986; Lonsdale, 1990; ILRU, 1992; Barnes, McCarthy, & Comerford, 1995），也包含透過協助以獲得合理的生活品質（Litvak, Zukas, & Heumann, 1987; Zola, 1987; Shapiro, 1994; Boschen & Gargaro, 1997; Sanderson, 1998），而這同時也涉及社會環境阻礙的去除（Priestley, 2000）。

由於社會傾向採取「個人化」與「醫療化」的觀點看待障礙，認為障礙者沒有能力，障礙者的聲音因而容易被忽略、生活的許多面向皆由他人代為決定。障礙者的自立生活運動試圖翻轉這種被剝奪自主權的「受壓迫處境」，強調障礙者對自己的身體、生活與服務應該具有掌控權（Barton, 1990）。障礙者主張，自立生活取向與其他取向的支持服務，最大不同在於，前者支持障礙者對於自己的生活與所接受的服務進行自主選擇，包含選擇在哪裡居住、如何生活、誰在什麼時候、用什麼方式提供什麼內容的協助（Hasler, Campbell, & Zarb, 1999; Beresford, Croft, Evans & Harding, 2000）。

障礙者主張，障礙者不僅有權對自己的生活與所接受的服務進行

自主選擇與控制，「自立生活」也應包含透過「環境全面的可及」與「支持的提供」，使障礙者能夠在生活各個層面，例如家庭生活、教育、就業、交通、住宅、社交、休閒等方面，擁有與非障礙者平等的選擇和參與的機會（Lonsdale, 1990; Mason, 1992; Barnes, 1993; Bracking, 1993; Ratzka, 1997）。簡言之，就是平等地過一般人在過的生活（Garabedian, 2013），與平等融入（Evans, 1993）。

障礙者的自立生活運動主張，所有支持服務的最終目標，應該是去除「障礙者參與」及「扮演多元社會角色」的阻礙、保障障礙者平等的公民權（Wood, 1989; Evans, 1993; Shapiro, 1994; Ratzka, 1997, 2002; Zarb, 2003）。誠如自我決策理論主張「內在動機」是自我決策的關鍵，自立生活最根本的，也是促使障礙者意識覺醒，為自己的生命思考、發聲和做決定（DeJong, 1985; Duncan & Geagan, 2004; Hurstfield, Parashar, & Schofield, 2007）。知道自己的權利、發展自信、取得對抗歧視的自我信念，這些都是使障礙者充權的方法，也是幫助障礙者對抗歧視之最佳策略（BILD, 2011b）。

三 支持決定

《身權公約》第 1 號一般性意見提到，應尊重個人自主、意願與偏好，採取「支持決定」而不是「替代決定」，應以「意願與偏好」典範代替「最佳利益」典範，所有支持都應基於當事人意願與偏好，而不是他人認為的「最佳利益」。而「支持決定」應提供給所有人，不能因支持需求程度、溝通型態、個人經濟狀況而予以排除。

「支持決定」涉及三個重要的概念：「承擔風險的尊嚴」、「關注的責任」、「風險評估」，以下分別說明之。

（一）「最佳利益」不應為「替代決定」

《身權公約》第 1 號一般性意見指出，「人權模式」的觀點意味著由「替代決定」轉為「支持決定」的典範轉移。當社會習慣認為障

礙者沒有能力，便會以「最佳利益」為名，行「替代決定」之實。Braye 和 Preston-Shoot（1995）批判「最佳利益」的概念，指出這是具有權力的人對不被給予權力的人強加某些價值，很多時候沒有真的保護，反而是傷害。他們指出，Wolfensberger（1983）的「社會角色穩持觀點」（Social Role Valorization）主張為了增進障礙者的地位，應讓障礙者取得有價值的社會角色，此乃建立在多數價值而排除少數群體的「正常」與價值。他們主張採取「充權」觀點，讓個人及團體產生力量，使障礙者可以不再被動接受有權力者的決定，轉而對自己的人生做決定、掌控自己的人生。

國內社會工作倫理守則也重視「服務對象最佳利益」，不過對於如何實施並無相關規範。英格蘭與威爾斯於 2007 年開始實施的《心智能力法案》（The Mental Capacity Act 2005）規定，為「缺乏心智能力之人」做決定，應以當事人「最佳利益」為原則，並提供檢核表，包含 6 個項目：(1) 決策者應考量當事人是否有可能具有決策能力、什麼時候有決策能力；(2) 決策者必須讓缺乏心智能力者參與決策過程；(3) 決策者必須考量當事人「現在」與「過去」的願望和感受，尤其是若有書面陳述的願望要特別考量；(4) 決策者必須諮詢當事人的照顧者之意見；(5) 決策者不能基於當事人的年齡、外表、疾病或行為，而自行對當事人做假定；(6) 與維生醫療有關的決定、讓當事人死亡，都不能成為當事人最佳利益的決策依據（Tilly, 2011）。

依據前述《心智能力法案》，基於心智能力因素而採取「最佳利益」原則的代為決定，必須將「當事人的願望與感受」視為前提、「當事人參與決策」仍是核心，且「心智能力」並非恆定，而是具有變動性且須不斷觀察。換句話說，「最佳利益」的決定並不是「替代決定」，而是「支持下的決定」。國內對於依循「最佳利益」原則的決定，或許應發展更為具體的、尊重當事人權利的操作規範，以免「最佳利益」成為「替代決定」的偽裝，剝奪了障礙者的自主權。

（二）支持決定應提供給所有人

　　《身權公約》第 1 號一般性意見指出，「支持決定」應提供給所有人，不論支持需求程度、溝通型態採取口語或其他方式，以及財務資源的多寡。換句話說，支持需求程度高、以非傳統方式溝通或很少人能理解其溝通，以及缺乏財務資源的障礙者，應有平等的取得「支持決定」服務之權利。

　　此外，唯有在做過極大的努力後，實在有困難決定當事人的意願與偏好時，才能以「意願與偏好的最佳詮釋」代替。換言之，障礙者當事人的意願與偏好，是「支持」的核心，應盡一切可能的最大努力，了解當事人自主的想法，他人的詮釋必須與當事人的想法明確區隔，以免越俎代庖，反客為主，障礙者的自主權才不會在支持的過程中反而被侵犯。

　　心智障礙者的「自我決定」，往往需要在其他人士的參與或合作的情況下才能進行，因此，他們的「自我決定」是在支持下的自我決定，也可以說是「互賴的決定」（interdependent decisions）（Kjellberg, 2002）。換言之，我們對於「自我決定」的理解，就如同我們對於「自立」的界定，不應該是「完全靠自己，不需要他人協助」，才被認為能夠「自我決定」或是「自立」。「自我決定」與「自立」皆應被視為是「權利」，而權利的實現需要「支持」的提供。因此，社會不僅不應將「支持需求高者」排除於「支持決定」之外，相反地，正如 Cardol、DeJong 和 Ward（2002）所言：「越無法自己執行，越需要決定上的自主。」而「決定上的自主」便須透過「做決定的支持」之提供。

　　舉例而言，瑞典由智能障礙者為主，且多數無法言語溝通的重度障礙者組成的團體 JAG，為了確保他們在個人助理的運用上能維持自主，發展出了獨特的支持模式。由 JAG 擔任雇主，重度障礙使用者決定個人助理人選、時間、協助內容與方式，信任的家人、朋友擔任「服務保證者」，負責招募、指導和監督個人助理、確認服務的持

續性與安全性、確保個人協助是依據當事人需要而設計與提供。JAG
則提供資訊、諮詢及財務建議。JAG 強調，具有智能障礙合併嚴重
溝通障礙者，其個人助理必須被給予正確的引導，當事人的「自我決
策」才有可能受到保障。此外，為確保服務保證者適當發揮角色功
能，服務保證者必須接受訓練與導引（JAG, 1996, 2006）。

（三）「承擔風險的尊嚴」與「關注的責任」

一般人「自主」的發展，經常是許多經驗的累積、嘗試錯誤的結
果。人都是「在做自我決策的經驗中，學習自我決策」。對於自己的
選擇進行反思，是自我決策的重要過程（Ryan & Deci, 2018）。《身
權公約》第 1 號一般性意見也提到，應尊重當事人的權利、意願、偏
好，包含「冒險與犯錯的權利」。

Perske（1972）提出「承擔風險的尊嚴」（the dignity of risk）的
概念，指出過度保護的照顧方式，剝奪了心智障礙者在正常風險中嘗
試錯誤，進而發展個體性與潛能的機會，心智障礙者作為人的人性尊
嚴也因而被忽略。Deegan（1992）探討精障者的「復元」時亦指出，
「承擔風險的尊嚴」（dignity of risk）與「失敗的權利」（right to
failure）是「復元」的核心，因為「復元」是重新掌控自己的生活，
而生活的常態便是在每一個自我決定中承擔風險，在成功與失敗的經
驗中不斷學習；在經驗不斷累積的過程中，不斷調整與突破。換言
之，每個人作為「人」應該都有自己做決定並且承擔風險的權利與尊
嚴，「失敗」雖是風險之一，卻也是「自我決策」相關文獻提到的「自
我規約」與「自我管理」能力養成的必備過程。

照顧者經常為了保護障礙者的安全，而禁止障礙者自主決策，
因而也剝奪了障礙者的人權。Glasby（2011）認為，「安全」乃透過
「建立當事人的自信」以及「與社區連結」較容易確保，而不應試圖
藉由「隔離」來保護安全。讓障礙者在社區中，擁有與其他人平等的
機會，探索自我、建立自信、勇於挑戰、承擔風險，透過這些方式，
才能使障礙者有發展「自我決策」的機會，也由於自我決策能力的培

養，更能確保「安全」。

「承擔風險的尊嚴」與支持提供者的「關注的責任」（duty of care）可說是一體兩面。所謂「關注的責任」是指在專業或有酬工作中，照顧或支持者對於服務對象應有合理的「關注」，以避免造成當事人或其他人的傷害（Putting People First, 2011: 105）。「承擔風險的尊嚴」也被認為是：支持提供者的行動以當事人的「最佳利益」為原則之專業責任（BILD, 2011b）。

支持提供者一方面要支持當事人進行選擇，同時又要避免傷害，而平衡這二者的方式，就是進行「風險評估」，並採取防範策略，如此將能兼顧自主選擇與避免傷害，這就是所謂「關注的責任」（duty of care）。服務提供者具有「關注的責任」，其內涵包括二個部分：(1) 有責任避免可能造成他人傷害之行為或疏忽；(2) 促進當事人的權利、自立與選擇（Barksby & Harper, 2011）。

（四）風險評估

自主決定的前提是「知情」，也就是對於各種選擇必須有充分的認識與評估，因此，「風險評估」是自主決定的重要輔助。「風險」的意思是可能對當事人本身或是其他人造成傷害的事件或情境，包含虐待、疏忽及剝削（Putting People First, 2011: 101）。風險評估的目的是管理風險，並極大化個人的選擇與控制，充權當事人，使之有機會能做自己希望能做，但其他人可能不同意的事情（Gardner, 2014）。

支持當事人進行風險評估，應有當事人參與，且應有紀錄並且定期檢視（Putting People First, 2011）。風險評估包含辨認風險和影響，並且發展因應風險的解決策略，亦即「風險管理」。Barksby 和 Harper（2011: 11）建議「風險評估」應包含下列項目：(1) 描述風險狀況；(2) 發生風險的可能性如何；(3) 風險對當事人及其他人將會造成的影響；(4) 風險如何被管理。Tilly（2011）也提出類似的建議，包含列出可能的風險與結果，以及降低風險的措施。舉例說明表 3-1：

表 3-1　風險評估的例子

可能的風險	可能的結果	降低風險的措施
搭錯公車	可能跑到市中心去	在小卡中寫下公車號碼及搭乘方向，請個案上車時拿給公車司機看
在商店裡把錢花光光，連回家的交通費都花完	沒錢回家	將回程的交通費放在密封好的信封中，放在隨身包的口袋裡
忘記時間，所以太晚回家，來不及吃藥	來不及吃藥	同意工作人員在他應該回家的時間一小時前，打電話提醒他該回家了
在購物中心迷路而且感到難過	緊張、難過、失去自信	攜帶一張寫好聯絡電話的卡片，並且演練如果迷路的話，將如何詢問其他人關於如何走到一個熟悉的定點之路徑

資料來源：Tilly, 2011.

 ## 第三節　關係中的自主

　　第二章提到，在照顧關係中，被照顧的障礙者，其自我之維護與發展經常為照顧者所忽略；或者，在不平等的照顧關係中，障礙者被迫放棄自我。而本章先前提到，「自立」或「自主」，與「依賴」，三者之間不該是「相互對立」的概念，人與人之間其實是「相互依賴」的關係，也因此，障礙者的「自立」或「自主」，應放在關係脈絡中被理解與建構。

一　「自主」需要根本地改變社會關係性質

　　許多障礙者在照顧關係中，長期被弱化的經歷促使他們在爭取「自主」的過程中，強調從「被動」轉為「主動」、「客體」轉為「主體」、「被控制」轉為「控制」，自立生活運動因而強調自主、選擇、控制。這是對於既有被壓迫的生命經驗之反動，站在障礙者的角度很可以理解。障礙者的「自主」，須翻轉障礙者在社會中的角色，

亦即，使障礙者能從被決定、被限制與被隔離的「客體」，轉爲能自我決定、參與及融入社會的主體性被尊重之公民。而這也將須翻轉既有的照顧關係型態。

所謂「翻轉既有的照顧關係型態」，基於人與人之間相互依賴的關係，並非意味著照顧者與障礙者之間「角色互換」，也就是說，並不是使障礙者成爲「控制」的「主動」「主體」，而照顧者成爲「被控制」的「被動」「客體」。相反的，需要的是更根本的社會關係性質轉變——從壓迫與受壓迫的關係，轉爲相互尊重、支持與共創的關係。如此才能讓障礙者在「相互依賴」的社會中，獲得真正的「自主」，也就是先前提到的「自主的相互依賴」概念。此外，Kelly（2011）提出「可及的照顧」（accessible care）概念，點出「照顧」涉及不同立場者，本身就具有緊張性（tension），它可以是充權的，也可能是控制的，因此，持續覺察照顧關係中不同立場者的觀點，有助於反思及避免造成壓迫式的照顧，進而透過改變對障礙者的觀點、學習從「替代決定」轉爲「支持決定」，將「壓迫性的照顧關係」，翻轉爲「相互支持與共創的照顧關係」。

二 照顧／支持關係涉及相互協商

在照顧／支持關係中，障礙者應被視爲「主體」，因此必須尊重其自主想法，那麼，「照顧者／支持協助者」又應該被以什麼方式對待？國內最早推動個人助理服務的團體主張，「個人助理代替障礙者的眼、耳、手及腳等失能部分，協助障礙者處理生活上的事情。透過障礙者的指示安排工作內容，以到達自主選擇、決定生活的目的。」（社團法人台北市新活力自立生活協會，2022a）這種說法強調障礙者對於所協助內容的自主，但卻也容易造成他人的誤解，誤將障礙者與個人助理間的關係視爲「下指令」與「聽從指令」、「控制」與「被控制」的關係性質。事實上，個人助理也是「人」，只要是「人」，就不可能單純成爲「身體部位的替代品」，而應被視爲「主體」而尊

重之，而實際協助的過程也往往涉及雙方的溝通與協商，因此，照顧／支持的關係，其實應該是「互為主體」（intersubjectivity）的關係與過程。

照顧或是支持，是互動雙方共同且持續的建構過程，「照顧」並非「照顧者」對「被照顧者」的需求做單向回應，而是具有「協商」特性的。同樣地，「照顧」也不會是「被照顧者單向的選擇與控制」。Ells（2001）認為，人是互賴的，個人自主應該放在情境關係脈絡中了解，會涉及協商，因此要促進障礙者自主，就必須介入關係系統。Kleinman（2012）更進一步主張，照顧的本質是道德的、互惠的，也是藝術的，照顧關係涉及「照顧者與被照顧者雙方」的主體性。

從家庭的層面而言，「自主」是家庭關係與文化背景下的家庭協商過程（Saadah, 2002），對於智能障礙者與精障者尤然。Reynolds和Walmsley（1998）特別點出，如果直接給付模式要運用在智能障礙者與精障者，家庭照顧者必須被涵蓋進來參與討論，並且被納入工作結盟中，家庭照顧者應能參與計畫，但不干擾服務使用者的想望。當家人未能充分參與這個過程，則越無法自我發聲的重度障礙者可能也越難以得到所需的協助與支持。

家人以外的「正式協助關係」也具有「協商」特性，正式協助者也是人，也具有主體性，應受尊重。學者指出，個人助理涉及身體碰觸、談話、分享活動、分享生活空間等等，這種互動關係性質很難只是機械性代替被照顧者的身體部位，也不是缺乏感情的工具性關係，而是相互尊重與共享協商的關係（Ungerson, 1999; Kröger, 2009）。Shakespeare（2014）也認為，協助者不是機器人或是身體部位，協助者是工作者，協助者也是有權利的人，他主張障礙者與個人助理之間的關係，應該建立在「關懷倫理」之上，而不是自立生活運動所主張的「權利倫理」，也就是應建立在人與人間的「相互依賴」關係，而非個人主義式的權利主張，他認為所有的支持都應該在「個人化」與「相互性」之間找到平衡。

當障礙者的權利主張忽略了「照顧或協助者的權利」時，便容易

對於照顧或協助者產生傷害。Spandler（2004）的研究發現，障礙者偏好聘用未受過訓練的協助者，強調自己提供訓練比較符合需求，但是這也使得協助者暴露於容易受傷的工作情境，例如抬、抱等動作造成的傷害。多位學者也發現個人助理容易被情緒勒索（Ungerson, 2004）、被虐待以及被以不尊重的方式對待（Christensen, 2012），而虐待的狀況也不容易被發現與被處理（Shakespeare, 2014）。

前述諸多現象提醒著一件事：障礙者不希望被當成「他者」，自己也不應將照顧或協助者當成「他者」，儘管照顧或協助內容由被照顧或被協助的當事人所規劃，然而，正式照顧或協助關係儘管是「以當事人為中心」提供的服務，關係本質仍應是「互為主體」與「相互協商」的。

三 政策與服務模式必須改變

照顧關係從「權力不平等」的關係，轉變成「平等的互惠協商」關係，照顧提供者與被照顧者雙方，才能在相互尊重與合作的過程中，找出支持被照顧的障礙者「自主」的最佳方式。欲達到這樣的關係型態，首先，支持者的思維與習慣應先改變，社會工作的介入模式與文化也應更強調「自我決策」的支持。

許多障礙者的人生包含著被貶抑、被支配與被忽略的生命經驗，服務系統若創造出「尊重障礙者」的文化，將能讓障礙者在與服務提供者互動的過程中，無須採取時時需要武裝自己、捍衛自我的方式。在這種情況下，「相互尊重」的照顧關係才有可能建構起來，而這需要服務系統本身的反省與改變。服務模式應著重催化、使用者參與、共同生產（Pearson, Ridley, & Hunter, 2014）、視被照顧或被支持者為「積極的夥伴」而不是被動的、被決定的「客體」，專業人員的角色則在於支持服務對象的優勢、促進其「自我決策」（Stromwall, 2002）。因此，Helgøy、Ravneberg 和 Solvang（2003）強調，「自立」與社會制度息息相關，障礙者的生活方式往往與社會及文化環境

有關。

　　另外，社會福利政策支持障礙者「自立」或「自主」的程度，也影響著障礙者是否能擁有自主的社會關係、過正常化的生活，包含學習、工作、從事志願服務、休閒等等，成為社會中積極的成員（Pearson, Ridley, & Hunter, 2014）。國內推動障礙者自立生活的團體常批判，支持服務未能滿足障礙者基本需求，導致障礙者日常生活無法自主，被迫限縮生理需求，例如一天只吃一餐且不敢多喝水、無法按時服藥等情形（林君潔，2015）。而這便涉及政策對於不同支持需求的障礙者，該如何投入不同程度及類型的資源，以支持其對自己的生活之「自主」。

　　綜言之，障礙者的自主，深深受到關係脈絡的影響，從家庭、正式照顧或協助者，到社會文化與政策層面，皆形塑著障礙者與社會其他人之間的關係性質，以及障礙者自立生活的機會。

 ## 第四節　融合平等和差異政治

　　障礙者的「自主」需要在關係脈絡中理解與建構，而關係脈絡中的「不平等」若不被消弭，障礙者的「自主」也將成為「天方夜譚」。本書第二章提到，障礙者的人權受到削弱、生活無法自主的主要原因之一，是社會對於障礙者的差異給予負面的標籤，進而排除了障礙者的生活機會與社會角色之參與，並影響著障礙者的自我認同。「融合平等」的概念回應了障礙者這樣的處境，尊重障礙者的差異性，是確保障礙者平等人權所應努力的方向。因此，本章首先探討「融合平等」的意涵，進而介紹「差異政治」的相關論點。

一　「融合平等」

　　英國學習障礙者組織BILD（2011b）認為「平等」的意思是障礙者：

(1) 不再被社會所邊緣化與疏離；(2) 擁有與其他人相同的社會地位；(3) 不再易於受到剝削與虐待；(4) 障礙者的意見被嚴肅對待；(5) 障礙者成人的地位被尊重；(6) 擁有與其他人相同的公民權。

「融合」與「平等」這二個概念密不可分，眞正的「融合」必須建立在「平等」之上。《身權公約》第 5 號一般性意見對於障礙者平等融合於社區，強調障礙者不應被強加特定的生活安排，而失去個人選擇與自主。第 21 段強調不論心智能力、自我功能與支持需求程度，障礙者自立生活融合於社區的權利是平等的。該段指出，高支持需求的障礙者（例如心智障礙者、有複雜溝通需求者）往往被認爲機構是其唯一選擇，無法在機構以外的環境生活，這種觀點違背《身權公約》第 19 條。第 22 段並指出，所有的障礙者皆應有權自由選擇自己的文化歸屬，且應與社區中其他成員擁有一樣的選擇與控制自己生活之權利。第 30 段強調，所有支持服務的目標都是支持在社區生活、融合於社區、避免疏離與隔離。第 31 段強調這種融合是充分全面、個別化、自我選擇及有效的「融入和參與」，以及自立生活。

歐盟執行委員會（European Commission）指出，當人被排除於現代社會的各種交換、活動與權利之外，即爲「社會排除」（social exclusion）（Percy-Smith, 2000）。社會各層面的參與是基本人權，社會參與包含文化、經濟、政治、社會生活等多方面，使人與人之間相互連結。社會參與也與人的「自我認同」息息相關，不應以個人能力或功能不足而剝奪個人參與社會的權利（Mackinlay, 2008）。障礙者在社會中遭受種種歧視與參與社會機會的剝奪，便是被「社會排除」的生命處境與經驗。

以「非障礙者」爲標準所建構的社會生活世界將障礙者排除，再加上障礙者被醫療化與特殊化，長久以來，「只有非障礙者得以參與主流社會生活」的觀念深植人心，障礙者被推到狹小的、邊緣的、隔離的生活世界之中。有些非障礙者甚至認爲障礙者不應該出門、參與主流社會生活，「因爲他們會造成其他人很多的麻煩」。這種想法殘酷而不人性，卻是經常聽到的說法，顯示「人權」的概念在臺灣社會

的根基仍然薄弱。障礙者在社會中不被視爲擁有同等的地位、權利與尊嚴，這便是「社會排除」。

相對應於社會排除，有二個容易混淆的概念：「整合」與「融合」。「融合」重視因應障礙者的差異而進行結構性的調整。《身權公約》關於第24條融合教育權的第4號一般性意見第11段提到，「排除」是以直接或間接方式防止或拒絕學生以任何形式獲得教育。「隔離」是當障礙學生與非障礙學生分開，在爲了回應特定損傷或多種損傷的分開設計的環境中接受教育。「整合」是將障礙學生安置在既有主流教育機構中，要求障礙學生「適應」主流教育機構的標準化要求的過程。「融合」是一個系統性變革的過程，透過調整教學內容、方法、取向、結構與策略，以克服阻礙，目標是提供所有同樣年齡階段的學生公平和參與式的學習經驗，並且能回應其需求與偏好的環境。換言之，「融合」意味著環境必須考量障礙者的差異需求，必要時並且進行合理調整。

「融合平等」所追求的是「實質平等」，而非僅是「程序正義」。《身權公約》第6號一般性意見第10段指出，《身權公約》延續1993年的《障礙者機會平等準則》，提出「機會平等」的原則，是從「程序正義」轉爲「實質正義」模式的向前一大步。「程序正義」試圖藉由以類似方式對待類似狀況的人，以對抗「直接歧視」。這可以對抗負面刻板印象與偏見，但無法適切回應人的「差異」。「實質平等」則試圖處理結構性與間接歧視，並且考量權力關係，試圖回應「差異」以達平等。

因此，《身權公約》第6號一般性意見第11段指出：「身權公約是基於融合平等。」而「融合平等是建立在實質平等模式上，且對於平等的概念加以延伸和擴展，包含：(1) 針對社會經濟弱勢，強調公平的重分配；(2) 強調肯認，以對抗標籤、刻板印象、偏見、暴力，並重視人性尊嚴與交叉歧視議題；(3) 肯認人的社會性，亦即作爲社會群體的一分子，人性在融合於社會當中才能得到充分的肯認；(4) 人的差異應該獲得調整，這是人性尊嚴的問題。」

肯認與回應差異，最基本的便是確保障礙者能平等使用社區設施與服務。《身權公約》第 5 號一般性意見指出，提供社區一般民眾的服務與設施，例如住宅、公共圖書館、醫院、學校、交通、商店、市場、博物館、網路、社交媒體等等，都必須使障礙者在平等基礎上，可取得、通用、可接受、可調整，且必須回應障礙者的需求。因此，建構融合的社區環境，是平等融入的基礎。而融合的社區環境，不僅僅是社區服務設施、貨物與服務的可及性，融合、可及的教育、就業、健康照顧等，亦皆為障礙者融合及參與社區的必要條件。

⚫二 差異政治與認同

Young（1990）提出「差異政治」（politics of difference）的概念，用以分析社會中支配團體與受支配團體間權力不對等的關係。她認為「重分配」無法達到正義，主張「文化性壓迫」的「不正義」應被關心。她指出，「壓迫」使得一個群體逐漸被弱化甚至陷入無能為力。社會中的支配團體將自己的經驗和對社會生活的詮釋，當作「正常」或是「標竿」，並以刻板印象為某些群體印上某種「本質」的戳記，使得受支配的人成為「顯眼而偏差」的存在，被要求「適應」主流文化以取得參與的機會，因而也被迫接受非己所願的認同。此外，社會將「差異」醫療化，醫療及社會服務專業者被賦予任意且侵略性的權威，他們知道什麼是對於服務對象而言最好的，被標籤的邊緣人與「依賴者」卻沒有權利為自己進行主張，他們被剝奪了參與社會生活的機會，容易遭受嚴重的物質剝奪甚至滅絕。

因此，Young（1990, 1998）主張社會正義不是要消弭差異，而是肯認與尊重群體差異。文化同化侵蝕著個人與集體認同，受壓迫群體應起而對於自身受壓迫經驗進行詮釋、反抗，將文化政治化，挑戰支配文化，重新找回正向的群體認同和自我認同。她強調，社會平等是每個人都能充分參與，並被納入社會的主要制度中，所有人都能享有受社會支持的實質機會，以發展並運用自己的能力、實現他們的選

擇。語言與文化弱勢者應有權利維繫其語言與文化，並擁有平等的公民權、有價值的教育和生涯發展機會。

Fraser（1998）也指出，為了確保所有人的「社會正義」（justice for all），「重分配」（資源重分配，redistribution of resources）與「肯認」（肯認文化差異，recognition of cultural differences）同時需要被關照。她舉例指出，例如救助貧窮的福利措施同時給予經濟弱勢者負面標籤、照顧服務附帶對於提供照顧這件事的價值貶抑，這些都顯示單僅是「重分配」無法帶來正義，對於差異的肯認，是不容忽略的。

障礙者詮釋自己的生命經驗，方法之一便是透過藝術，以「主體」的角度展現與定義自己的生命經驗和差異。對於一般非障礙者而言，藝術是自我表達與自我實現，是對美感的追尋，也是休閒與社交的媒介；然而社會卻總認為藝術對障礙者而言，是治療、是復健，障礙者所從事的所有活動都以「被矯治」為目標，這就是障礙議題被個人化與醫療化的結果。事實上，藝術對於障礙者與非障礙者的意義與價值並無二致。透過藝術的創作，障礙者更得以詮釋自己的生命經驗。

墨西哥有名的障礙藝術家 Frida Kahlo 經常創作自畫像，描繪了自身作為障礙者主體的經驗與感受。她於 1944 年的創作《斷柱》（The Broken Column）以直接而震撼人心的手法，表達她的身心痛苦。而國內也有障礙者藉由藝術創作及公開分享，賦予自身的障礙經驗正向的詮釋（NPOst 公益交流站，2014）。不論是負面或正面的經驗展現，當事人主體的詮釋，都有助於讓「差異」不再從「非障礙者」的視角去認識與理解。

國內障礙團體也透過「文化再現」的方式進行社會倡議，例如新北市慈芳關懷中心採取「社會性受苦」的概念理解精障，多年來，他們試圖藉由精障者文化創作，展現精障者的主體經驗敘說，讓「精神障礙」的意義不再只是由醫療人員給予定義（呂又慧、戴雅君，2011）。另外，也有專門推動障礙藝術的組織，臺灣身心障礙藝術發

展協會於 2009 年成立，目的是讓障礙者透過藝術創作，展現自己的生活方式、文化及自我認同（臺灣身心障礙藝術發展協會，2021），該協會自成立以來，舉辦許多障礙藝術家作品展覽。

健全主義（ablism）的文化使得「障礙」成爲羞愧的一件事，健全主義強調不須他人協助的「獨立」與完美，障礙者無法符合這樣的標準，因而被社會所排除，進而產生羞愧感。障礙者透過藝術分享障礙經驗，展現「障礙文化」（disability culture）。相對於羞愧感，障礙運動推動「障礙驕傲」（disability pride），強調不只是「接受」與「包容」差異，而是要「慶祝」差異，障礙不是需要羞愧的事，而是需要驕傲的事，是人類多樣性之一，應該被慶祝並給予同等價值（Association for Community Living, 2019）。

改變社會對於「差異」的態度，有助於減少障礙者被「社會排除」。例如爲了改變社會對「臉部不符合多數樣態者」的負面態度，使他們能得到公正平等的對待，英國的「變臉」組織於 2008 年起發起「臉部平權日」（Aboutface, 2020），而爲了挑戰「完美外觀」（look-perfect）的文化，「國際臉部平權聯盟」也自 2019 年起推動「臉部平權週」，並與世界各國非營利組織合作，試圖改變臉部不符合多數樣態者在文化、社交、就學、就業等方面所遭受的歧視處境（Face Equality International, 2021）。國內陽光基金會也加入了「國際臉部平權聯盟」組織，並且於 2019 年開始倡議「履歷不貼照」行動，促使新北市與臺南市政府主動修改規定，應徵約聘僱職員不再需要於履歷貼照。勞動部的「臺灣就業通」網站也不再將大頭照列爲必要項目，各地就業輔導中心也積極勸說私營雇主（聯合報系願景工程，2021）。

語言也是文化的重要部分，並且影響著個人與團體「認同」。居於社會主流位置的「聽人」以「口語」爲標準溝通方式，因而聽障孩子被要求配戴助聽器、學習以「口語」，而不是以聽障者最自然的語言，亦即「手語」，來進行溝通。這顯示社會主流群體對相對少數群體的文化性壓迫，展現在語言方面。「手語」不僅是溝通「工具」，

更是聾人文化的重要部分，也是聾人文化傳承的過程。Young（1998）主張，語言和文化弱勢者應有權利維繫其語言與文化，社會參與的前提不應是文化上的同化、要求個人改變自己的認同與消除團體認同。

我國於2019年訂定《國家語言發展法》，將「臺灣手語」與「各固有族群使用之自然語言」，例如閩南語、客家語、原住民各族語等並列爲國家語言。依據此法，自111學年度起，所有義務教育階段學童都有機會選擇學習「手語」。這是一個好的開始，增進手語傳承與較爲廣泛推廣的機會。然而，手語相關教材的製作，應以「聾人參與」爲原則，一方面所製作出來的教材將更能貼近聾人實際使用的手語型態，另方面，語言不僅是溝通工具，語言背後的「聾人文化和語言認同」傳承，亦須受到重視。

國內手語分成「自然手語」和「文法手語」，前者是聾人自然發展的溝通方式，後者則是將聽人使用的口語直接逐字翻譯，但由於口語的文法結構與自然手語的文法結構不太一樣，有時文法手語對於聾人而言是很難理解的。臺灣障礙研究學會於2021年9月28日發表聲明稿，強調「自然手語」才是聾人的語言，是「具有獨立的文法結構和語彙系統，而非其他語言的轉譯或附屬品。」而文法手語「並不是一種語言，而只是將聽人使用的語言，用手勢逐字比劃出來。」因而主張政府在製作手語教材時，應「不僅邀請語言治療師、特教老師、手語翻譯員，以及家長代表參與，應該在比例上邀請更多聾人和聽損者以及語言學者參與。」這個聲明稿點出了聾人文化以及聾人參與的重要性（臺灣障礙研究學會，2021），也呼應了Young（1990）差異政治所強調的，受壓迫群體參與公共生活與文化建構，以維護其自我認同與群體認同。

第五節　結語：差異而平等、支持自主以實踐人權

「障礙」這件事，常會被貼上負面標籤，社會中作為多數的非障礙者建構一套標準，障礙者被視為無法符合這套標準，所以被認為是沒有能力的，於是造成了障礙者被社會排除的生活處境——排除於自己的生活、與他人間的連結關係，以及參與社會生活的各個面向之外。障礙者不被認為有能力自己做決定，被認為需要依賴他人。非障礙者習慣幫障礙者做決定，導致了惡性循環：越不相信他能做決定，越會自覺或不自覺地剝奪其做決定的機會；越沒有做決定的經驗，越不知道如何做決定，也越容易被認為沒有能力做決定。

「自主」是需要練習的，支持的環境使人願意嘗試錯誤，在犯錯的過程中累積經驗。透過通用設計，以及在社區的自然支持網絡中，信任的人提供做決定的支持、同儕支持、倡導、自我倡導、溝通協助、尊重多元溝通方式等等，給予障礙者支持，讓障礙者和其他人一樣，發展對自己的生活想法、在做決定中學習做決定、在發聲中學習發聲。支持提供者必須改變服務方式，以接受服務的障礙者為中心，在支持障礙者做選擇的同時，提供合理的照顧以避免傷害。

政策與服務的提供，應依循「差異而平等」（different but equal）的原則，讓障礙者自我敘說主體的經驗，使他人將「障礙」醫療化、無能化的否定模式，轉為認識、了解與尊重差異。服務少一點單向的「干預」、「介入」，多一點支持自主的「相互連結」，透過信任與支持，建立關係中相互協商的自主，讓差異受到肯認，並綻放光彩。

第四章

自我主導的支持

當一個人的日常生活許多活動沒有他人協助即難以進行時，此人便容易處於「易受傷害」（vulnerable）的狀況，其處境端視所處環境是否尊重其人權而定。第三章提到，為了維護個人的自尊、認同與當事人所重視的社會角色，「決定的自主」對於在「執行的自主」方面越困難者，越形重要，這意味著須提供適當支持，以使當事人自己做決定的機會能獲得保障。

　　由於社會的無知，傳統上認為重度障礙者若非由家庭照顧，便應由特殊的機構給予全天候的照顧。在這種狀況下，重度障礙者的生活被「標準化」、「規格化」，必須遵守作息規範，包含吃飯、睡覺、上廁所等等（Vasey, 2000），難以取得外出協助，就算與照顧者的關係不好，仍不得不依賴其提供私密性協助（Ratzka, 2015）。前述「機構化」的生活，對任何人來說，相信都是很難堪的，這樣的生活環境猶如牢籠，僅能維持重度障礙者「吃、喝、拉、撒、睡」等基本生存，與社會上一般人在過的「自由自在」的生活，真是天壤之別。

　　我們必須思考，社會已經進步到現在的生活水準，為什麼有的人卻是過這樣的生活？如果我們重視「人權」，就必須努力改變前述現象。障礙者自立生活運動的重要主張之一，便是重度障礙者生活所需的人力支持，應由「服務單位主導」轉為障礙者「自我主導」。「機構式」服務傾向過度保護，重度障礙者被視為被動依賴照顧者，無法控制自己的生活。自立生活運動所爭取的是障礙者和其他人一樣，過自己想過的生活方式（Barnes, 2006; Walker & Walker, 1998）。對一般人而言，按照自己的想法安排生活是「理所當然」的事，怎麼會需要透過社會運動努力去「爭取」？然而對於許多重度障礙者來說，若缺乏適當的支持，這些別人的「理所當然」卻是自己「遙不可及的夢想」。如果自由成為夢想，那麼這個社會真的是重視人權的社會嗎？

機構式照顧外，在支持資源匱乏下，許多障礙者被迫依賴家人、親友提供照顧，家人迫於經濟或其他因素而提供照顧，壓力過大導致對障礙者心理與生理上的虐待情形經常發生（Litvak, Zuka, & Heumann, 1987），在此種狀況下，障礙者不僅無法自由控制自己的生活，甚至連生存的權利亦受威脅。

一　「支持公民權的實踐」是自我主導的支持之目標

「自我主導的支持」之目標，應在於障礙者「公民權實踐的支持」。曾任英國障礙者協會（British Council of Disabled People）執行長的障礙者 Richard Wood 批判，障礙者常被認為沒有能力、需要被照顧，「照顧」的概念成為專業支配障礙者生活的工具。障礙者說「我們不想要照顧！」（WE DON'T WANT CARE!）他們主張用「自立生活」與「支持需求」的概念，在障礙者主導的組織支持下，自聘個人助理，對於影響自己生活的決定才能有控制權（Wood, 1989）。

障礙者從「落實公民權」的角度，爭取支持的提供、推動「自立生活」，主張「我們是完全的公民，不是病患也不是被照顧的客體。」（Ratzka, 2002: 1）個人協助的終極目標，是使障礙者能成功地於社區生活，並成為充分的公民（Pita, Ellison, Farkas, & Bleecker, 2001）。

二　自我主導的支持之特性

（一）彈性、選擇與控制

人的生活充滿變化與不確定性，這才是真實的生活，機構的制式化照顧並無法讓障礙者過真實的生活。因此，障礙者主張「支持」應

具有彈性、選擇與控制。在「提供者導向」的服務下，障礙者往往須配合服務提供者的時間，不敢主張自己的權利。自立生活運動爭取「現金給付」，讓障礙者成為消費者，在多位服務提供者之中選擇自己所需協助，而不是被迫依賴家人及機構提供壟斷式的服務（Ratzka, 2015）。

Stone（2001）提出「照顧取向」與「障礙模式」二種觀點，指出「照顧取向」預設每位障礙者的需求都一樣，都需要被照顧，且沒有能力對於所接受的服務做決定，因而不提供具有選擇與彈性的「購買服務」選項；而「障礙模式」則認為，社會所提供的「支持」，目標應在於增進個人自立與生活品質，且以現金給付或服務券的方式，較能提供個人及其家庭彈性與選擇。

不論是家人、親友或機構提供服務，障礙者往往被迫依賴、無法掌控自己的生活，因此，自立生活運動主張支持服務的使用者控制所接受的服務方向與提供，進而才能控制自己的生活（Litvak, Zukas, & Heumann, 1987），包含選擇在哪裡居住與如何生活、決定誰在什麼時候與地點以什麼方式提供什麼協助（Hasler, Campbell, & Zarb, 1999; Morris, 2004; Gardner, 2014）；也包含擁有非障礙者視為理所當然的生活選擇與控制，也就是在家庭中長大、在社區的學校讀書、使用公共運輸、依據自己的教育背景和興趣工作、成立自己的家庭，也就是「完全的公民」之實踐（Ratzka, 2015）。「控制」所接受的服務和自己的生活，對自己的生活有「彈性」與「選擇」。

（二）障礙者是自己需求的專家

自立生活運動主張服務使用者是「自己需求的專家」、「自己生活的專家」，這包括知道什麼對自己最好、自己思考、發聲，也包含服務輸送的細節，例如自己招募、面談、篩選、僱用、訓練、督導、評估與必要時解聘個人助理等（Litvak, Zukas, & Heumann, 1987; Gardner, 2014; Ratzka, 2015）。而「個人協助」中的「個人」，是指專屬某一人、依據其需求的服務；「協助」則指以障礙者的立場與

之共事，而不是「照顧」（Hasler, Campbell, & Zarb, 1999）。此外，「個人」更有政治面向，在服務決策過程中，權力應歸於服務使用者，亦即，服務使用者評估與確認自己的需求，並且依據自己的需要、能力、生活情境與喜好設計服務、決定服務輸送的各項細節，服務是滿足使用者的需求，而不是去適應所能提供的服務（Gardner, 2014; Ratzka, 1997, 2015）。

然而，權力關係的改變涉及服務文化。蘇格蘭的經驗發現，自我主導的支持不該僅是技術性的調整服務型態，最重要的是改變服務文化，亦即須改變專業人員與服務使用間的權力關係，社會工作者須重新界定自己的專長和專業角色，重視「催化」與「支持」使用者表達需求，並發展個人化的支持計畫（Gardner, 2014）。

（三）去除環境阻礙與輔助科技運用也須納入考量

本書第二章提到，障礙者在社會中無法自主，不僅因為「照顧」的意識型態、各種障礙歧視與標籤，包含對差異的不了解與不尊重，以及環境的「不可及」，皆是導致障礙者對自己的生活無法控制的原因。「自我主導的支持」之目標既然是「支持障礙者自主」，即應致力於去除環境阻礙與提供能回應障礙差異的支持。瑞典自立生活運動領袖 Ratzka（2004）指出，個人協助的政策目標是促進障礙者自我決定與充分的公民權，因此，個人助理服務應搭配「去除環境阻礙」與「輔助科技的運用」。個人協助時數的計算，也須在去除環境阻礙與善用輔具下，計算為了與非障礙者擁有同等的選擇與機會，所需協助之時數。換言之，個人協助只是支持自我主導的一環，而不是全部或唯一，需要努力的工作還很多。

第二節　六個國家「自我主導的個人協助」政策介紹

　　許多國家的自立生活運動爭取現金給付，以使障礙者能自行聘用協助者，除了是爲了避免被迫依賴家人，主要也因爲「實物給付」型態的社會福利（包含機構式與居家式）使其難以掌控自己的生活，包含：(1) 無法掌控服務提供時間因而不能自主安排作息；(2) 無法掌控誰來提供協助，導致感覺隱私被侵擾，且對服務品質缺乏影響力，當與協助者間有衝突時，亦難以更換協助者；(3) 當服務偏離當事人需求，例如物品擺放位置不符合障礙者習慣，障礙者卻無法改變服務提供方式，導致生活壓力與低自尊感；(4) 服務不可靠而造成生活壓力與不便、對家庭與社交等活動的干擾、迫使依賴家人；(5) 服務缺乏彈性，障礙狀況改變時，服務無法立即調整並回應需求（Zarb & Nadash, 1994）。

　　現金「直接給付」（direct payment）與「個人預算」（individual budget），是許多國家爲了增進服務的「彈性」、「選擇」與使用者「控制」而採取的政策。「個人預算」是透過給予一定的經費額度或時數，讓障礙者在額度範圍內自主選擇購買所需服務。有些國家例如英國，「個人預算」除了購買服務，也可用於現金「直接給付」（Disability Rights UK, 2016b）。

　　歐洲自立生活網絡（European Network on Independent Living, ENIL）主張「個人協助」（personal assistance）是障礙者自立生活的工具（ENIL, 2014），「個人協助」政策是指人力協助型態依據使用者個別需求，提供個人化的協助，使障礙者能控制自己所接受的服務，往往搭配「直接給付」或「個人預算」的經費給付型態實施，以達到「個人協助」的服務目標。「直接給付」或「個人預算」之目的，是「障礙者主導」，意即在招募、面談、篩選、僱用、付薪水、評估與解聘個人助理方面，障礙者依據個人意願與限制，自主決定參與程

度。若由第三方管理，至少在聘用、管理、付薪水和解聘等方面，都要儘量由障礙者主導（Litvak, Zukas, & Heumann, 1987）。

● 一 六個國家「自我主導的個人協助」政策介紹

（一）荷蘭

相對於許多其他國家，荷蘭「個人預算」使用者人數非常多，2013 年約 13 萬名使用者（ENIL, 2013a）。在 1980 和 1990 年代病人運動與障礙運動的影響下，促使荷蘭政府於 1996 年實施個人預算制度，以增進障礙者自立生活（Pike, O'Nolan, & Farragher, 2016）。不過，「自立生活」的語詞是官方提出，荷蘭並沒有自立生活運動（Schoonheim, 2009）。因此，荷蘭的經驗可能與爲了回應障礙者自立生活運動而產生相關政策的其他國家不同。

荷蘭社會保險於 1996 年開始實施「個人照顧預算」（PGB），使用者可領取「直接給付」自聘個人助理（ENIL, 2013a）。而 2007 年根據《社會支持法案》（WMO, The Social Support Act），個人預算轉由地方政府居家照顧系統提供，社會保險不再提供個人預算。WMO 不是權利，地方政府可自主決定要投入多少資源提供障礙者支持，以及當事人自行負擔比例（Pike, O'Nolan, & Farragher, 2016）。地方政府接手後，分成「照顧」與「家事」二種個人預算，且二者不能相互挪用（ECIL & ENIL, 2010）。

長照保險自 2015 年起，長照給付可選擇「實物」或「個人預算」型態給付，經費來自長照基金（稅收支應）及個人部分負擔（Pike, O'Nolan, & Farragher, 2016）。個人預算雖由地方行政人員核發，但是中央訂定全國一致的標準（The Health Foundation, 2012b）。個人預算服務流程爲：(1) 當事人提出計畫，說明想購買的照顧支持內容；(2) 評估需求，決定時數與協助內容；(3) 使用者選擇要實物給付或個人預算；(4) 評估單位寄評估報告到健康保險單位；(5) 健康保險單位

給使用者一個預算；(6) 使用者自行聘僱並與協助者簽訂契約；(7) 每半年或一年回報個人預算運用情形（ECIL & ENIL, 2010）。

評估考量醫療診斷、障礙類型、家庭支持情形、當事人偏好，以及既有照顧資源。當事人有權要求評估過程有一位支持者陪同。評估結果將需求分成 21 個等級（Schoonheim, 2009; ENIL, 2013a; Pike, O'Nolan, & Farragher, 2016）。個人助理資格方面，個人預算能用以付錢給家庭成員及非專業照顧者（Schoonheim, 2009），政府並未要求個人助理須為專業或半專業人員，因而人力來源彈性高，創造了新的勞動市場，鄰居、親戚、街上認識的人、教會等等都成為協助者的來源（The Health Foundation, 2012a）。荷蘭個人預算數額依據個人的障礙情形與需求而定，依個人收入狀況部分負擔（Pike, O'Nolan, & Farrangher, 2016）。

荷蘭長照政策充滿家庭主義色彩，2015 年的《長期照顧法案》指出人們應盡可能減少對政府的依賴、盡可能依靠家庭與社區（Pike, O'Nolan, & Farragher, 2016: 9），因此，儘管障礙者可以透過個人預算自聘個人助理，但整體政策並非以「自立生活」為目標。

（二）德國

德國民間「自立生活」的呼聲高，但「個人預算」實際使用人數卻相對非常少。民間障礙運動自 1980 年代開始推動「自立生活」。自 2001 年起，政府將「障礙者自我決策和參與」列為障礙政策目標，且開始實施「個人預算」制度；2008 年更規定障礙者有權取得「個人預算」（Waldschmidt, 2009）。儘管如此，德國個人預算使用者人數卻相對較少，2013 年僅 1,500-2,000 名（ENIL, 2013a）。

德國也是在長照和社會服務系統皆實施「個人預算」。長照保險雖然被批評為醫療模式，然而長照的目標也提出以社區為基礎及個人自我決策原則，障礙者可依據照顧需求等級，給付個人預算總額以購買所需服務（Gadsby, 2013）。不過，也由於長照保險從失能與醫療的角度界定需求，並無法提供彈性與個人化的個人協助，障礙者使用

的比例也非常低（周怡君，2017）。

社會服務系統涵蓋自我主導的個人協助（Waldschmidt, 2009）。德國於 1980 年代開始提供障礙者控制與主導的個人協助服務，隨著 2001 年《復健與參與法案》（Social Code Book IX – Rehabilitation and Participation, Bundesministerium für Justiz, 2001）的實施，才開始個人預算給付。該法案指出障礙服務目標是「自我決策和參與」（self-determination and participation / Selbstbestimmung und soziale Teilhabe），此目標應落實於所有障礙相關政策。這個法案被認為是德國障礙政策的轉捩點，一掃過去的「照顧」取向。此外，在 2003 年的《社會協助法案》中（Social Code Book XII – Social Assistance, Bundesministerium für Justiz）的「特殊生活情況協助」章的「支持整合」（integration support / Eingliederungshilfe）方案更進一步明訂提供「個人預算」及「個人協助」經費（Waldschmidt, 2009）。

個人預算僅能用在與官方協議好的項目，涵蓋個人照顧、家事、輔具、無障礙住宅、支持住宅、交通協助、教育、職業訓練與職場協助、休閒活動、治療等等（Waldschmidt, 2009; Gadsby, 2013）。需求評估乃由醫生、社工、障礙者及其家人共同討論決定，沒有評估工具（ENIL, 2013a）。個人助理的資格並不要求由專業或半專業人員擔任，「社會救助」和「長照保險」系統的個人預算都可運用在家庭及非正式支持。因此，有人擔心這會迫使障礙者更依賴家人，也有人擔心地方政府運用個人預算其實是為了刪減經費（Waldschmidt, 2009）。

Waldschmidt（2009）指出，德國長照保險的目標雖是促進居家照顧與個人自我決策，但仍充滿家庭主義色彩，政府角色界定在補充家庭與社會網絡支持之不足。由於強調個人非正式支持網絡優先，付給家庭支持的金額比給付給專業居家照顧服務的金額來得少。Gadsby（2013）則認為，德國長照系統中的現金給付目的是「減少照顧成本」，而個人預算目的則是「增進選擇、競爭、降低住護理之家的比例、節省經費」。

（三）英國

　　所有歐洲國家中，英國使用個人預算人數最多，2015年使用者有25萬人（ENIL, 2015）。英國障礙運動自1970年代中期發展，自立生活運動也於1980年代起逐漸產生影響力，最早的自立生活中心成立於1984年（ENIL, 2015）。為了回應自立生活運動爭取現金「直接給付」，英國政府於1988年開辦「自立生活基金」（Independent Living Fund, ILF），以支持障礙者社區自立生活。至2000年，有八成的地方政府實施現金給付方案（Carmichael & Brown, 2002）。在1993年，政府原欲取消基金但仍延續，2010年停止新申請，2015年停辦，基金金額移轉至地方政府（Woodin, Priestley, & Prideaux, 2009; ENIL, 2015; Disability Rights UK, 2016c）。

　　英國隨著1997年實施《社區照顧（直接給付）法案》（Community Care (Direct Payment) Act），地方政府被賦予現金「直接給付」的權力（Glasby & Littlechild, 2009; ENIL, 2013a），目的是以現金給付方式，讓服務使用者對於服務輸送有較大的選擇與彈性（Pike, O'Nolan, & Farragher, 2016）。而「個人預算」始於2005年開始的個人（社會照顧）預算實驗計畫（Individual (Social Care) Budget, IB），可用於聘用個人助理（Gadsby, 2013）。

　　2015年實施的《照顧法案》（The Care Act）規定地方政府有責任提供促進障礙者自立的服務，且障礙者有權取得個人預算，向照顧提供單位購買服務或運用「直接給付」自聘個人助理（Pike, O'Nolan, & Farragher, 2016）。照顧法案規定地方政府應確保使用者能控制自己的日常生活（United Nations, 2017）。

　　直接給付只能運用在評估出來的需求（NHS, 2015）。地方政府每年評估一次需求（ENIL, 2015），當事人填寫自我評估表後，社會服務部門人員會以電訪、面訪等方式，評估當事人是否符合社會照顧支持的資格，若符合，將進一步計算當事人可能可以獲得的數額，據以協助申請人訂定支持計畫，個人預算實際數額則在支持計畫確認後

才會決定（Disability Rights UK, 2015a, 2016a, 2016b; Southend on Sea Borough Council, 2011; Newham London, 2021）。評估過程須有當事人參與（Pike, O'Nolan, & Farragher, 2016），當事人還可要求伴侶、家庭成員、朋友陪同評估，或要求「獨立倡導者」協助。「獨立倡導者」是能支持當事人表達想法的獨立專業人員，障礙者可向地方政府申請（Disability Rights UK, 2016b; Scottish Independent Advocacy Alliance, 2022）。

支持計畫會說明滿足當事人需求所需之成本與各種資源組合，並依據個人收入高低決定部分負擔數額。照顧法案執行手冊指出，評估須符合「適當」與「比例」、「以個人為中心」等原則，並重視當事人可以做的事與想望（Pike, O'Nolan, & Farragher, 2016）。支持計畫至少每年更新一次，且需求改變時會重新評估與修訂（NHS, 2015a）。內容包括：(1) 你的需求（生活型態、嗜好、休閒、興趣、生活中重要的人）；(2) 你生活中想改變的事；(3) 你想達成的目標；(4) 你需要的支持類型（直接給付或服務）及所需費用；(5) 你將如何運用及管理你的個人預算，包含如何支付個人助理的薪水（有無第三方支持）；(6) 執行目標的具體行動計畫；(7) 有哪些預備不時之需的安排（Disability Rights UK, 2015）。

英國政府規定至少要付個人助理基本工資（Disability Rights UK, 2016b）。若須特殊技巧或是較複雜需求者，個人助理時薪可能較高。障礙者自聘個人助理須向稅捐單位登記為雇主。僱用超過一個月，障礙者就須與個人助理訂定書面工作說明，內容包含個人助理的各項勞動權利（Disability Rights UK, 2016b）。英國未規定個人助理須由專業或半專業人員擔任（Skills for Care, 2017）。原則上家人（配偶／伴侶／親戚）不能擔任個人助理，但若因宗教或文化因素而只有家人可提供照顧，障礙者可在照顧計畫階段提出（NHS, 2015a）。

（四）瑞典

瑞典的自立生活運動也於 1980 年代倡議「直接給付」。第一個

自立生活組織 STIL（斯德哥爾摩自立生活合作組織）成立於 1984 年，要求政府提供個人協助現金給付（Ratzka, 2004）。政府於 1993 年與 1994 年分別制定《特定障礙者支持與服務法案》（Act on Support and Service for Certain Individuals with Disabilities, LSS）和《特定功能損傷支持與服務法案》（The Support and Service for Persons with Certain Functional Impairments Act of 1994, LASS），提供個人協助現金直接給付。取得中央社會保險個人協助給付的人數在 2012 年約有 16,000 人（United Nations, 2014）；2015 年透過地方政府使用個人助理的有 3,876 人（ENIL, 2015）。障礙者每週平均使用時數在 2012 年是 117 小時（United Nations, 2014）。

瑞典國會於 1999 年通過的障礙政策國家行動計畫，標題為「從病人到公民」，至 2009 年，瑞典政府強調障礙政策目標並未改變，仍是「社會整合，使障礙者不論年齡、性別，都能平等充分參與社區生活」（United Nations, 2014）。1993 年制定的 LSS 法案目的在「促進社區中平等生活處境和全面參與」。根據該法案，地方政府應提供障礙者個人協助現金給付；應基於尊重障礙者自我決策權及隱私，障礙者應能有機會影響並共同決定所提供之協助（United Nations, 2012, 2014）。此外，1994 年制定的 LASS 法案提供重度障礙者稅收支應的個人協助預算，無須資產調查，不因個人經濟狀況或所選擇的協助服務提供來源而有給付金額差異（Anderberg, 2009; The European Social Network, 2013）。

障礙者向市府提出申請，每週 20 小時以內的協助需求由地方政府依據 LSS 提供，超過 20 小時則轉介給「瑞典社會保險機構」。障礙者領取協助津貼以聘用個人助理，無須資產調查，也沒有部分負擔（Anderberg, 2009; Gadsby, 2013）。LSS 和 LASS 是個人權利法案，若障礙者申請個人協助受挫，可向行政法庭提起訴訟（JAG, 2006）。

LASS 的制定乃伴隨 1994 年社會服務改革，政府規定障礙者應能取得所需且高品質的服務、服務應尊重當事人自我決策與人格完整的權利、盡可能讓其對於所接受之服務具影響力或共同決策

（Anderberg, 2009; United Nations, 2012）；若服務對象是小孩，也須在提供充分資訊下，尊重小孩的自主意見（United Nations, 2012）。

LASS 由全國社會保險單位評估，LSS 則由地方或中央政府健康部門的社工評估需求，評估使用問卷，且須有醫生、物理治療師、職能治療師等醫療專業人員出具證明。地方政府每年評估一次，中央每 2 年評估一次（Blomqvist, 2013; ENIL, 2015）。個人協助津貼從核定到使用的流程如下：(1) 評估後核定個人協助時數；(2) 使用者與支持提供者聯繫；(3) 支持提供單位提供使用者訓練；(4) 使用者受過基本訓練後，與支持提供者訂定契約，一份給主管機關；(5) 使用者簽訂授權書，寄給經費提供單位，該單位據以直接匯錢給支持提供者，副本一份給支持提供者留存；(6) 支持提供者與地方主管機關簽訂「個人協助請假期間費用繳回協議」；(7) 使用者招募個人助理並與之訂立契約，副本給支持提供者；(8) 特殊狀況下，使用者可向地方政府申請額外時數並將協議結果一份給支持提供單位（ECIL & ENIL, 2010）。

協助是依據個人的情境與需求，使用者控制服務安排、決定聘用誰擔任個人助理、用什麼方式及什麼時候提供協助，沒有限定個人助理服務時間不能與居家服務重疊（Anderberg, 2009）。若有需要，甚至有 48 小時的服務（ENIL, 2013a）。瑞典未要求個人助理資格須為專業或半專業人員，家人也可擔任個人助理，但家人須受僱於市政府或提供個人協助的單位，不能由協助個人助理管理的單位聘僱（ENIL, 2015）。直接給付促使新市場的產生，2007 年有 230 個地方政府服務提供者及 450 個私人公司提供服務，這些私人公司創造了大量的工作機會給原本難就業的移民、承擔兒童照顧的婦女等等（Anderberg, 2009）。

（五）日本

日本障礙運動早自 1970 年即開始推動自立生活，緣於東京府的機構住民絕食抗議機構不良對待，發展成長期抗爭，促使東京都於

1974 年創設「重度腦性麻痺者介護人力派遣事業」，以協助從機構轉為社區生活的障礙者，這是日本最早的「介護人力」派遣制度（媒合而非自聘的個人助理型態）。厚生省也於 1975 年提出重度障礙者的「生活保護他人介護加給之特別基準」（中西正司，2003；林君潔，2015）。

日本政府在 1992 年的報告書《邁向重視個人生活的社會》中提到，將推動各種政策以實現「正常化」（normalization）的目標（內閣府，2018a），並於 2003 年建立「支援費制度」，由市町村委託事業所提供介護人力派遣服務，後來併入 2006 年實施的《障礙者自立支援法》（全国障害者介護制度情報，2003；ウィキペディア，2018）。2012 年《障害者自立支援法》更名為《障礙者日常生活及社會生活綜合支持法》（障害者の日常生活及び社会生活を総合的に支援するための法律），通稱《障礙者綜合支持法》（障害者綜合支援法）（ウィキペディア，2018；東京都福祉保健局，2018）。

此外，1970 年公布的《障礙者基本法》的 2013 年版本第二章標題為「支援障礙者自立及社會參與等基本政策」（障害者の自立及び社会参加の支援等のための基本的施策），內容包含介護與自立支持；2017 年第二章標題改為「自立支援給付」（電子政府の総合窓口，2013，2017），自立支援給付分成介護給付以及訓練等給付（東京都福祉保健局，2018）。自立支援給付採全國統一標準，障礙者向市政府（市町村）申請障礙支援區分認定，市政府的審查會（市町村審查會）負責審查並決定給付（厚生労働省，2017）。

市政府的「認定調查員」使用含有 80 個項目的調查表進行評估，項目包含：移動與動作、自我照顧與日常生活、溝通理解、行為障礙、特殊醫療等。其後依據醫師意見書，以電腦進行第一次判定，審查會再依據認定調查員特記事項，以及主治醫師或醫師意見書，做第二次判定並通知申請者（厚生労働省，2014，2015，2018），審查會認為有必要時，得聽取障礙者及其家屬、醫生等的意見後再做決策。障礙者須先提出服務使用計畫，審查會根據服務使用計畫及斟酌所有

事項後做出給付決策並調整服務使用計畫後，障礙者才能開始使用服務（電子政府の総合窓口，2017；東京都福祉保健局，2018）。

　　重度訪問介護服務內容包含入浴、排泄及用餐、烹調、洗滌及打掃等家務協助，以及外出時的移動協助（厚生労働省，2017）。以「人文關懷協會」為例，協助內容包含：(1) 身邊介助：沐浴、排便、更衣、用餐介助、從輪椅移動至床上及翻身；(2) 家事援助：煮飯、洗滌、打掃及買東西、除草、修繕物品、簡單木工等；(3) 外出介助：外出、休閒活動、出院介助及移動介助等；(4) 社會生活相關介助：代筆、謄寫、整理、準備及朗讀等（ヒューマンケア協会，2009）。

　　重度訪問介護的對象是「重度身體不自由或重度智能障礙及精神障礙在行動上有顯著困難者、平常需要介護的障礙者」，必須是障礙區分 4 以上或符合下列 1 或 2 者：(1) 有二肢以上麻痺者、障礙支援區分的認定調查項目中，「步行」、「移位」、「排尿」及「排便」其中一項被認定為「不需要支援」以外項目者；(2) 障礙支援區分的認定調查項目中，行為相關項目（12 項目）的合計點數在 10 點以上者（厚生労働省，2017）。依據家戶經濟狀況規定部分負擔，且部分負擔有上限規定（東京都福祉保健局，2018）。

　　重度訪問介護服務提供單位以契約派遣介助者（Helper）的方式提供協助（厚生労働省，2015）。服務時間一天 24 小時、一年 365 天無限制（ヒューマンケア協会，2009）。依據介護保險的協助者稱為 Home Helper（介護服務員），而依據障礙者自立支援法的協助者稱為 Helper（介助者）（きらっコノート，2016）。只有札幌市直接用片假名パーソナルアシスタンス（personal assistance）引進國外個人助理制度，其他地區不用此名詞，且都是政府委託民間媒合服務，介護人力是透過派遣公司徵才的方式提供（全国自立生活センター協議会，2001）。

　　重度訪問介護的介助者在下列狀況會有加給：重度障礙、符合障礙支援區分 6、2 人從事重度訪問介護、夜間、清晨或深夜、特定事業所、特別地方、緊急時刻應對、抽痰（厚生労働省，2017）。介助

者的資格沒有特別規定，以「人文關懷協會」而言，只須到協會面對面聽取介助協調簡單說明自立生活中心及介助相關事務，並參與每月一次的重度訪問介護從事者研習講座，之後即可登錄為介助者。一旦正式擔任介助者，人文關懷協會會教導介助者關於介助方法和與使用者接觸的方法（ヒューマンケア協会，2009）。

札幌的障礙運動於 1995 年開始與市政府談判，2000 年札幌政府開啟「自選介助者」制度；2006 年部分重度障礙者實現一天 24 小時的介助保障；2009 年開啟個人助理實驗計畫，並於 2010 年正式實施個人助理（パーソナルアシスタント）制度（札幌市公所障礙福祉課，2016），是日本唯一實施障礙者自聘個人助理的地區，中央沒有補助，此為自辦方案，其背景是障礙者對於派遣型態介助服務的批判，包含協助時數不足、服務提供單位不足、希望有專屬的介助者（札幌市公所障礙福祉課，2016）。個人助理協助內容包含：(1) 身體，包括用藥、排泄、沐浴、移動身體、用餐等；(2) 家事，包含打掃、烹調、洗滌、購物等；(3) 外出，包含外出時所需支援（札幌市，2016）。

個人助理制度的對象是依據《障礙者綜合支持法》所界定，取得重度訪問介護給付，且能進行招募介助、指導照護方法、金錢管理者。照護費用每月直接給付給障礙者，依據當事人經濟狀況決定是否部分負擔一成服務費用（札幌市，2015，2018b）。政府在決定一個月的介助費用額度後，以直接給付方式支付障礙者，由障礙者選擇介助者並與之簽訂契約。使用者在給付額度內，可以用較低報酬換取更多協助時間，但使用者須自行承擔指導介助者、排班調整、薪資給付等責任（札幌市，2015，2018a）。障礙者自己選擇個人助理，並與之訂定契約，在規定的照護費用額度內，自行決定個人助理的薪水。個人助理不須具備任何資格或證照，但配偶及三等親以內親屬及同住家人不能擔任個人助理（札幌市公所障礙福祉課，2016；札幌市，2015，2016）。

札幌市提供一定金額的意外事故保險，超過賠償金的部分則取決

於使用者與個人助理簽訂契約時雙方自行約定。個人助理薪資無下限規定，由使用者與個人助理協議訂定（札幌市，2016）。此外，關於勞動保險（僱用與職災）和社會保險（健康保險、福利保健年金）的部分，若個人助理爲自僱則不適用，若障礙者自聘個人助理則皆適用（厚生労働省，2017）。此外，爲因應招募個人助理困難，札幌於2010年設立支援中心及個人助理登錄制度（札幌市公所障礙福祉課，2016）。障礙者與個人助理都向個人助理支持中心登錄。因此，札幌除了傳統的由單位聘用介助者提供服務外，個人助理方面有二種型態，其一是個人助理作爲自僱者，透過登錄方式尋找服務對象，另一種則是受僱於障礙者（NPO法人自立生活センターさっぽろ PA サポートセンター，2016）。

（六）韓國

韓國自立生活運動 1997 年才開始發展，到 2011 年全韓已有數百個自立生活中心，重度障礙者要求政府提供「行動輔助服務」，並於 2001 年起推動禁止歧視障礙者法令。政府爲了促進障礙者自立生活，在 2007 年修訂《障礙者福利法》，增加第四章關於「自立生活支持」，規定國家及地方政府應提供「派遣行動輔助員」和「行動支持給付」，以讓障礙者能順利地進行日常生活和社會生活，同年也訂定《禁止歧視障礙者及權利救濟相關法》（김동범，2011；국가법령정보센터，2018a）。韓國於 2011 年正式實施「障礙者行動支持制度」，2016 年已有 79,926 名使用者（장애인활동지원，2018b）。

《障礙者行動支持相關法》於 2011 年公布施行，正式推行「障礙者行動支持制度」，對象由障礙等級 1 級逐漸擴充，目前涵蓋障礙等級 1 至 4 級（重度障礙者）（보건복지부사회보장정보원，2018）。障礙者行動支持給付的給付額採分級補助方式，依據經濟狀況有不同的部分負擔比例（장애인활동지원，2018a）。2018 年障礙者一個月可取得 47-118 小時的給付（보건복지부사회보장정보원，2018）。行動支持給付的給付內容包括：行動輔助、訪視沐浴、訪視

看護、緊急行動支持（장애인활동지원，2018a）。給付方式是每月在國民幸福卡內存入給付金額數額的代幣，障礙者再向行動支持機構申請服務（보건복지부사회보장정보원，2018）。

評估方式方面，障礙者向邑、面、洞負責社會福利的公務員提出行動支持給付的申請，「國民年金公團」審查障礙等級並進行訪問調查，公團依「行動支持認可調查表」評估障礙者的需求並分級，最後再進行使用者本人負擔金額的調查。訪問調查分成 4 大領域：日常生活動作領域（日常生活活動能力）、行使日常生活手段的能力（工具性日常生活活動能力）、障礙特性領域（使用輪椅、聽覺機能、視覺機能、認知能力、精神機能）、社會環境領域（社會活動參與、危機處理能力、障礙者輔具使用能力、單詞或文章理解）。自 2018 年起認證分數分成 4 級，一個月最多可達 47-118 小時的給付（보건복지부 장애인정책국 장애인서비스과，2018；장애인활동지원，2018a，2018b；보건복지부사회보장정보원，2018）。

自立生活中心、障礙者福祉館、重建院等非營利組織皆可聘用「行動輔助人員」，提供「行動支持」服務（장애인활동지원，2018b）。2018 年的資料顯示，有超過九成的行動輔助人員勞動時間一週超過 15 小時，而政府所給付的費用不足以支付行動支持機構的管理成本，因而有機構非法要求行動輔助人員簽訂無法律效力的自願放棄津貼文件。服務使用者的配偶、直系血親與兄弟姊妹、直系血親的配偶、配偶的直系血親與兄弟姊妹，即使符合擔任行動支持人力的資格，仍無法提供服務使用者服務（보건복지부사회보장정보원，2018）。

二 「自我主導的支持」之落實，須提供使用者和個人助理必要支持

（一）提供使用者訓練課程，以及行政、同儕與倡導支持

先前提到，瑞典的重度障礙者在正式接受個人助理服務之前，必

須經過訓練，目的在「充權」障礙者，以確保其權益。「自我主導的支持」強調障礙者由被動的福利接受者，轉變為主動且會提出要求的消費者（Carmichael & Brown, 2002）。Daly 和 Woolham（2010）指出，許多文獻批判「公民」被個人預算建構成「消費者」，然而當「市場權」被強調，「社會權」反而被削弱。國內學者王品（2015）也指出，德國長照保險的現金給付使得照顧勞工受僱於私人家戶，雇主從「國家」轉為「個人」，由於現金給付數額僅居家服務（實物給付）的一半，多數選擇由家人照顧，也導致非法看護移工蓬勃的現象。這凸顯了一個值得關心的議題：障礙者成為福利消費者，可能增進選擇，卻也可能因為給付制度的設計，造成障礙者在照顧關係中不見得處於有利的位置，照顧品質或許也堪憂。

Oliver 和 Zarb（1992）便警告：只是將資金轉移到使用者身上並且期望所有障礙者都能在沒有諮詢、資訊或支持下操作自己的個人協助方案，是不切實際的。Gardner（2014）也強調，不論服務使用者選擇如何接受服務，「自我決策」是「自我主導的支持」之基本原則。Litvak、Zukas 和 Heumann（1987）則指出，使障礙者能「充權」且自我主導，這才是自立生活的精神。許多文獻指出，訓練課程對於個人助理服務使用者而言非常重要（Hasler, Campbell, & Zarb, 1999; World Institute on Disability, 2000; Freyhoff, Parker, Coué, & Greig, 2003），訓練課程宜包含：社會模式的障礙觀點、自立生活的意涵、招募、面談與聘用個人助理、時間管理、雇主與雇員關係建立、法律責任、管理（薪資、保險等等）（Hasler, Campbell, & Zarb, 1999）、自我倡導等等（Freyhoff, Parker, Coué, & Greig, 2003）。此外，障礙者和家人參與服務需求與服務成果評估、提供有關個人助理聘用與行政相關議題的支持，包含建立申訴抱怨程序（World Institute on Disability, 2000; Freyhoff, Parker, Coué, & Greig, 2003），這些也是自我主導的支持之必要措施。

障礙者自立生活運動強調障礙者是「自己需求的專家」。然而，客觀而言，許多障礙者過去的生命經驗經常是被迫依賴的，長久下來

也較難自我思考與發聲。因此，Ratzka（2015）主張，障礙者主導的組織對於障礙者而言非常重要，透過這樣的組織，障礙者能相互支持與學習、共同推動政治變遷，表達障礙者的需求和想要的解決方式，而這也正是自立生活運動的核心。World Institute on Disability（2000）也提到「正式與非正式同儕支持」是個人協助方案中非常重要的一環。Pearson、Ridley 和 Hunter（2014）認為，個人預算制度須搭配倡導服務，以避免在資訊與支持方面較為匱乏者陷入更為劣勢的處境。行政方面的支持也很重要，例如荷蘭有些高支持需求的使用者，會透過第三方提供服務及協助繳交財務運用報告（Gadsby, 2013）。個人預算擁有者組成的協會也會提供尋找個人助理的服務（The Health Foundation, 2012a）。

以德國為例，個人預算可用於支付管理個人預算的服務費用，由受過訓練的「預算諮詢者」提供，可受聘於障礙者的組織或以自由業方式提供服務（Waldschmidt, 2009）。德國有個人預算使用者組成的組織，為會員提供個人預算的相關服務。有監護人的障礙者則往往由監護人代為管理，例如心智障礙者使用個人預算通常是在父母或監護人協助下安排自己所需協助。此外，自立生活中心也會提供諮詢（ENIL, 2013a）。德國一個大型非營利組織提供心智障礙者及其家庭關於個人預算的諮詢。另外，有二個個人協助使用者的會員組織，分別在布萊梅（成立於 1990 年）與漢堡（成立於 1993 年），提供會員個人協助的行政管理服務（Waldschmidt, 2009）。自立生活中心也扮演支持、諮詢、資訊與倡導的角色，提供同儕支持以及管理個人協助的諮詢。自立生活中心的經費來源包含縣市政府補助、會費、私人捐款以及特定方案的補助（Waldschmidt, 2009）。

英國個人預算管理方式有四種：(1) 直接給付；(2) 地方政府設一個帳戶並依個人想望提供支持；(3) 由第三方負責管理預算，並依個人想望提供支持；(4) 前述三者合併（Pike, O'Nolan, & Farragher, 2016）。智能障礙者也可自行管理個人助理，但多數由家人協助（ENIL, 2015）。協助使用者尋找個人助理的資源包括：(1) 社會服

務部門；(2) 直接給付支持服務單位；(3) 居家照顧協會；(4) 其他直接給付的使用者；(5) 照顧品質委員會（管理所有照顧提供者）（NHS, 2015a）。地方政府補助自立生活中心協助障礙者處理個人助理聘僱與經費處理事宜，障礙者免付費。自立生活中心會建立潛在個人助理人力資料庫，並且協助安排在自立生活中心或地方政府的辦公場所進行面談，另外，也會提供行政與經費協助，包含稅捐登記、雇主登記、個人助理薪資給付等等（Disability Rights UK, 2016b）。

再以瑞典為例，多數使用者不選擇自己管理個人助理，2013年所有領取個人協助給付者中，個人助理來源 40% 是地方政府（municipality）；47% 私人公司；10% 使用者合作組織（STIL、GIL、JAG、CILs）；僅 3% 自聘個人助理（Blomqvis, 2013; The European Social Network, 2013）。使用者（包含智能障礙使用者）可擔任雇主自行聘用與管理個人助理，也可與其他障礙者組成合作組織，或由縣市政府、私人公司或組織取得關於履行雇主責任的協助（United Nations, 2012; ENIL, 2015）。大部分提供協助障礙者管理個人助理的公司都會提供個人助理專業能力的訓練，也會提供障礙者訓練課程。

以自立生活運動最早推動者 Ratzka 所成立的個人助理使用者合作組織「斯德哥爾摩自立生活合作組織」（the Stockholm Cooperative for Independent Living, STIL）為例，初階課程共三個整天，內容包含：(1) 釐清在個人助理協助下，自己想要的生活；(2) 認識 STIL 及自立生活哲學；(3) 認識個人助理如何幫助使用者提升生活品質；(4) 認識 LSS、LASS 及勞動法規；(5) 領導與督導員工（包含如何成為好雇主、與個人助理的溝通等等）；(6) 了解政府經費可用在哪些方面及限制，以及須提供什麼證明；(7) 個人助理招募、聘用、解僱方式。進階課程也是三個整天，內容包含：溝通、如何處理衝突、如何增進領導與督導技巧（Jaillet, 2009; Ratzka, 2015）。除了訓練課程，STIL 也提供使用者薪資及會計處理，在與個人助理間產生勞資糾紛時，STIL 提供建議並可代表障礙者協助處理（Ratzka, 2015）。

日本則是由札幌市政府委託一個民間團體辦理「個人助理支持中心」，提供使用者支持（札幌市，2015），該中心提供的支持包括：(1) 介紹個人助理制度，提供諮詢；(2) 支援招募個人助理，提供資訊；(3) 提供使用者在訂定契約時的支持與建議；(4) 提供個人助理及使用者雙方研習；(5) 提供契約訂定過程及服務過程使用者與個人助理間關係問題處理的支持；(6) 協助擬定個人助理費用運用計畫；(7) 支援製作向區公所提交個人助理費用請領等文書（札幌市，2015，2016）。

　　提供使用者的支持，或許也需要注意不同障礙或支持需求者的差異性。Williams、Ponting 和 Ford（2009）指出，心智障礙者的協助者往往需要提供較多的鼓勵、支持，甚至是引導。挪威的研究發現，個人助理經常流動會對於服務心智障礙者產生較大的影響，因此，心智障礙者的個人助理服務條件跟非心智障礙者有些不同，會特別需要安全、穩定與持續性，且建議採取瑞典使用者組織或家人擔任服務保證者的作法，以協助個人助理了解使用者、支持心智障礙使用者自立。並且由新的個人助理與舊的個人助理同時服務一段時間，以利銜接（Askheim, 2003）。Ratzka（2015）也指出，認知與心理社會障礙者在聘任個人助理時，需要家人、朋友或其他自己所信任的人提供協助（Ratzka, 2015）。

　　Bigby 和 Frawley（2010）主張，提供心智障礙使用者支持，有多重角色，包含：陪伴與支持發展社會關係、提供實際的協助、技巧發展或引導，且很多時候需要對於什麼時候需要或不需要採取較為指導性的策略之判斷，以及對於具有潛在危險性的狀況的介入之判斷。他們認為，使用者合作組織最熟悉使用者，擔任服務確保最能協助招募、聘用、訓練及督導管理個人助理。他們強調，個人化基金的成功必須建立在與服務系統的其他成分整合，例如取得支持的權利、建立支持網絡與支持圈、社區融合環境的建構等等。

（二）提供個人助理訓練與支持

　　個人助理作爲協助障礙者自立生活的服務提供人員，若缺乏自立生活的理念，所提供的協助可能採取「照顧」而非「支持自立生活」的取向。例如瑞典的研究發現，服務兒少障礙者的許多個人助理會替代兒少做決定（Skär & Tamm, 2001）。甚且，有些研究發現個人助理對使用服務的障礙者有虐待的情形，包含財務、身體、言語、性虐待、疏忽、拿走或破壞物品、不恰當的施用藥物、虐待小孩與寵物等。然而，障礙者普遍不敢說出來，因爲擔心被報復、擔心無人可提供協助、怕揭發後會被送進醫院或失去孩子、對相關資源不熟悉、不太知道如何向個人助理釐清界線、覺得羞愧等等（Ulicny, White, Bradford, & Mathews, 1990; Saxton, Curry, Powers, Maley, Eckels, & Cross, 2001; Powers, Curry, Oschwald, Maley, Saxton, & Eckels, 2002）。因此，提供使用者持續的支持，以及提供個人助理必要的訓練，非常重要。

　　Freyhoff、Parker、Coué 和 Greig（2003）也強調，專業人員與服務提供者接受「障礙訓練」很重要。世界障礙者協會（World Institute on Disability, WID）主張所有個人助理訓練都應遵循「自立生活」哲學，並且盡可能由自立生活中心以及個人助理所協助之障礙者提供訓練，提供智能障礙者與精障者服務的個人助理須接受特別的訓練與登記。WID 也建議提供個人助理服務使用者關於如何善用此資源以及管理個人助理（與個人助理間關係）的訓練，和持續性的追蹤訓練（Litvak, Zukas, & Heumann, 1987）。

　　以瑞典 STIL 爲例，該合作組織提供一整天的個人助理課程，內容包含：語詞介紹、主要法規介紹、介紹 STIL 及自立生活哲學、個人助理的責任、擔任雇主的障礙者及受僱的個人助理現身說法、如何處理衝突。此外，個人助理訓練還有其他課程例如醫療議題，使個人助理更了解障礙者的疾病。另外，STIL 還提供個人助理和使用者一起上的課程，主要是針對「障礙者的生活空間同時是個人助理的工

作空間」，尊重障礙雇主的隱私以及在其私人空間中應遵守的規則
（Jaillet, 2009）。

　　而從另一個層面來看，個人助理也需要支持。英國的經驗顯示，
使用者希望個人助理不要受到專業人員的監控，而由自己提供個人
助理個人化的訓練（personalized training），然而卻可能因爲尊重使
用者的健康隱私，而使得個人助理陷入風險之中。此外，個人助理
希望能接受正式訓練，並且有職業發展願景（Glendinning, Halliwell,
Jacobs, Rummery, & Tyrer, 2000）。Pickard、Jacobs 和 Kirk（2003）也
發現，由於個人助理在個別障礙者的居所工作，沒有機會與其他個人
助理相互交流支持，當遭遇聘用他的障礙者給予不合理的要求，或是
對其造成情緒壓力時，會因爲缺乏支持而面臨極大的困境。Ungerson
（1999, 2004, 2006）也指出，由於直接給付對受僱者的角色缺乏明確
定義，導致受僱者的工作環境與勞動權益缺乏管理與保障。而當受僱
者欲主張權利或是離職，卻又常因爲與障礙者之間已建立類似朋友、
家人的情感而容易有罪惡感。

 ## 第三節　自立生活：重度障礙者人權保障的理想與困境

　　Mladenov（2020）針對 21 個歐洲國家的研究發現，個人協助
使用者及組織認爲，個人協助方案最重要的是自立生活哲學、社
會模式觀點，以及視「個人協助」爲權利。此外，能自己選擇自己
的協助者，是達到選擇與控制的最重要方式。聯合國 1993 年公布
的《障礙者機會平等準則》（The Standard Rules on the Equalization
of Opportunities for Persons with Disabilities）與 2006 年公布的《身
心障礙者權利公約》（Convention on the Rights of Persons with
Disabilities），都提到支持障礙者對於自己的生活與所接受服務的自
我決定。

《障礙者機會平等準則》第 4 條關於「支持服務」提到，個人協助是確保障礙者機會平等的重要策略，個人協助的提供應涵蓋居家、工作、就學、休閒等生活諸多面向，且障礙者在服務輸送過程中應有決定性的影響力。而《身權公約》第 19 條則專門確保「自立生活融入社區」（living independently and being included in the community）之權利。以下首先介紹《身權公約》關於「自我主導的個人協助」之規定，再依據目前其他國家的經驗提出討論。

一　《身權公約》關於自我主導的個人協助之理想

　　以下說明針對第 19 條的第 5 號一般性意見之重點做介紹，這份文件充分勾勒出障礙者自立生活個人助理制度的理想境界。

（一）選擇、控制、自主決定

　　第 5 號一般性意見第 1、4、8 段，都不斷重複強調障礙者選擇、控制與自主決定，是自立生活融入社區的核心。第 16 段並指出自立生活是「障礙者被以所有必要的方式，提供使其能行使選擇與控制自己的生活，並且做關於自己生活的所有決定。」第 4 段提到「充權型態的支持」。第 17 段更指出，「障礙者沒有充分的自我決策與自我控制就不能稱作符合公約第 19 條的個人協助。」第 24 段指出「選擇」包含每天的生活活動、時間安排、生活方式與型態、公眾與私人生活。

（二）個人協助的特性

　　第 16 段指出，「個人協助」是指「個人主導／使用者主導的提供給障礙者的人力支持，是自立生活的工具。」而區隔個人協助與其他型態協助的元素主要包括：

　　1. 經費應基於個人需求與生活情境，且由障礙者控制。

　　2. 服務由障礙者控制，障礙者擔任雇主或與多個提供者簽約；障

礙者依據自己的需求設計服務，決定誰用什麼方式在什麼時間地點提供協助。

3. 障礙者自己聘用、訓練與監督個人助理，個人助理提供一對一的服務，障礙者不被迫共用個人助理協助。

4. 障礙者可以自己擔任雇主，或自己決定以契約外包方式委託管理個人助理，但障礙者仍是決策中心，障礙者的個人偏好應被尊重，可透過支持決定支持障礙者對個人協助的控制。

（三）應被視為權利，且依需要調整，並涵蓋生活各面向

第 28 段強調，個別化的支持應該被視為權利，且應依據需要彈性調整，而不是使用者依據所接受的服務調整。第 29 段則規定個別化的服務不應僅限於居家，也涵蓋就業、教育、政治與文化參與、親職及家人親戚間的聯繫、休閒、旅遊和娛樂。

（四）協助需求評估應基於人權與社會模式，以及當事人參與決策

第 61 段指出，協助需求的評估「應基於人權模式、聚焦在因為社會阻礙而不是因為損傷造成的需求、考量並依據當事人的意願與偏好、確保障礙者在決策過程中充分參與。」第 63 段並規定，評估應考量環境實際阻礙與時間變化因素，透過現金給付、個人預算等方式確保支持個人化。第 17 段對於具有複雜溝通需求者，指出應提供支持其表達的適當支持。

🔵 自我主導的個人協助政策困境

障礙者在自己的生活中以及在服務系統中自我選擇、控制、自我決策，需要的不僅是恰當的服務模式的設計，更取決於資源是否充足。重度障礙者的個人協助需求往往是一輩子的，且需求只會越來越高而不太有機會下降，因此，經費的負擔也只會越來越重。從其他國

家的經驗看來，《身權公約》的理想在實踐上面臨經費困境，許多國家出現刪減預算的情形。

（一）經費刪減

例如荷蘭健康照顧保險局個人預算協調員（National PGB Coordinator for the Health Care Insurance Board）Johan Knollema指出，越來越多人使用個人預算導致龐大經費負擔，政府面臨刪減預算與維持目前給付水準的兩難（The Health Foundation, 2012a）。個人預算持有者組成的協會資訊與政策顧問（Information & Policy Advisor, Per Saldo）Frans van der Pas 指出，政府刪減預算使得原個人預算持有者減少 5% 的個人預算可用（The Health Foundation, 2012b）。荷蘭的個人預算給付水準不足以滿足需求，通常須與其他人共住、共同分擔協助成本才能生活（ENIL, 2013a），常見幾名個人預算持有者（例如智障者）將個人預算統合在一起做團體居住安排（Schoonheim, 2009）。

英國至 2013 年已有約 10 萬個使用者，由於經費一直飆升，政府緊縮給付，2010 至 2015 年間，個人助理經費被刪減 31%，但所需經費仍持續升高（ENIL, 2013a, 2015）。政府緊縮政策導致給付水準巨幅下降，1993 年以前自立生活基金最高可領每週 815 英鎊，1993 年以後申請者可領額度降至 475 英鎊（Woodin, Priestley, & Prideaux, 2009）。給付金額降低，導致障礙者須負擔較多費用，許多障礙者無法負擔而住進機構，被剝奪自立生活融入社區的權利（United Nations, 2017）。

（二）資格限縮

經費刪減也導致資格限縮。由於經費縮減以及濫用資源現象經常出現，荷蘭自 2010 年起不接受新申請，且已申請者都列入等候名單。2014 年起縮減個人預算資格，規定只有若無個人預算將會住進護理之家者才可申請，且照顧人力薪資由社會保險銀行（the Dutch

Social Insurance Bank）核發，不再有直接給付（Gadsby, 2013; ENIL, 2013a; Pike, O'Nolan, & Farragher, 2016）。而英國個人助理經費刪減，也導致有些障礙者因而失去原本有的使用個人助理資源之資格（ENIL, 2015）。

瑞典隨著經費緊縮，資格認定也趨於嚴格。自 2010 年開始，對於「基本需求」和「其他個人需求」重新詮釋，很多人原有的個人協助給付因而被撤除，有些已經通過申請的也長期等待，難以取得資源（United Nations, 2014）。約有八成新申請者被拒絕，儘管可提起訴訟，但龐大的律師費用與冗長的過程卻常成為權利主張的阻礙，導致許多障礙者被迫受限於家庭或住宿照顧單位而無法工作和過社區生活（ENIL, 2021）。而評估也從人權取向轉為醫療取向，由以訪談當事人個人協助需求的方式轉為依賴所謂科學的評估工具，2011 年訂定需求評估問卷（ENIL, 2013a）。此外，原來規定評估者須接受認識自立生活的訓練也已取消。

（三）相對於實物給付，較低的給付水準

荷蘭個人預算服務費與瑞典個人協助津貼，皆設定在實物給付費用的 66%（Pike, O'Nolan, & Farragher, 2016）。德國個人預算的個人協助數額不超過實物給付，且德國臨時與短期照顧資源不充足，因此需要 24 小時協助的障礙者往往面臨住進機構的處境（Waldschmidt, 2009）。英國多數地方政府的「直接給付」每小時費用設定在比居家照顧、私人單位的協助服務費用標準低（Davey et al., 2007）。而瑞典有些政治人物也主張個人助理預算目前是機構費用的雙倍，應壓低到與機構費用相同（ECIL & ENIL, 2010）。

（四）限縮協助範圍

英國和瑞典個人協助的使用者人數龐大，政府為了減少支出，也採取協助範圍限縮的方式。英國有些地方政府排除購物、清潔（Woodin, Priestley, & Prideaux, 2009）。甚至有地方政府限制個人助

理只能協助個人照顧，且一次只提供 15 分鐘服務的情形也越來越普遍。很多地方政府要求障礙者使用輔助科技以代替個人助理、晚上以尿布代替夜間協助（ENIL, 2015）。

瑞典政府為了控制預算，也開始對協助事項制定標準化的操作時間，並且待命時間不予計算，引起障礙團體極大反彈（ECIL & ENIL, 2010）。自 2010 年起，瑞典政府越來越強調家庭責任，對法令的詮釋也越趨嚴苛，例如若能將食物用餐具送進自己口中，就不提供用餐協助。對於每項事務所需時間也算得很精細，規定個人助理不能協助剷雪，另外，若非特殊需要，不能只因為要協助上下車而陪同整個旅程。而 Gotland 島不允許園藝協助（ENIL, 2015）。

上述這些國家的經費刪減、資格限縮、低於實物給付水準、限縮協助範圍等作法，透露著許多警訊：從障礙者的角度來看，公部門資源的支持不斷限縮，障礙者生活的自主性將會因為個人與家庭的經濟狀況，以及家庭的支持功能情形，而呈現落差。Titmuss 主張的依據「公民」身分而普遍給予福利的「制度性福利」理想，仍遙不可及。而從政府部門的角度來看，各國的經費刪減趨勢也提醒著我們，政策規劃如何兼顧理想與現實條件下的可行性，是困難卻重要的課題。

 ## 第四節　結語：障礙者公民權實踐的挑戰

一般人日常生活中很多「理所當然的方便」，因為環境的不可及與支持不足，對於許多重度障礙者而言卻常成為遙不可及的「夢想」。一個重視人權的社會，應努力使每個人的自由及自主受到保障，因此提供支持是必要的。是故，《身權公約》訂定了關於國家提供障礙者個人協助的責任，也提出了個人協助的精神、目標與方向。世界許多國家在給付方面，也採取「現金直接給付」或是「個人預算」的方式，以增進障礙者對於所接受的支持協助，能更有選擇、彈性與控制。

國內目前主要透過長期照顧政策的「居家照顧」資源，以及身障政策的自立生活方案「個人助理」，提供障礙者日常活動協助，皆是採取實物給付的方式，而非現金給付或個人預算的方式。而政府近年也研議辦理障礙者自聘個人助理的制度，自 2018 年起，於臺北市、彰化縣、屏東縣成立 3 間障礙者自立生活支持服務中心，試圖藉由這 3 個中心試辦自聘個人助理制度，然而迄今仍未開辦，未來推展相關政策仍面臨許多挑戰。

　　本章提到他國經驗顯示，許多國家近年出現政府縮減預算、資格與協助範圍等現象，導致《身權公約》中的「個人協助」定義，在現實社會中似乎已成為難以落實的概念，重度障礙者對自己的生活及所接受的協助，仍難以藉由國家制度，而達到自主、選擇與控制。其他國家的經驗提醒我們：一方面，社會福利政策「易放難收」，因此政府政策範圍的設定與資源投入，須考量政治、經濟、社會與文化各個層面和政策永續性。根據國家發展委員會（2022）的資料，2022 年我國 65 歲以上老年人口占總人口比率為 17.5%，預估 2025 年此比率將超過 20%；2022 年每 4.0 位青壯年人口扶養 1 位老年人口，2039 年減為每 2.0 位青壯年人口扶養 1 位老年人口。年輕的世代未來將面臨沉重的扶養負擔，政策規劃不可僅考慮眼前，確實不可不慎。

　　然而，聯合國人權委員會強調，《身權公約》雖然承認經濟、社會與文化權利的充分實現會受限於資源，但國家有責任採取步驟逐步實現這些權力，例如發展行動方案，內容包含實施經濟、社會與文化權利的時間表、階段目標與成果指標。而《經濟社會與文化權利國際公約》第 3 號一般性意見也指出，締約國應採取所有努力與最大的資源運用（OHCHR, 2010）。因此，在理想與現實之間，仍有著國家具體規劃與資源投入的責任，這也是政府所必須擔負與有所作為的。

第五章

心理社會障礙者的自主與
人權保障

社會習慣將「精神障礙」醫療化與個人化，忽略環境因素是人的心理困境的重要成因。隨著障礙者人權的推動，「心理社會障礙」一詞被提出並受到重視。事實上，精神科醫師也承認精神科藥物的有限性，因此了解精神疾病的社會性來源、學習與苦痛共存是必要的（張復舜，2019）。個人化與醫療化的觀點導致心理社會障礙者的自主被剝奪、參與社會的機會被排除，尤其在精神危機時期，他們往往被當成客體，忽略其作為「人」的自主、尊嚴與需求。因此，本章首先介紹「心理社會障礙」概念，其次介紹「復元」觀點，接著介紹精神健康危機議題與服務，最後是結語。

 第一節　心理社會障礙／精神障礙／精神病人

一　「精神障礙」與「心理社會障礙」

　　「心理社會障礙」（psychosocial disabilities）或是「心理社會損傷」（psychosocial impairments）的概念來自《身權公約》，包含「心理」與「社會」二個層面，前者是人如何了解自己的經驗、世界、情緒和感覺；後者是社會定義的「正常」如何看待經歷心理健康狀況者。相對地，社會習慣「精神障礙」（psychiatric disability）一詞，採取醫療模式觀點，重視疾病診斷（Mental Health Coordinating Council, 2022）。在《身權公約》之中，「精神障礙」和「心理社會障礙」分別在不同地方被採用。《身權公約》第一條定義障礙者為：「具有長期生理、<u>精神</u>、心智或感官損傷，在與各種環境阻礙互動下，造成和他人平等基礎上充分及有效參與社會的阻礙。」這裡的概念是「精神」損傷，然而在《身權公約》的各個一般性意見與準則文件中，皆採取「心理社會障礙」或「心理社會損傷」的語詞。

　　精神醫療使用者與倖存者世界網絡（World Network Users and Survivors of Psychiatry, WNUSP, 2010）指出「心理社會障礙」的概念

有五個重點：(1) 採取社會模式觀點界定精神疾病；(2) 重視個人生活情境內外因素的影響；(3) 認為將社會、情緒、精神與靈性經驗病理化才是造成障礙的主因；(4) 認為強制住院、強制用藥、電擊、精神科手術、約束、隔離、機構化，都是「障礙歧視」；(5) 被標籤為精神疾病但沒有特定精神診斷者亦應被視為是「心理社會障礙」群體之一。換言之，「心理社會障礙」的概念重視個人與社會雙重層面，反對醫療化與社會標籤及歧視，關注當事人的自主性與人權。

　　「心理社會障礙」一詞的產生，與西方社會精障者「去機構化」的歷史有關，是對於醫療化觀點的反動。Strand（2011）指出，精神疾病診斷將精神狀態視為疾病，並以脫離現象和個人的方式診斷。精神醫學於 1950 年代迅速發展，但精神醫療並沒有能力因應多元個案的需求，而隨著 1960 年代「去機構化」的推動，加上保險單位質疑「精神分析」耗時、耗錢且無法證明成效，心理學乃在 1970 年代中期開始在心理健康領域產生影響力，「診斷」乃成為精神醫學捍衛其專業之手段。「心理社會障礙」一詞，便是對於這種強調疾病診斷的醫療化觀點之反抗。

　　不僅在西方國家採用「心理社會障礙」一詞，印度和太平洋島嶼等南亞、原住民、低收入、服務資源稀少的國家也支持「心理社會障礙」的概念，但社會脈絡有些許不同，Davar（2018）指出，這些國家的精障者所經歷的壓迫經驗與北方國家不同，他們面臨的不是「機構式照顧」的問題，而是「社區中普遍存在的壓迫」，因此，他們認為「心理社會障礙」一詞有助於強調去除環境阻礙，不過他們關注的焦點是「融合社區的建構」。

二 疾病角色、公民性死亡

　　伴隨精神疾病診斷，當事人往往被視為「病人」、「失敗者」，而這種觀點也改變了當事人的自我認知。社會學家 Talcott Parsons 的《社會系統》一書提出「疾病角色」（the Sick Role）的概念，他認

為來自健康照顧系統的「病人」社會角色標籤，透過角色期待規範其行為，包含應接受照顧、遵循醫療專業人員的建議、不必為自己的疾病負責、免於日常生活的社會角色等等（Parsons, 1951，引自 Perry, 2011）。社會學家 Goffman 也指出，精神病院告知被收容者其過去是失敗的且原因在於自己，相反地，他認為所謂「病態行為」不是精神疾病的產物，而是「社會距離」的反映。他在 1955 至 1956 年間觀察美國一所精神病院被收容者主觀經驗的社會世界，據以提出「全控機構」（total institution）的特色，包括：封閉、與社會隔絕、受到正式與非人性化的管理、一群人在同一個空間集體活動、被監控管教、被剝奪原本的社會角色、自我的領域與主體性被侵犯、被強迫的社會關係、去個人化，因而造成精障者「公民性的死亡」，與「文化脫節」（Goffman, 1961/2012）。

Derksen（1980）進一步指出，「疾病角色」使得障礙者被允許或甚至被期待永遠像個小孩一樣，不需要負任何責任，只需要遵守醫療和其他專業人員訂定的規則，努力重獲健康。因此，成人世界的行為包含社會、性、政治、經濟與其他形式的參與，都與他們無關。換句話說，障礙者不被認為具有成人的角色和公民的身分。

 ## 第二節　「復元」觀點

關於心理社會障礙者的服務，世界各國普遍採取「復元」觀點。世界衛生組織於 2013 年出版精神健康行動計畫（Mental Health Action Plan），將「增進復元」列為總目標之一（World Health Organization, 2013）。許多國家例如英國、紐西蘭、澳洲、美國、加拿大等國，皆以「復元」作為心理健康政策、服務標準與指導原則（Siu, Tsang, Lee, Liu, Te, Luk, Lo, & Leung, 2016）。丹麥自 2005 年起也發展以「復元」為目標的居住服務，強調以個人為中心、當事人參與、自我決定與希望、支持個人復元（Petersen et al., 2015）。Hopkins（2005）也

主張，心理健康專業應促進「目的感」，不應只著重症狀管理。而「自我感」與「目的感」正是「復元」觀點的核心，以下仔細介紹「復元」概念。

　　宋麗玉教授將 recovery 翻譯成「復元」，在國內普遍被採納。選擇「復元」而不是「復原」，是要強調恢復「元氣」。精神疾病患者具有克服疾病與障礙、重新過有意義生活的潛力，在「復元」過程中萌生希望、展現生命力，並影響行動、帶來正向結果。重點不是回復到原來的狀態，而是回復希望、意義與行動（宋麗玉，2005）。這個翻譯相當貼近「復元」觀點提出者 Deegan 的主張，以下進一步說明。

➊ 「復元」的定義

　　本身具有精神障礙經驗的臨床心理師 Patricia Deegan 於 1988 年提出「復元」概念，她認爲「復健」是提供服務或科技，以使障礙者學習適應社會；「復元」則是個人接受與克服障礙帶來的挑戰。她主張精障者不是要「被復健」而是「要復元」，是自我轉化、建立有價值的「自我感」（sense of self）與「目的感」（sense of purpose）（Deegan, 1988, 2002）。Deegan 強調：「復元是改變我們的生活而不是生化狀態。」（Deegan, 2014）將焦點由「疾病」轉向「人」，Deegan 說：「我是人，不是疾病。」（I am a person, not an illness）（Deegan, 2017）

　　Deegan 指出，「復元」是「在障礙的限制內，與超越障礙下」（within and beyond the limits of the disability），「接納限制」和「面對障礙的挑戰」，並且從中看到更多獨特的可能性、重新建立新的與有價值的「自我統整感」與「目的感」（sense of integrity and purpose）（Deegan, 1988）。歐洲社會網絡（European Social Network, 2011）定義「復元」爲：儘管有疾病造成的限制，仍過著滿足的、有希望的與有貢獻的生活；超越精神疾病的負面影響，發展新的生活意義與目標。因此，復元是有精神健康問題者重新掌控自己的

生活，每個人的復元過程是獨特的；復元不是「結果」而是生活方式、態度、面對每日生活挑戰的方法；不是線性發展，而是不斷嘗試與失敗中調整的來來回回的過程；「承擔風險的尊嚴」與「失敗的權利」是復元的核心（Deegan, 1988, 1992）。

「復元」是儘管有疾病且有復發的可能，個體仍追求興趣、夢想、自主的過程。「復元」來自於相信自己有能力且有資源以達到個人目標，並且加上社區中其他人的支持與鼓勵（Davidson & Roe, 2007）。Ridgway、McDiarmid、Davidson、Bayes 和 Ratzlaff（2002）也指出，「復元」是過程、態度、面對生活挑戰的方式。Anthony（1993: 21）對「復元」的定義被廣泛引用：「復元是深層的個人的、改變個人態度、價值、感受、目標、技巧與角色的獨特過程。儘管疾病造成限制，仍能過滿足的、有希望與貢獻的生活。復元是超越精神疾病的災難性影響，發展人生的新的意義與目的。」

二 「復元」的狀態

「復元」是在希望（hope）、意願（willingness），和負責任的行動（responsible action）這三大基石（cornerstone）上，重新建立生活（Deegan, 1988: 14）。Bond 和 Campbell（2008）也提到，「復元」包含達到個人目標、有目的與希望感。宋麗玉、徐淑婷（2012）以國內精障者為對象的質化研究發現，「復元」的三個主要過程要素為自我感（sense of self）、障礙處理度，以及希望、意願與負責的行動。

Scheyett、DeLuca 和 Morgan（2013）則從內外在二個層面描述「復元」的狀態特性，內在定義的「復元」意義，例如希望與意義、接納個人的責任、與他人的連結、充權感；外在意義是外在可觀察的狀態，例如症狀減輕、因應技巧與情緒管理技巧的增進、穩定的就業與居住。Frost、Turrell、Sly、Lewin、Conrad、Johnston、Tirupati、Petrovie 和 Rajkumar（2017）將復元分成「臨床復元」與「個人復元」，前者指症狀減除與社會功能恢復；後者則是雖然有症狀，仍能

有滿足的與自我實現的角色，是從被動、依賴、疏離，轉爲積極的自我感、自我決策與連結，因此，自我決策、自我管理、個人成長、充權、選擇，和有意義的社會參與，這些都是復元的指標。

Jacobson 和 Curtis（2000）則從主、客觀二方面描述「復元」的狀態，主觀方面是重新找到自己的人生與肯定自我，是「充權」的展現；客觀方面則是增進與維持個人在主要生活領域（包含工作、居住、人際關係、休閒娛樂等）的能力。他們強調，復元是「存在」與「創造存在」的狀態，每個人有獨特的路徑，個人必須在充足資訊下做選擇並承擔後果。「希望」，也就是相信狀況不會永遠和現在一樣，是復元的情感要素；復元的主題是「意義」，或是發現人生的目的與方向，例如工作、社會關係、倡議與政治行動、靈性。

「歐洲社會網絡」（European Social Network, 2011）則強調，復元是「有精神健康問題的人能控制自己的生活、邁向更好的生活品質的旅程。」國內學者宋麗玉和施教裕建構「精障者復元之統合模式」，指出「復元機制」的核心是努力朝向自主（autonomy），展現於「自立」（independence）與「勝任度」（competence）；「自立」是能在自己的生活範疇中看到多元選擇並做決定，有掌控感和在社會脈絡中調整自己並感到滿意；勝任度則是日常生活中的效能和成就，亦即日常生活基本自我照顧與照顧他人的能力。復元的結果指標包含主、客觀面和這二者的互動關係，主觀面是當事人自己內在的力量，客觀面則是外在事務的表現（宋麗玉、徐淑婷，2012）。

🈪 「復元」的促動因素

促動「復元」的因素包含當事人的內在因素以及外在環境因素。內在因素例如希望、自我控制、自主、自助、意志（Liberman & Kopelowicz, 2002; Petersen et al., 2015）。有些研究發現，心理社會障礙者對疾病經驗的理解與洞察，有助於復元（Mueser et al., 2002; Fitzgerald, 2010）。外在因素例如家庭支持、外部資源、專業人員

與當事人的合作關係、與他人連結（Liberman & Kopelowicz, 2002; Bledsoe, Lukens, Onken, Bellamy, & Cardillo-Geller, 2008; Petersen et al., 2015）。Picton、Patterson、Moxham、Taylor、Perlman、Brighton 和 Heffernan（2018）發現，復元是社會過程，正向關係與相互連結對於心理社會障礙者建立自信與自我認同有益。Ward、Reupert、McCormick、Waller 和 Kidd（2017）指出，復元具有「關係性」與「雙向性」，例如家人與心理社會障礙者的復元是雙向影響的關係。關於與他人連結，除了家人、服務提供者以外，具有類似經驗的精障同儕所提供的支持也是復元的重要因素。Deegan 強調，很多時候比當事人狀況稍微好一些的同儕，反而比很有成就但很有距離的同儕，對當事人的幫助更大，因此，並不是要「完全復元」（fully recovered）才能成為別人的角色楷模（Deegan, 1988: 18）。

有別於精神科藥物（psychiatric medicine），Deegan 提出「個人藥物」（personal medicine）的概念，她認為這二種藥物的平衡很重要（Deegan, 2014, 2017），找到屬於自己的個人藥物，是精障者解決自己的問題、邁向復元的關鍵。所謂個人藥物，是讓自己的生活有目的與有意義的事物、讓自己每天起床的理由、讓自己笑的事情、帶給自己歡樂的事情、自己想要完成的事情、自己想做的工作，這些不是別人給的，而是透過支持的環境與自己的行動所創造出來（Deegan, 1988, 2014）。因此，個人藥物是很個別化的，例如遛狗、為母親做飯、感覺被需要、讀聖經讓自己平靜、釣魚忘記煩惱、摸寵物貓降低焦慮等等（Deegan, 2014, 2020）。Deegan（2020）對於 2,500 位心理社會障礙者的研究歸納下列個人藥物類型：家庭／朋友；音樂、電視、電影；身體活動／運動（physical activity / exercise）；宗教與信仰；個人哲學（personal philosophy）；嗜好與遊戲；閱讀；放鬆、藥物、休息（relaxation, medication, rest）。

四 復元導向的服務

Myers 等人（2016）發現，處理失去意義與目的之議題，是促進心理健康與追求「復元」的重要部分。前述諸多文獻也提到，復元的關鍵是找到希望、意義與目的。因此，復元導向的服務最重要的是協助當事人探詢對自己而言有意義的生活是什麼（Farkas, 2009a, 2013）、自己的希望、夢想、資源與潛能（European Social Network, 2011），也就是 Deegan 所謂的「個人藥物」。

諸多研究顯示，專業人員與精障者的關係是影響「復元」的關鍵因素（Jacobson & Greenley, 2001; Borg & Kristiansen, 2004; Farkas, et al., 2005; Mancini et al., 2005; Gilburt, Rose, & Slade, 2008; Ferguson, 2010; Petersen et al., 2015; Seed, Fox, & Berry, 2016）。復元導向的服務中，專業人員的工作模式及與服務對象的關係有如下特性：首先是對於復元導向的工作目標之認知。Deegan（2014, 2017, 2020）指出，專業人員要有勇氣採取人性化的方式做助人工作，工作模式應從「你有什麼毛病」（what's wrong with you）轉變為「對你而言什麼是重要的」（what matters to you）；專業人員的角色是幫助當事人發掘與發展自己的「個人藥物」、對當事人抱持希望、讓當事人逐漸產生希望感。

這樣的理念雖然不難理解，然而實踐上卻受到專業人員如何看待障礙者所影響。專業人員若對障礙抱持特殊化觀點，將世界區隔成「正常人的世界」（world of the normal）與「障礙者的世界」（world of the disabled），將與「復元」的工作取向相左。相反地，專業人員若能看見自己的「脆弱性」（vulnerability），接受「作為人都難免有悲傷經驗」，有了這層省思，才能創造促進復元的環境（Deegan, 1988, 2020）。

在復元導向的服務之中，專業人員不能將障礙者視為異常的「他者」，而是和自己一樣有「脆弱性」，但也能創造意義、希望與價值。專業人員與當事人之間是「互為主體」的，也是「共同創造的」

（co-created）（Deegan, 2014）；這樣的態度是影響當事人動機的重要因素（European Social Network, 2011）。專業人員與當事人之間是「夥伴關係」，這意味著交換觀點、相互分享資訊、共同討論與做決定（Deegan & Drake, 2006; Loos, et al., 2017），也意味著視精障者不是「被動接受服務者」，而是有權參與自己所接受的服務之設計、輸送與評估之公民（European Social Network, 2011; Farkas, 2013）。

五 「外在環境提供平等機會」是「復元」的重要脈絡

Deegan 指出，復元的目標是「在社區中能工作、能愛、能有獨特的貢獻」（Deegan, 1988: 11）。European Social Network（2011）主張，「復元」只有可能發生在社區，不會是在機構。Farkas（2009b）認為，政策促進合宜的教育、就業與住宅機會，才能達到「復元」強調的協助當事人找到有意義的生活之目標。Davar（2021）也強調，心理社會障礙者要的是「生活」而不是「照顧」，社會、經濟、政治各層面的融合才是目標，建立平等正義的社區是重要的工作。因此，Davidson 等人（2010）進一步認為，復元導向的運動是心理社會障礙者的公民權運動，因為爭取的是心理社會障礙者作為公民的權利與責任。

環境資源與社會態度，是影響心理社會障礙者「平等參與社會」的重要因素。心理社會障礙者欲達「有意義的生活」，必須突破「資源不足」的限制（Myers et al., 2016），例如是否有合適的居住選擇，將影響心理社會障礙者是否有機會參與有意義的活動和發展支持的社會關係（Brown, Hemsley & Winsome, 2008）。Petersen 等人（2015）則點出社會標籤有時也導致自我標籤，使得心理社會障礙者在社區中更難有社會接觸的機會與社會支持。因此，他們主張復元導向的服務不應只是催化個人改變或是在機構中創造療癒的文化，而應致力於發展融合與支持的社區、促使心理社會障礙者被社會認可、有機會於融合的社會中生活。

第三節　精神健康危機議題

一 精神健康危機

反抗強制醫療，一直是西方精障者運動最重要的主題（Chamberlain, 1990; Crossley, 2004）。精障者就像一般非精障者一樣，有高低起伏的情緒，而當精障者的情緒狀況不佳時，往往會被標籤爲「發病」，甚至完全忽略當事人的自主意識而施予強制治療。晚近則逐漸出現從「危機介入」的角度理解精障者的危機反應，並提供「精神健康危機期」支持服務。

（一）「精神健康危機」的定義

有別於「生物性」與「醫療化」的角度，危機介入（crisis intervention）的觀點從「精神健康危機」（mental health crisis）的角度理解精障者「心理危急」時期的困境。所謂精神健康危機，對不同的人可能有不同意義，有些人會有自殺念頭或試圖自殺、有精神症狀、做可能讓自己或其他人陷入風險的事情，有些人則不一定有身體表現，而是沮喪、無力與不知如何因應，此時情緒支持可能比醫療重要（Rethink Mental Illness, 2016）。美國明尼蘇達州的法律定義「精神健康危機」爲：行爲、情緒或精神狀況，可能導致顯著的日常生活主要活動之功能降低，或是導致緊急情況，或是需要安置在較有限制的環境，例如住院（National Alliance on Mental Health, 2019）。

（二）危機介入

危機介入的目標是盡可能預防住院與症狀惡化，並且降低親屬及其他人在危機情境中經歷的壓力。在澳洲和北美，「危機介入」是社區精神健康方案最核心的處遇方法。自從危機介入理論提出後，許多危機方案陸續產生，包含機動危機團隊、醫院中的危機單位、危機日

間處遇中心，以及危機住宿方案等（Adams & Rice, 2006）。

Segal（1990）提出三種類型的危機介入：(1) 支持性：在危機早期提供支持性介入，目的在增進個體自己解決問題的能力；(2) 補充性：提供額外的協助與資源；(3) 替代性：將當事人帶離其環境並短暫「替代」之。Wakeling（1999）則提出二種危機服務模式：(1) 評估與處置：短期「接住」（holding）當事人；(2) 危機解決：建立與執行照顧計畫，目標在穩定危機並增進因應未來危機的能力，通常是持續數週的支持。

危機介入的觀點強調危機中的個體處於高度情緒脆弱狀態，因此最少限制的環境、社區場域、復元導向的服務，才能符合當事人的需求，這些原則並明確陳述於英國精神健康服務相關單位的協約中（Department of Health and Concordat signatories, 2014）。澳洲於1999 年發布的「全國精神健康服務架構」強調，急性評估與治療必須在「最少限制的環境」中進行，大幅發展危機評估與治療團隊服務，目前已非常普及。團隊成員包含精神科醫師、護理師、社工、心理師、支持工作者，全年無休，隨時可提供到宅評估。危機介入屬於密度較高的服務，團隊可以在病人家中花很多時間陪伴，提供心理支持與居住、經濟等問題協助（Ford, Minghella, Chalmers, Hoult, Raftery, & Muijen, 2001; Fulford & Farhall, 2001）。例如澳洲阿德雷德城市的團隊提供每日 3 次探訪，不分平日或假日皆然（Singh, Rowan, Burton, & Galletly, 2010）。

而蘇格蘭於 2008 年公布「精神健康危機服務國家標準」，也強調危機服務必須以社區為基礎、可及、可獲取、數小時內立即介入，目標是避免或降低危機造成的影響。此外，應採取復元觀點，聚焦在個人優勢，支持當事人發展自我覺察、問題解決、家人及社區支持網絡連結與持續的復元，並重視當事人與照顧者有意義的參與、提供當事人和照顧者探索策略的機會、支持照顧者，並連結與照顧者支持有關之資源（The Scottish Government, 2008）。

二 住院治療與強制住院

（一）住院治療的功用與受到的質疑

危機介入觀點認為「社區」是復元的最佳場域，然而現實狀況是，住院治療是最普遍的選項。住院治療的主要理由包含：有自傷傷人風險、缺乏社會支持、病患本身或照顧者需要喘息、病情急性等。急性病房照顧的主要功能是使病患安全、正確評估與有效治療，並提供必要的生理健康照顧（Bowers, et al. 2005）。然而，精神科住院治療卻常被發現如下問題：過分限制、缺乏隱私、被其他人攻擊、以藥物為中心的治療而忽略當事人的家庭及社會脈絡因素、過度依賴外來專家而無法善用自己的問題解決能力等（Bigwood & Crowe, 2008; Bowers, et al. 2005; Reed, Apedaile, Hughes, & Ormerod, 2013; Baker, Sanderson, & Challen, 2014）。

此外，醫院有時使用「隔離」或「約束」的方式，以降低環境刺激，避免病人自傷或傷人，然而，這些卻經常造成當事人沮喪、羞愧、恐懼、憤怒，甚至心理創傷（Chan, LeBel, & Webber, 2012; Frueh, et al., 2005; McGill, Murphy, & Kely-Pike, 2009; Nunno, Holden, & Tollar, 2006; Baker, Sanderson, & Challen, 2014）。早在 1961 年，社會學家 Goffman 即批判「強制性的醫療行動」，例如電痙攣療法，表面上是醫療服務，其實只是用來減少行政人員的管理負擔（Goffman, 1961/2012）。

有些人主張，當精障者有自傷或傷人之虞或事實，而精神疾病嚴重影響其「做決定的能力」時，「強制治療」是提供當事人復元機會的希望（Hatfield & Lefley, 1987; Wallsten, Ostman, Sjoberg, & Kjellin, 2008）。許多國家的研究也發現，有些被強制治療者在症狀改善後，認為強制治療甚至隔離與限制，是保護其安全的作法（Katsakou & Priebe, 2006; Kallert, Glöckner, & Schützwohl, 2008; Priebe et al., 2010; Donoghue et al., 2010, 2011; Haw, Stubbs, Bickle, & Stewart, 2011; Larue

et al., 2013; Wyder, Bland, Herriot, & Crompton, 2015）。Kinner 等人
（2016）發現，許多精障者認爲應取消使用道具的機械性限制，但
爲了工作人員和其他人的安全，身體與化學方式的限制仍有存在的
必要。

（二）強制住院的不良影響與所遭受之批判

強制治療最常受到的批判是侵犯人權，包含自由權與身體完整
性的權利（McSherry, 2008; Bland, Renouf, & Tullgren, 2009; Wyder,
Bland, Herriot, & Crompton, 2015）。強制治療使當事人感覺自己沒
有犯罪卻被關進監獄（Wyder, Bland, Herriot, & Crompton, 2015）、
感到悲傷、沮喪、無助、害怕和羞辱，造成自我標籤與情緒創傷，
甚至成爲精神健康危機的原因（Nyttingnes, Ruud, & Rugkåsa, 2016;
McSherry, 2017）。強制住院的經驗甚至會影響當事人對後續治療的
接受度（Aagaard, Tuszewski, & Kølbæk, 2017）。

被強制住院的過程也有許多影響當事人心理狀態的因素。許多研
究發現，強制住院過程中，病人若被以尊重的方式對待，程序較爲正
義的話，負面感受相對較低，也較能接受強制治療（Swartz, Wagner,
Swanson, & Elbogen, 2004; Galon & Wineman, 2010; Wales, Hiday,
& Ray, 2010; Cascardi, Poythress, & Hall, 2000; Seed, Fox, & Berry,
2016）。社會學家 Goffman 則指出，病患從家裡到精神病院的過程
中，可能會以「第三者」的角色參與這個過程，稱爲「疏離的聯盟」
（alienative coalition）。過程中病患覺得被首要關係人遺棄，且因爲
有了他人目擊背叛，使得「冒犯」成爲公共事實，對雙方而言都成爲
難以抹滅的記憶（Goffman, 1961/2012）。也有研究指出很多人在強
制住院過程經歷暴力和威脅，包含隔離、限制、強制注射藥物等，這
些都造成創傷（McGuinness, 2016）。

McGuinness（2016）發現，住院過程失去控制的程度越低，住
院經驗越爲正向；透過互動與提供資訊及解釋，可以增進住院病人
的控制感。Katsakou 等人（2012）則發現被強制住院者有三種想法：

(1) 贊同住院是正確的，因爲醫院使他們得到治療、避免傷害，是安全的地方；(2) 認爲住院侵犯了他們的自主權，應該用較不強制的方式介入才對；(3) 覺得矛盾，認爲急性治療是必須的，但希望是較不強制的社區治療或短期之家方式。綜言之，強制住院過程的情緒張力與失去自主，是需要被關心的議題。

也有研究指出，強制住院後的服務性質會影響當事人對於強制住院的態度。Browna 和 Calnanb（2013）指出，強制住院的過程往往忽略了當事人的感受，強制後應努力溝通以重建信任；住院期間讓當事人所熟悉與信任的人參與，可緩和當事人的感受；信任關係能使當事人受到充權，有助於其管理自己的狀況。他們認爲「積極社區治療團隊」在本質上較能回應不易建立信任關係和不易使用服務的人之需求。

Seed、Fox 和 Berry（2016）發現，若醫院以「人」的方式而不是以「疾病」的方式對待個案，當事人比較會認爲醫院是避難所，相反地，若服務持續讓當事人感到缺權與無法滿足其基本需求，則當事人容易有憤怒、焦慮、恐懼等情緒。因此，他們建議提供「以個人爲中心」的照顧、引入「復元」取向、降低強制住院的服務。Nyttingnes、Rund 和 Rugkåsa（2016）也發現，當事人對強制住院的強烈負面情緒與下列因素有關：不同意以醫療模式觀點界定其問題、認爲強制治療對自己有害、自己的想法或抱怨被忽視、輕微的衝突事件不斷被以醫療模式解釋其行爲並被威脅要強制治療。

Wyder 等人（2013）指出強制住院期間影響復元的因素包含：(1) 當事人感覺參與自己的治療計畫的程度；(2) 當事人覺得自己被以「人」的方式對待的程度；(3) 當事人感覺對於自己被強制的理由、權利與治療有充足的資訊；(4) 當事人經歷到的自主感與限制感；(5) 當事人能將強制住院經驗與自己人生統整意義關聯之程度；(6) 當事人覺得治療有幫助的程度；(7) 當事人覺得工作人員及其他病患的支持情形。換句話說，強制住院之後的服務模式採取的是醫療化、病理化，或是復元導向、以當事人爲中心，這二種不同的服務取向，帶給

當事人的尊嚴與自主是截然不同的。

三 精神健康危機的政策趨勢以及「住院」以外的其他服務模式

（一）精神健康危機的政策趨勢

國際人權保障的趨勢傾向禁止「限制、隔離與強制」的政策及措施。「歐洲預防酷刑與不人道或有辱人格的待遇或懲罰委員會」（The European Committee for the Prevention of Torture and Inhuman or Degrading Treatment or Punishment）於 2017 年指出，「限制」與「隔離」屬於不人道與有辱人格的對待，其類型包含：(1) 身體限制；(2) 機械式限制，亦即使用道具的限制，例如約束帶；(3) 化學限制，例如強制用藥；(4) 隔離，例如非自願性的隔離於上鎖的房間（McSherry, 2017）。

《身權公約》第 12 條的第 1 號一般性意見指出，強制治療違反第 12 條，是否定障礙者法律能力權利的歧視作法，同時也違反第 17 條關於「人格完整性」、15 條「免於殘酷對待」，和第 16 條「免於暴力、剝削與虐待」；第 1 號一般性意見強調，任何時候皆應尊重障礙者的法律能力、確保關於服務選擇的正確與可及資訊之提供，與可獲取的非醫療取向的服務，並應提供獨立支持。此外，應廢除強制治療的規定，禁止由其他人代替障礙者行使同意權的「替代決定」作法。

而第 25 條關於健康權，包含在自由與知後同意的基礎上取得健康照顧，所有健康與醫療專業人員（包含精神專業人員）在任何治療之前皆應取得障礙者自由與知後同意。而《歐洲人權公約》（the European Convention on Human Rights, ECHR）第 14 條也規定不能因為障礙而剝奪個人自由。然而，接受治療的「健康權」與「個人自由權」間的衝突，卻也是爭議性的議題，因為有些精神疾病若沒有及時治療，變得更為嚴重，將引發更複雜的社會與社會心理結果（Duffy

& Kelly, 2017; Wickremsinhe, 2018）。

因此，讓心理社會障礙者在最小限制的環境下，盡早取得精神健康服務，是世界各國努力的方向。例如愛爾蘭 2001 年的精神健康法案規定，除非隔離或限制有「治療目的」，或是為了預防病人「傷害自己或他人」，否則不能實施隔離和身體限制（Ng & Kelly, 2012）。丹麥 2010 年的精神健康法案規定，服務應以「最小限制」為原則，強制性措施是在所有的努力嘗試讓病患願意自願參與之後的最後一步，且強制治療的過程應盡最大可能考量當事人的想法，用緩和的方式進行（Aagaard, Tuszewski, & Kølbæk, 2017）。

（二）住院以外的其他服務模式

精神健康危機時期除了住院治療以外，伴隨著「去機構化」的趨勢，世界各國也發展許多替代服務模式，目的是確保精障者免於傷害，以及在最小限制的環境中取得治療（Marty & Chapin, 2000）。很多研究顯示非強制性的作法對於經歷嚴重困擾、自傷、挑戰行為以及精神健康危機者，有很大的幫助（Flynn, 2016）。以下簡要介紹：

1. 積極社區治療團隊（Assertive Community Treatment, ACT）

由於住院治療的負面影響受到關注，許多替代性服務應運而生。首先，同樣是醫療導向的「積極社區治療團隊」（ACT），始於美國 1980 年的實驗計畫（Stein & Test, 1980），並成為 20 世紀後半段精神健康服務的主流模式。ACT 的服務對象為不積極接受治療、經常住院、物質濫用、入監，以及強制社區治療的個案。團隊人力通常包含精神科醫師、治療師、護理師、社工各 1 名，提供 24 小時服務、密集支持，平均每週與個案接觸 4 次，每月固定訪視一定次數。藉由主動外展使個案進入服務系統，介入方法包含緊密監控藥物順從、訂定行為契約、承諾回診，也包含必要時強制住院、出院準備、出院後支持返回社區（Salyers & Tsemberis, 2007; Rosenberg & Pascual, 2014; Bond & Drake, 2015）。丹麥的 ACT 服務對象是藥物或酒精濫用、犯罪精神制裁、過去 2 年至少住院 4 次或住院天數 50 天以上，且服藥

不順從、未能定期回診者，服務方式以多專業團隊、個案管理方式，提供 24 小時支持，服務包含外展、社區中全人的服務與持續性照顧（Aagaard, Tuszewski, & Kølbæk, 2017）。

2. 危機處理團隊（Crisis Resolution Team）

「危機處理團隊」又稱為「危機介入團隊」、「危機評估與治療團隊」、「密集居家治療團隊」，對象不像「積極社區治療團隊」限定於較為困難的群體，而是所有被認為需要緊急住院的病人。危機處理團隊的服務包含立即評估與確認問題、結合醫療與諮商、日常生活技巧的實質協助、提供密集居家治療以取代住院治療、及早從醫院出院轉為接受密集居家治療，與提供家庭成員支持（Johnson, 2004; Adams & Rice, 2006）。這種服務模式於 1980、1990 年代起源於美國及澳洲，亦見於英國、挪威、比利時、加拿大等國，美國有超過 40 州採用危機介入團隊模式（Johnson, 2004; Morant et al., 2017; Dempsey, 2017）。此模式強調讓當事人在「最小限制」的環境中，迅速取得評估與支持、增進其選擇與管理自己的精神健康（Hannigan, 2013）。

英國的危機處理團隊主要以成人為對象，但也有專門針對兒少或老人的團隊，個案由家庭醫師轉介，或是曾經與服務系統聯繫之精神疾病個案也可自行求助。多數危機處理團隊提供 24 小時專線服務，約三分之二提供 24 小時居家訪視服務。成人危機處理團隊成員以精神科醫師與護士、支持工作者為主，約六成包含社工、約五成包含職能治療師、約四成包含心理師；而兒少危機處理團隊以社工為主，老人危機處理團隊以職能治療師為主，二者的醫護人員配置都不到一半（Lloyd-Evans et al., 2018）。

美國的中、大型城市廣泛設置危機介入團隊，但模式與英國不太相同，美國的危機介入團隊目的是降低警察與精神疾病患者間的衝突，使當事人快速取得精神健康服務。受過 40 小時關於精神疾病專門訓練（包含降低衝突的技巧和關於精神疾病的教育）且經過認證的警察，成為危機介入團隊成員，提供第一線回應精神疾病患者的

角色，並與精神健康系統協調合作。研究發現危機介入團隊有效降低警察使用強制方式對待弱勢地區的精神疾病患者（Morabito et al., 2010）。

3. 危機之家（Crisis Houses）

許多精障者的衝突來自於家庭，因此，在精神健康危機時期暫時離開家庭，有時對於當事人及家人雙方都有助益。或者，在精神健康危機期，精障者失去某些生活功能，透過在社區中正常化的居住與生活支持，有助於家庭支持功能薄弱者逐漸回復原有功能。有別於醫院，危機之家是社區中的住宅，小型、家庭式、正常化的短期居住服務，使當事人感覺被以「人」而不是「病人」的方式對待。住民可自由進出及與親友聯繫，也可維繫工作及社交生活。許多國家都有危機之家的服務，美國科羅拉多州的 Balsam House、華盛頓中心的 Crossing Place，都提供 8 床服務，24 小時工作人員值班。危機之家提供平均 38 天的服務，少部分是強制住院的個案（Warner, 2010）。

華盛頓中心的 Crossing Place 危機之家於 1977 年成立，服務對象是只要被認為有需要精神科住院，沒有生病多久或症狀及損傷功能程度的限制。由於屬於公共社區精神健康系統的一環，因此亦提供精神科藥物治療。多數服務對象年紀較大、非白人、長年在精神健康服務系統中（平均 14 年）、貧窮家庭。服務期間以 30 天為原則。Crossing Place 超過 20 年的營運期間，沒有個案在住宿單位內自殺或嚴重傷害工作人員的情形。而馬里蘭州的蒙哥馬利於 1990 年設立了一個 McAuliffe House，複製 Crossing Place 的模式。這個服務典範強調精神疾病主觀經驗的意義、從疾病轉變為復元的路徑。服務包含定義及確認發生什麼事、學習面對過去無法面對的某些事件相關情感、對於過去經驗能從自己的生活脈絡重新思考（Mosher & Bola, 2004）。

美國科羅拉多州 Windhorse 危機之家的服務理念是認為在像家的地方、真誠的治療關係中，復元將自然發生。治療師團隊提供 24 小時的支持，主責治療師提供密集個別心理治療。為了維持最大的學習

能力，藥物只有在需要時才適量使用，且盡可能控制在不影響個人自我覺察力的程度。由於照顧自己的身體與環境是復元的基礎，因此重視注意飲食及生活習慣、物理治療、學習健康的日常作息、維持乾淨的居家環境等。心理層面的服務包含個別心理治療、團體會議、家庭工作；社會層面由單一治療師陪伴個案所有的復元階段，支持密度高（Fortuna, 1994）。

而 1971 至 1983 年間有名的加州薩提爾危機之家（Soteria）也採用危機理論，認為人內在有自然療癒與成長的力量，危機有其自然的進程，不需要強力地去壓抑它，每次的危機都是獨特的，需要被了解與支持；精神疾病症狀是「個人存在」和「社會性存在」的表達方式，因此強調使用最少藥物或完全不使用藥物下管理思覺失調，學習新的因應技巧。服務目標是讓當事人從人生危機之中，轉化為較堅強與統整的個體，有能力追求自己認為成功的人生。薩提爾包含工作人員在內，全部的人不超過 10 人，24 小時或 48 小時為一班，工作人員有足夠機會陪伴住民經歷完整的精神疾病混亂週期。薩提爾的服務對象比較特定，是 15 至 32 歲、未婚、第 1 次或第 2 次精神疾病發病，初次被標籤為思覺失調者，3 位精神科醫師診斷需要住院，而過去未曾或只有 1 次住院者（Mosher, Menn, & Goveia, 1972; Mosher & Bola, 2004; Johnson, Gilburt, Lloyd-Evans, & Slade, 2007）。

薩提爾有 16 間房間，在精神危機階段，工作人員以「一對一」或「二對一」的方式，提供當事人傾聽、再保證、協助解決問題、提供支持與保護。精神科醫師負責評估住民及督導員工，但是工作人員不穿制服且沒有權威化的關係。像家一樣的環境容易發展信任和願意探索自己的內在，不必擔心被懲罰。工作人員傳達對於「復元」的正向期待，接納當事人精神疾病主觀經驗。共同承擔家務及正常活動，包含購物、煮食、清潔、園藝、運動等，避免不必要的依賴。必要時會提供家庭協調。住民平均待 5 個月，然而部分復元大概需要 6 至 8 週，因此在後半段很多住民成為幫手（Mosher, Menn, & Goveia, 1972; Mosher & Bola, 2004; Johnson, Gilburt, Lloyd-Evans, & Slade, 2007）。

挪威 Trondheim 城市於 2009 年設立的危機之家，對象是即將出院的嚴重精神疾病患者，由醫院轉介，有 14 間單人房，另有廚房和飯廳，任何時候服務對象可自行備餐。每週 7 天，每天 24 小時都有工作人員，包含精神科護士、一般護士、護士助理，皆受過「以復元為導向」的服務訓練。為了有利於服務對象從「醫院」到「獨立支持居住」間的轉銜，重新建立日常生活節奏，服務對象自由安排自己的日常生活，沒有規範也沒有共同活動，任何時候可以選擇退出服務。而丹麥的危機之家也是提供單人房短期居住（Roos, Bjerkeset, Svavarsdóttir, & Steinsbekk, 2017）。

　　英國倫敦伊斯靈頓的德雷頓公園（the Drayton Park）女性危機之家專門提供女性服務，24 小時有工作人員可以陪伴當事人討論現在和過去的困境，受到服務使用者高度肯定，他們認為危機之家除了工作人員的支持外，像家的環境，且沒有男性病人干擾，加上住民間的相互支持，這些都是使她們復元的重要因素（Johnson, Gilburt, Lloyd-Evans, & Slade, 2007）。

　　美國伊利諾州自 1982 年開始的「急性照顧治療服務方案」（the Acute Care Treatment Services）的鄉村別墅型醫院的作法像是醫院附設的危機之家，針對較無安全與自我照顧疑慮的個案，提供治療期間最多 21 天的短期居住服務。別墅有 6 間房間，最多住 10 人，有客廳、休閒娛樂室、廚房、餐廳、臥房、私人浴室、洗衣設備等，24 小時有工作人員，提供日常生活技巧的訓練與醫院治療及社區資源連結。團隊成員包含精神科醫師、心理師、護理師、社工、個管員。這個服務的目的是使較無安全疑慮的個案能在放鬆、有隱私、能與其他病人及工作人員互動，且不會有像在一般病房那樣受到嚴重精神病人的干擾。更重要的是，讓個案住院初期症狀較能穩定，且在治療期間保持與自然社區間的聯繫，並建構社區資源的連結（Bittle, 1986）。

　　居所不穩定容易造成心理上的不穩定與社會適應問題。荷蘭是重視居住服務的國家，對於接受治療期間的精障者，提供「獨立居住服務」，以穩定其症狀並促使社會融合，對於難以獨立居住者則提供

「庇護性居住服務」。荷蘭 16 萬嚴重精神病人中，有 1 萬 1 千多個庇護性居住容量（de Mooij, et al., 2016）。

4. 到宅支持、開放對話

另一種社區型態的支持，是到宅支持，例如美國科羅拉多州與麻州的 Windhorse 方案，提供急性與亞急性精神失調者居家支持與處遇，協助者可以到宅提供過夜支持，還有「以個人及家庭為中心」的專業服務團隊（Warner, 2010）。而最有名的是芬蘭自 1984 年起發展的「開放對話」（open dialogue），澳洲與英國等國也引進推廣。

「開放對話」最早由 Jaakko Seikkula 所發展，由受過 3 年家族治療訓練的精神科醫師、心理師、護士、社工組成團隊，到宅提供高頻率的會議（嚴重危機發生的 10-12 天內每天開會），會議目的是促進對話，鼓勵當事人與家人表達對於痛苦事件的想法與感受，著重每個人的聲音與觀點都被傾聽，共同在信任與安全的治療脈絡與場景中，共同忍受危機的模糊性與不確定性，透過集體對話，共同產生下一步該怎麼做的決定，這種作法使當事人和家人都不會覺得在危機中孤軍奮戰。研究發現開放對話對於嚴重精神危機的年輕人具有相對於傳統治療更好的效果（Seikkula & Olson, 2003）。

開放對話採取「危機介入」的觀點，Seikkula 強調，危機介入的關鍵是「早期介入」，並確保所有人，尤其當事人的聲音都被傾聽。「對話」的目的是了解當事人的人生發生了什麼事，並沒有期待個人或是家庭動力在短時間內有巨大的改變。在開放對話的會議中，一旦當事人被認真對待，他的焦慮與緊張就能以相當戲劇化的方式迅速降低（Malcolm, 2016）。Seikkula 認為精神疾病不是大腦的疾病，而是人在面對生命中非常重大情境時的反應。因此，面對精神危機，應該與摯愛的人對話，透過語言表達讓其他人了解自己身體的反應。當有足夠的語言訴說經驗時，對藥物的需求就不高了（果明珠，2019）。

「開放對話」認為精神症狀反映個體在面對無法承受的經驗時，通常是陷入無法以言語表達的疏離經驗。治療的目標是發展對經驗的描述，以免一直留在個案的妄想、幻聽、幻覺之中。透過語言溝通，

危機轉變為故事敘說、認同與關係的建構。因此對話是傾聽與理解的共同演化過程，傾聽語言也傾聽情緒，為苦難找到語言。開放對話不像傳統治療試圖改變被視為「客體」的單一個人，而是多重主體、多元聲音都有表達與交換想法的機會（Seikkula & Olson, 2003）。澳洲學者 Flick Grey 也指出，經歷精神健康危機的人經常被認為是大腦化學分泌失調，被以住院、醫療與隔離的方式對待，而「開放對話」認為精神健康危機經常發生在人際關係之中，因此邀請當事人的人際網絡共同對話，並且在對話當中解決問題。開放對話並不是反對醫療、住院或診斷，而是並不把這些當成主要的方法（Malcolm, 2016）。

5. 目的性同儕支持（Intentional Peer Support, IPS）

目的性同儕支持是最早的由精障同儕經營之「危機喘息服務」，由有精神障礙經驗的美國社會工作者 Sherry Mead 所提出，其影響擴展至其他國家，例如紐西蘭也發展此模式（Mental Health Education & Resource Center, 2019）。IPS 主張「危機」即「轉機」，對話不問「有什麼問題」，而是問「發生什麼事」。當事人透過故事敘說，與自己產生連結，也與同儕支持者產生連結，透過相互分享，創造對自身經驗新的認識、創造希望與可能性（Mead, 2003; Intentional Peer Support, 2022）。

在與同儕的對話過程中發展批判意識，精障者被教導從疾病、問題、症狀的角度理解自己的經驗；以「他者」的角度看待自己；將自己「客體化」，覺得與他人不同而感到孤單，並且在大部分的關係中失去權力與選擇。透過同儕「互為主體」的關係，協助當事人探索危機的主觀經驗，透過與同儕相互分享創傷經驗，將「不正常」正常化，在感覺被重視與接納的同儕關係中，自己所面臨的情境是被「分享」而不是被當成問題「處理」，並且能挑戰疾病模式的故事敘說方式和病人角色的認同與期待，對於自身經驗與世界產生新的理解、創造新的意義與找到新的回應方式。IPS 的進行包含六個部分：建立相互的關係、接受強烈的情緒、了解故事、分享對於故事的理解方式、挑戰現在的故事、創造新的共享的故事（Mead, 2001a, 2003, 2010;

Mead & Hilton, 2003）。

精障者不斷被告知是因為疾病造成，因此擔心若沒有藥物自己會失控，使得精障者不再是個體而是症狀，失去了生活（Mead, 2016）。Mead 說人在被相信的時候，才能承擔風險，同儕支持強調共享風險，在第一次接觸的時候即討論如何讓彼此安全、一起決定如何避免碰觸彼此的底線、自己覺得不信任或缺乏連結時會如何反應，並協商彼此的關係（Mead, 2017）。同儕透過分享經驗而聯合起來，缺權的個人突然不再孤單，透過分享看到精障者被禁聲與被機構化的結構與文化暴力，社會行動也是療癒的重要部分。因此，IPS 不是聚焦在個人疾病建構，而是關係、意義與社會變遷（Mead, 2001a, 2001）。

6. 降落傘計畫（Parachute NYC）

美國紐約州 2012 年聯邦政府創新補助非營利組織辦理實驗性「降落傘計畫」，由州政府發起提供經歷精神危機者替代隔離式住院治療之作法，方案內容包含「機動對話團隊」和「喘息中心」。個人及其家人／朋友等網絡接受機動團隊固定的居家訪視，稱為「網絡會議」，團隊參與成員通常是固定的，包含 1 位同儕專家、1 位精神科醫師或護理師、1 位家族治療師或社工等其他專業人員。同儕專家的訓練包含「目的性同儕支持」以及「開放對話」。網絡會議頻率剛開始每週一次，其後依需求降低頻率，若在危機之中則增加頻率，會議地點多數在家中，也可以到戶外野餐的方式（Hopper, Tiem, Cubellis, & Pope, 2020; Wusinich, Lindy, Russell, & Pessin, 2020）。

降落傘計畫的對象是 16 歲以上曾被診斷為嚴重精神疾病者，且有至少 1 位自然支持系統中的人同意參與網絡會議，很多是種族弱勢群體和低收入戶。服務原則包含：持續關注處於危機者的尊嚴、尊重所有聲音和觀點、治療不依據診斷而是依當事人和家庭「變化性需求」、治療人員具有延續性、最少藥物運用，和以家庭為基礎的具彈性的會議。透過開放透明與強調階級平等的網絡會議，使得當事人及其網絡能有時間反思、被傾聽、更了解彼此經歷些什麼，能討

論用藥、住院等等在家庭內容易意見不一致的議題，（Hopper, Tiem, Cubellis, & Pope, 2020; Wusinich, Lindy, Russell, & Pessin, 2020）。

研究發現，參與者滿意「對話較少聚焦在精神科藥物」，也滿意降落傘團隊的接納與為其倡導，尤其對同儕專家感到滿意，認為團隊增進其自我了解（Wusinich, Lindy, Russell, & Pessin, 2020）。然而歷經 3 年，由於行政、人事、資源網絡等方面的準備不充足，加上以成本導向的精神健康系統不利於發展此種服務型態，因而僅喘息中心存續，機動團隊的部分則無法延續（Hopper, Tiem, Cubellis, & Pope, 2020）。

7. 接待家庭、預立意願

美國科羅拉多州和威斯康辛州在 1970 年代和 1980 年代有接待家庭（family sponsor homes）的服務型態，每個家庭可接受 2 名危機期的病人到自己家中共同生活幾週，鼓勵病人融入參與家庭生活及家庭事務並且一起用餐，接待家庭獲得些許報酬並取得家庭治療服務單位的支持（Johnson, Gilburt, Lloyd-Evans, & Slade, 2007）。

隨著《身權公約》重視障礙者自主權與自我發聲，「預立意願」（Advance Directive）的作法逐漸受到各國重視。「預立意願」的目的是使當事人自己對於治療的想法和期待能有機會溝通與被傾聽，使服務能更尊重當事人的價值、偏好，以及對於自己生活的選擇與控制。「預立意願」的內容通常包括：治療或住院偏好、危機資訊、復發症狀、緊急聯絡電話、任何代理決策者的資訊，也可包含其他個人方面例如兒童照顧。使用者多數不是想透過預立意願拒絕治療，而是希望藉由預立意願能和精神科醫師產生對於治療的共識，或是希望拒絕或選擇特定型態的治療或服務。大部分服務使用者認為如果有「預立意願書」，他們會比較願意接受治療，尤其曾經歷被強制住院者，認為預立意願書有助於治療關係，也會讓家人更了解他們的期待（Morrissey, 2015; Gergel & Owenb, 2015）。

類似「預立意願」，英國規定每位使用健康服務者皆須建立「危機計畫」，內容包含：(1) 危機的早期徵兆與因應策略；(2) 有哪些避

免住院的支持；(3) 如果需要住院的話當事人想住哪家醫院；(4) 若住院，當事人有哪些實際的需求，例如兒童照顧、家人照顧、寵物照顧；(5) 當事人在精神健康危機時，希望如何被對待；(6) 家人或照顧者參與的程度；(7) 聯絡人（Department of Health and Concordat signatories, 2014）。「危機計畫」使心理社會障礙者感覺對自己的照顧有較多參與，對於自己的精神健康較能主控，且對於自己的狀態抱持正向態度（Thornicroft et al., 2013）。

四 臺灣現況與反思

（一）我國精障法規與服務體系

我國於 1990 年訂定《精神衛生法》，1997 年建構衛生所公共衛生護士負責對所轄社區精神病患分為 1 至 5 級做長期追蹤；1998 年建立「精神病患照顧體系權責劃分表」，依精神疾病症狀性質劃分服務權責，並於 2006 年開啟「社區關懷訪視」服務（彭美琪、許銘能，2006）。依據政府公告的「精神病患照顧體系權責劃分表」，症狀相對不穩定者，皆是由精神醫療機構提供急診、急性住院、慢性住院、日間住院、居家治療、長期住院等醫療。而對於症狀穩定，功能退化需要復健，或是慢性化需要生活照顧者，則由社會福利機構或護理機構提供安養服務、養護服務、居家服務或護理照顧服務。這個權責劃分表自 1998 年訂定至今未曾修訂。

醫院的日間病房除了藥物治療外，也提供職能訓練、社交技巧訓練、心理及行為治療等（楊延光，2005）。而精障者在社區中，除了精神護理之家，最常連結的資源是社區復健中心與康復之家，極少數接受居家治療。不過這些服務也都是醫療復健導向，著重疾病控制與社會功能回復（陳巧珊，2014；李孟達、毛慧芬、呂淑貞、林克忠，2015）。精神疾病患者若取得身障證明，則社區居住、社區日間作業設施、身心障礙者職業重建服務包含庇護性就業等等，亦為社區中的

精障者有機會取得的服務資源。然而，前述國內諸多服務，皆較少以「發展精障者的自主性與相互支持的社群」爲目標。《精神衛生法》保護安全的意義大於權益促進（劉蓉台，2007），法案對於精神疾病患者的就醫包含強制住院與保護人的設置有較多著墨，但對於發展社區多元服務則較少提及。

（二）關於強制住院

1990 年《精神衛生法》建立強制住院制度，規定由精神專科醫師判定強制住院之必要性，而 2007 年《精神衛生法》修法成立審查會，將專科醫師權力限縮，加入律師、社工師、心理師、病人權益團體代表等等其他專業人士的觀點（唐宜禎、吳慧菁、陳心怡、張莉馨，2011）。依據《精神衛生法》之規定，緊急安置及申請精神病患強制住院的要件包含：(1) 精神專科醫師診斷爲嚴重精神疾病；(2) 有傷害他人或自己或有傷害之虞；(3) 經 2 名專科醫師強制鑑定有全日住院治療必要而病人拒絕。緊急安置最多 5 日，強制鑑定應自緊急安置日起 2 日內完成。

對於強制住院，當事人的自我發聲機制如下：首先，自 2013 年起，病人得以視訊或電話會議方式向審查會陳述意見。其次，病人或其保護人可向法院聲請裁定停止緊急安置或強制住院，對於法院裁定不服者得提起抗告。2014 年《提審法》修正施行，病人亦可直接向法院聲請司法救濟。另外，病人權益團體可進行個案監督及查核，發現不安情事可向法院聲請裁定停止緊急安置或強制住院。儘管《身權公約》要求廢除強制住院制度，我國政策似乎沒有往這方面發展的跡象。

（三）精障會所（clubhouse）

先前提到，「復元」是社會過程，社會連結可增進自信與認同，也是「復元」的重要助力。有別於既有的前述醫療或社政、勞政系統之服務，精障會所反對將精障者醫療化與個人化，並且試圖建構精障

社群。「會所」的服務對象並非「處於精神健康危機期」者，而是「社區中的精神障礙者」。如前所述，國內對於所謂精神症狀較爲不穩定者，主要是由醫療系統提供住院治療，並沒有先前介紹的積極社區治療團隊、危機處理團隊、危機之家、到宅支持、開放對話、目的性同儕支持、降落傘計畫、接待家庭、預立意願等多元的危機介入方案，而國內民間單位推動精障會所的努力，卻是超越醫療化模式、試圖努力建構精障者自信和多元的社會角色，以及社群連結的重要作法，很能呼應先前介紹的「復元」概念。因此，以下對於會所模式稍做介紹。

最早的精障會所起源於 1948 年美國紐約活泉之家（Fountain House, 2020），活泉之家的終極目標是提升精障者生活品質與去除標籤，精障者才能發揮潛能並且被以同事、鄰居、朋友的方式尊重對待。「會所」是特意塑造出來的「治療社群」，由嚴重精神疾病者與實務工作人員共同組成，提供社會連結與支持。會所成員的權利包括選擇參與什麼工作活動或要不要工作、徵選會所的工作人員、取得所有關於自己的紀錄、一輩子的會員資格以及社群支持服務。會員的責任爲執行會所運作所需的工作任務。紐約活泉之家提供的服務包括工作日、過渡性就業的機會、社區中獨立的就業、協助尋找住宅、協助取得福利資格以及金錢管理、社會活動。全美國有超過 300 家精障會所，另有其他 40 個國家也發展會所模式（Fountain House, New York City, 1999; Herman, Onaga, Pernice-Duca, Oh, & Ferguson, 2005）。

國內伊甸基金會於 2004 年引進會所模式，成立「活泉之家」，其後，臺北市康復之友協會、康復之友聯盟、新竹市精神健康協會、高雄視而不見關懷協會等團體，也陸續發展會所模式（呂又慧、戴雅君，2011；曾淑欣，2012）。伊甸活泉之家將維持會所運作所需之工作，設計成會員可以參與之會務工作，包含餐飲服務、財產管理、行政庶務、文書處理、會議統籌、清潔維護等等。從伊甸活泉之家的目標、理念與展望，可以看出在個人層面，活泉之家支持個人發展自立、自我認同、多元社會角色；在社會層面，一方面建構同儕支持與社群關係，另方面也希望推動精障者爲主體的社會運動，並試圖改變

社會，使社會更尊重差異（財團法人伊甸社會福利基金會，2017）。

　　曾淑欣（2012）的田野研究發現，活泉之家的會員透過會所模式參與互動的過程建立自信與對人的信任，並且藉由戲劇展演、公民記者、社會宣廣、就業方案等，發展多元社會角色，而工作者也透過關係建立的過程，協助精障者跳脫疾病框架帶來的壓迫與束縛，轉而成為能自主決定與負責的人。

　　臺北市康復之友協會設立的「慈芳關懷中心」，試圖在社區中建立精障支持社群、減少精神疾病的負面影響，並促進精障者以「公民」身分與社會連結（財團法人臺北市康復之友協會，2015）。呂又慧、戴雅君（2011）以慈芳關懷中心為場域的研究發現，會所「工作日」的設計使精障者發展潛能、重拾信心；藉由同儕訪視，使精障者跳脫「病人」角色，成為助人者；過渡性就業讓精障者有機會練習工作，並帶著群體意識維持工作；透過多元集體敘說的行動團體，以精障社群集體面貌，與社會進行對話。換言之，慈芳在個人層面建構精障者自信及發展社會角色，在社會層面建構同儕關係與社群認同，並且試圖與社會對話。呂又慧、戴雅君（2011）運用 Kleinman（1986）提出的「社會受苦」（social suffering）概念，主張從社會、政治、經濟、文化等脈絡理解疾病，她們隱約似乎想將「社會受苦」的概念與會所建立社群意識做連結。

　　在建立個人自信與多元社會角色、同儕關係、社群認同，以及不將精神疾病個人化，而試圖挖掘疾病背後的社會層面問題等方面，慈芳與活泉之家有其相似性，不過，伊甸活泉之家對於所謂社會結構成因的說明似乎較為清楚，其主要論述是：社會對於精障者的差異缺乏認識甚至歧視。因此，活泉之家也有著較為明確的社會運動目標及策略，企圖建構精障者為主體的運動，改變精障者在社會中的社會角色與社會關係。

　　2021 年行政院「強化社會安全網第二期計畫」（110-114 年）的 5 大工作重點第一項為：「補強精神衛生社區體系與社區支持服務」，內容為設置社區心理衛生中心 71 處及精障者協作模式服務據

點49處（行政院，2021）。這裡所謂「精障者協作模式服務據點」，方案內容包含了「社區式日間照顧服務、社區日間作業設施、社區居住，或參考精障會所模式設置服務據點。」這4項服務除了地點都設在「社區」以外，服務性質差異甚大。而且前三者在既有服務系統已有相關補助資源，而最後一項被定義為「類會所」，辦理單位被要求「每日維持運作工作日分組至少2組、每年至少辦理社區宣導活動推廣及成長團體課程5場。」（衛生福利部，2022）

　　換言之，所謂的「類會所」，只是將既有的某些服務納入，加入一點點「會所」成分（事實上是「有骨頭但是沒有肉也沒有靈魂」），然後用山寨版的「會所」招牌，產生魚目混珠之效。在整體精障服務系統中，「精障者協作模式服務據點」與既有的其他服務之間的關係與各自功能定位為何？我國精障服務系統整體社區式服務政策、模式邏輯與服務架構為何？這些問題都沒有釐清，卻必須在期限內達標設立49處服務據點。或許政府應投入更多資源的，是先釐清精障者社區多元支持服務的多元型態，盤點既有服務型態後點出所欠缺的服務型態（例如本章提到的關於精神健康危機的多元服務），在實驗計畫中踏實地因應本土狀況進行調整，而不是投入大量資源，建構出虛幻的社區服務據點量化數字。

 第四節　結語：精障者的充權與精障社群的壯大是努力方向

　　當社會開始認識到不應將「精神障礙」現象個人化與醫療化，而應考量與改變社會與服務系統，精障者的「復元」便有了基本的社會條件。社會長期將精障者視為需要被治療的「客體」，而忽略其主體性，因此，「復元」是增進精障者的自我覺察力與動力，使精障者能重新掌控自己的生活，並且面對與超越限制。

　　作為一個人，不應該因為生病而被剝奪正常生活的權利、失去自

主權、與既有的社會關係與社會網絡斷裂，尤其精神危機時期正是人最脆弱的時期，需要緩和與柔性的對待，而不是忽略當事人感受的強制性介入。國內目前較缺乏從「危機介入」的觀點理解精神疾病之思維，相關的服務也仍有待建構，而最重要的，是精障者本身的充權，以及精障社群集體力量的滋長茁壯，才能成為推動社會改變的一股前仆後繼、源源不絕的力量。畢竟，「復元」不僅是個人過程，也是社會過程，更需要社會改變，了解與尊重心理社會障礙者的差異性與平等人權。

第六章

自立生活運動、
自我倡導運動與
精神障礙者自主運動

當障礙者被視爲需要被矯治的「客體」而非「主體」時，「障礙」這件事，是由專家定義與提出問題解決策略，「障礙者」在這個過程是隱形不被看見的，或是被認爲根本不重要，更甚者成爲被專家權威所恣意侵入的對象，障礙者對自己的生活失去主導權，連作爲一個人的價值，也是由他人所定義，且往往是被否定和貶抑的。這樣的社會現象普遍存在於世界各國，而隨著障礙者集體自我發聲與權利爭取，原本強加在障礙者身上的社會框架和枷鎖，也開始面臨挑戰且逐漸鬆動。最需要根本轉變的，則是「障礙者」與「非障礙者」之間不平等的權力關係，以及其背後的意識型態與體制運作。

　　改變既有的不平等關係，一方面需要擁有權力的一方改變觀念並且放手，然而更重要的，是「缺權」者的意識覺醒與「充權」，畢竟群體觀念與社會結構的改變非一朝一夕，須透過長期的集體行動，才能逐漸改變，而這也正是「自立生活運動」與「自我倡導運動」的價值與核心意義。自立生活是肢體障礙、行動不便者爲主所發起的運動，雖然強調「跨障別參與」，但是心智障礙者的自主運動，卻有著不同的發展，這便是所謂「尊人爲人」（People First, PF）或是「自我倡導」（self-advocacy）運動。本章首先介紹障礙者自立生活運動，其次介紹自我倡導運動，另外，由於資料的相對有限性，也簡要介紹精障者的自主運動發展，最後總結。

 ## 第一節　障礙者自立生活運動

　　在以「非障礙者」爲主流的社會中，障礙者被視爲「他者」，「對障礙者的社會排除」被以醫療化的意識型態包裝成「障礙者個人的問題」。自立生活運動所爭取的，是個人尊嚴與自主的保障，以及平等的社會融合，將問題重新定義爲壓迫的社會環境，透過障礙者網絡關係的建立與維繫，一起改變社會。

一 只是在爭取「非障礙者」認為「理所當然」的生活

（一）每日正常生活作息與活動的自主、選擇與控制

由於社會環境充滿阻礙，以及協助資源不充足與不恰當，導致許多障礙者每天的生活作息與活動，無法像多數非障礙者一樣，理所當然地全權掌控與決定。障礙者自立生活運動想表達的是，障礙者作為「人」的基本需求與非障礙者一樣，包含自主地下床、穿衣服、準備一天的開始、自主安排生活作息、出門進行有意義的活動（例如上學、工作、購物、參與各種社會活動）、融合於社區（Shapiro, 1994; Ratzka, 1997; Litvak, 1998; Priestley, 1999）。障礙者爭取的不僅是「住在社區」，而是「在社區過有意義且平等機會的生活」（Evans, 2003）。

所謂「有意義且平等機會的生活」，包含正常化的生活型態，也就是和非障礙者一樣，在家庭中長大、去附近學校讀書、使用和其他人一樣的大眾運輸工具、從事符合自己的教育背景與能力的工作、自己組成家庭等等（Ratzka, 1997）。因此，自立生活的哲學乃基於四項假定（Bracking, 1993; Morris, 1993）：(1) 人具有平等的價值；(2) 任何人，不論其損傷狀況，都應被「使能」以做選擇與決定；(3) 障礙者有權控制自己的生活；(4) 障礙者有權充分全面參與社會，包含經濟、政治、文化、社區生活等各個層面。

「有意義且平等機會的生活」也包含體驗人生過程中各種的嘗試與失敗，DeJong（1979）主張，Perske（1972）所提出的「承擔風險的尊嚴」概念，是自立生活運動的核心，就像其他人一樣，在失敗中學習，障礙者才會有真正的自立與活出真正的人生。Wilson（1998）指出，自立生活運動的哲學是基於自我決策、選擇與消費者控制，也就是依據自己的偏好或想望，設定目標、做決定並採取行動，在決定過程免於外界過度影響，且能取得選擇或決定所需之必要支持。

（二）被當成有想法、可以自我發聲的人

在生活的各種場域中，障礙者經常被忽略、排除與決定。自立生活運動要爭取的，只是和「非障礙者」一樣被當成「人」而予以尊重，這意味著尊重障礙者、傾聽障礙者的聲音。Ratzka（1997）指出，專業人員習慣爲障礙者說話、定義障礙者的問題與提出解決方法，這種專業壟斷的情形應被打破。自立生活運動強調障礙者最了解自己的需求且最能判斷自己的利益，障礙者不是病人、案主或服務使用者，而是對自己的生活有控制的「消費者」，在障礙服務市場中應能主導和參與（DeJong, 1979; Tower, 1994）。

Paul Hunt 是英國最早從「社會壓迫」觀點界定「障礙」的障礙運動領袖，他在 1966 年以自身住機構的經驗，批判慈善組織缺乏代表障礙者發聲的合法性，他希望喚醒住在機構的障礙者意識覺醒、鼓勵他們團結起來。他指出：「我們要挑戰社會，讓社會把我們納入考量、傾聽我們的聲音、承認我們是社會的一分子而不是次等公民。任何人都不應該被視爲次等公民而被排除。」（Hunt, 1966: 157）

Hunt 於 1972 年在《衛報》寫了一篇投書邀請其他障礙者回應，他說：「重度肢體障礙者在隔離、不適當的機構中生活，想法被忽略、被以殘酷的方式對待。我們應組成消費者團體，讓我們以及所有可能成爲機構住民的人的聲音都能發出來。」（Campbell and Oliver, 1996: 65）當時很多障礙者回應了這篇投書，並一起組成了「肢體損傷者對抗隔離」協會（UPIAS），作爲住在機構的障礙者討論障礙議題的論壇，他們主張應由「障礙者自己領導的組織」自我發聲，而不是由慈善組織代言（Cameron, 2013）。自我發聲需要透過能代表障礙者發聲的有效組織之建立，這點也是瑞典自立生活運動領袖 Ratzka（1997）所強調。

二 自立生活運動的起源

（一）美國自立生活運動的開端

　　障礙者自立生活運動源於美國障礙生爭取大學校園與社區環境平等。1960 年代就讀加州柏克萊大學的 Ed Roberts、John Hessler 等住在 Cowell 醫院的使用輪椅的學生，自稱「輪動四人組」（Rolling Quads），每晚一起討論學校與社區環境阻礙的問題，抗議障礙生不應因為學校宿舍充滿障礙，以及他們需要生活上的協助，而被安排住在醫院，導致他們在課外時間無法與同學互動。由於他們的倡議，柏克萊大學進行了校園環境無障礙改造，也開啟了「肢體障礙學生方案」，成功協助他們在社區生活。Ed Roberts 和 John Hessler 於 1972 年成立了全世界最早的自立生活中心──加州柏克萊自立生活中心，這是一個障礙者主導與管理的組織，提供跨障別服務，以促進障礙者社區融合為目標（Shapiro, 1994; Miller, 2019; Meldon, 2019; Carmel, 2020）。

　　其後，Ed Roberts 於 1975 年擔任加州復健部門的執行長，在任期間擴充了障礙者日常生活協助的補助經費。而美國國會更於 1978 年同意聯邦復健服務經費補助各州成立自立生活中心（Shapiro, 1994），各州障礙者紛紛成立自立生活中心，全國自立生活委員會（The National Council on Independent Living）也於 1982 年成立，積極推動禁止歧視障礙者的專法，促成 1990 年《障礙者法案》（Americans with Disabilities Act, ADA）的立法（Martinez, 2003）。

（二）英國自立生活運動的緣起

　　英國自立生活運動的開始，乃因住在罕布夏（Hampshire）名為 Le Court 的住宿機構住民 John Evans 等人，向政府社服部門提出搬到社區居住的訴求，由於聯合國將 1981 年訂為「世界障礙者年」，他們自稱該計畫為 Project 81。他們後來於 1984 年成立了罕布夏自立生活中心（Evans, 2003, 2021; Leonard Cheshire Disability, 2017）。

John Evans 於 1983 年搬出機構時的心情是：「突然間我在我自己的家！自立生活就是這個！能自由地在自己的地方、自己的床、在我想要的時間上床睡覺！」John Evans 成為「英國障礙者全國組織」（British Council of Disabled People, BCODP）以及「歐洲自立生活網絡」（European Network on Independent Living, ENIL）的領導者，是英國及歐洲重要的障礙運動領袖。他說：「自立生活根本地轉變了我的生活，重點是擁有控制與選擇。」（Evans, 2021）同一時期，德布夏（Derbyshire）也有一些障礙者在 Ken Davis 和 Maggie Davis 的號召下，透過一個住宅組織的協助，離開機構到社區生活，該方案稱為「The Grove Road Scheme」，他們並於德布夏成立了自立生活中心。這二個自立生活中心當時的二大核心服務為住宅和個人協助（Evans, 2003）。

英國自立生活運動積極推動「個人協助現金直接給付」與「禁止歧視障礙者專法」，促成 1995 年《障礙歧視法案》（Disability Discrimination Act）的訂定（Evans, 2008），該法後來與禁止基於性別、種族、年齡等等其他理由的歧視，合併於「The Equality Act 2010」（BILD, 2011b）。自立生活運動在 1988 年組織了一個大遊行，標語是「要權利不要慈善」（Rights not Charity），目的在改變社會看待障礙者的方式以及服務提供方式（Evans, 2021）。

英國政府於 1988 年設立自立生活基金（Independent Living Fund），這是障礙者對於政府即將取消居家照顧津貼提出抗議的倡議成果（Evans, 2003）。障礙者聯盟組織並設立「自立生活委員會」，自 1989 年開始倡議直接給付（Pridmore, 2006）。此外，英國全國自立生活中心聯盟（The National Centre for Independent Living）於 1996 年成立，是障礙者主導的組織（Evans, 2003），而政府於 1996 年制訂的直接給付法案在 1997 年實施。

（三）瑞典自立生活運動的起源

瑞典自立生活運動領袖 Adolf Ratzka 於 1983 年舉辦自立生活研討會。在該研討會中，英國罕布夏的自立生活運動發起人 Ken Davis 和 Maggie Davis、美國柏克萊自立生活中心當時的執行長 Judy Heumann 皆受邀參與，該研討會成為 Ratzka 推動自立生活的序曲（Evans, 2003; Ratzka, 2012）。Adolf Ratzka 於 1984 年成立了瑞典第一個自立生活中心 STIL，此後，瑞典自立生活運動致力於推動「個人協助直接給付」與「禁止歧視障礙者專法」。

為了回應障礙者的訴求，瑞典政府於 1993 年與 1994 年分別制定《特定障礙者支持與服務法案》（LSS）和《特定功能損傷支持與服務法案》（LASS），提供個人協助現金直接給付，並於 1999 年訂定工作方面的禁止障礙歧視法令，其後經歷幾次修訂，2009 年將障礙歧視與基於性別等其他理由的歧視合併於障礙歧視法案（Ratzka, 2012; Tøssebro, 2016）。

（四）其他國家自立生活運動的開啟

世界許多國家自立生活運動始於 1980 年代。日本一些障礙者在 1981 年接受贊助至美國學習自立生活，1982 年在日本辦理自立生活座談會，邀請美國自立生活運動領袖演講，其後於 1986 年東京成立日本第一個自立生活中心，1991 年成立自立生活聯盟，至 2013 年全日本已有超過 120 個自立生活中心（Duncan & Geagan, 2004; Iwakuma, Okuhira, & Nasu, 2016）。加拿大和巴西第一個自立生活中心分別成立於 1980-1981 年和 1988 年，全國自立生活聯盟則分別成立於 1986 年和 1999 年（D'Aubin, 1992; WID, 2010; Duncan & Geagan, 2004）。其他許多國家也陸續成立自立生活中心，例如 1987 年比利時、1988 年德國、1992 年愛爾蘭、1999 年韓國（WID, 2010）。

三 自立生活中心

前面提到自 1980 年代起，世界各國陸續成立自立生活中心，推動障礙者自立生活。自立生活中心是「自助互助團體」，提供與消費者主導有關的資訊和意識喚醒，創造機會使障礙者能控制自己的生活與控制所接受的服務（DeJong, 1979）。歐洲許多國家的自立生活中心一開始聚焦於推動直接給付，和個人協助使用者間的「同儕支持」（Jolly, 2009; Hasler, 2005）。然而自立生活中心的服務與行動，並不僅限於這二項。

（一）自立生活中心的核心服務

美國加州柏克萊自立生活中心 1972 年成立後，提供的服務主要為同儕諮商、倡導服務、交通車、自立生活技巧訓練、個人協助照顧轉介、健康維護、住宅轉介，和輪椅維修。而波士頓自立生活中心成立於 1974 年，以提供轉銜住宅和個人協助轉介為主（DeJong, 1979）。

所謂自立生活中心的「核心服務」，是自立生活運動推動者認為障礙者自立生活的最基本條件，也是中心主要的服務與行動。柏克萊自立生活中心發展了 5 項核心服務：住宅、個人協助、行動／交通、可及性和同儕諮商。英國罕布夏自立生活中心則在這 5 項基礎上，加上「資訊」和「科技設備與支持」2 項，成為有名的「罕布夏 7 大基本需求」，其後這 7 大項核心服務又陸續被新增了「就業、教育與訓練、收入與福利給付、倡導」等 4 項，擴充為自立生活 11 大基本需求／核心服務／推動方向（Shapiro, 1994）。而根據美國復健法案，自立生活中心 4 大核心服務為：個人與系統倡導、同儕諮商、自立生活技巧訓練、資訊與轉介。近年來，第 5 個核心服務越來越受到重視，亦即，「去機構化」，協助障礙者從 24 小時住宿機構搬至社區生活並提供支持與協助（White, Simpson, Gonda, Ravesloot, & Coble, 2010）。

（二）自立生活中心的特色

1. 障礙者服務障礙者

自立生活中心是「自助互助團體」，障礙者共享資訊、法律協助、同儕支持，和組織障礙社群（DeJong, 1979; Ratzka, 1997）。中心很多員工是障礙者，本身便是障礙者學習自立生活的模範（Wilson, 1998）。自立生活中心與既有專業服務組織最大的差別，是障礙者實質參與中心的政策與服務，因為自立生活運動強調障礙者最知道自己需要什麼服務、障礙者是自己生活的專家（ILRU, 1992）。因此，自立生活中心最大的特色是：障礙者服務障礙者、障礙者相互幫助。在自立生活中心，障礙者是「福利消費者」也是「服務提供者」，是和其他人一樣有各種社會角色的人，而不是需要被治療的「病人」（Yang, 2014）。

社會習慣認為受過高等教育，取得學位或證照，才能稱為「專家」，自立生活運動則強調，障礙生活經驗使得障礙者對於「作為障礙者在社會中生活所面臨的問題與需求」，有著「圈內人的洞察」，也使得障礙者因為「在生活中，解決障礙生活的問題」，累積了許多寶貴經驗與方法，這些都是沒有障礙經驗的人不可能擁有的知識與能力，因此障礙者是「經驗專家」（expert by experience）。

自立生活中心強調「消費者控制」、障礙者不需要倚賴專業人員提供服務，以及障礙者主導。「障礙者主導」亦即在個人層面，障礙者能決定與控制自己的生活；在組織層面，障礙者對組織的政策與運作具有決定性的影響權力。障礙者強調，沒有人比障礙者更了解自己的需求，因此，自立生活中心應由障礙者管理與做決策（Shapiro, 1994）。美國《復健法案》明確規定，自立生活中心的理事會成員多數應為重度障礙者，且大部分工作人員和有決策權的人員必須是障礙者。因此，障礙者在自立生活中心具有領導與決策的角色和地位（Wilson, 1998）。

2. 障礙者社群網絡的建構與連結

從美國柏克萊自立生活中心的產生、英國罕布夏與德布夏自立生活中心的組成，到世界各國風起雲湧的自立生活中心之出現，這些現象呈現障礙者因共同經驗而集結，原本孤單的個體透過相互連結而建構社群網絡，同儕彼此支持、建立集體認同並且共同行動。中心提供許多特定障礙類型或是跨障礙類型的自助與支持團體，成員藉由經驗分享與相互幫助，擴大社會網絡並且開啟問題解決過程（Wilson, 1998）。許多障礙者過去常被告知自己和多數人有多麼的不同、被他人決定自己可不可以做些什麼，導致自己也很難將自己視為一般人。在這種狀況下，障礙者很需要和類似狀況的人談話，彼此經驗分享，形成自然的同儕支持（Ratzka, 1997）。透過「我群」的建構，障礙者產生自我認同與集體認同，透過集體力量的集結，能產生無比的影響力。

日本的自立生活緣起於障礙者到美國研修，而日本民間組織也於1999年開啟亞太地區障礙者赴日研修方案，培訓其他亞洲國家障礙者成為障礙運動領袖。Iwakuma、Okuhira 和 Nasu（2016）的研究發現，這種跨障別、跨世代與跨國的經驗分享與夥伴關係，以及輔具、個人助理的提供，都對參訓者產生很大的影響力。

美國加州柏克萊大學障礙生的相互連結，以及後續成立自立生活中心；英國住在機構的障礙者團結起來爭取社區生活並成立罕布夏和德布夏自立生活中心，都是透過障礙者集結而產生的力量。障礙者網絡的形成，不僅促使了世界各地紛紛成立自立生活中心，更產生了跨國的影響力。例如英美自立生活運動領袖至瑞典及日本等其他國家分享、日本障礙者接受美國贊助研習自立生活，甚至如前所述，日本也開啟類似贊助他國發展自立生活，這些都是跨國障礙者社群網絡建構、相互連結的展現，拓展與延續著障礙者推動自立生活、改變社會的力量。

臺灣的自立生活運動也緣於國際間障礙者網絡的連結。在日本愛心輪基金會及臺灣好鄰居基金會的協助下，國內障礙者林君潔小姐赴

日本參與「障礙者領導人才研修方案」並於 2005 年返國後，開始推動自立生活的概念和「個人助理」的服務模式，於 2006 年與其他社福團體合作舉辦「中日身心障礙者自立生活研討會」，會後許多參與者有感於自立生活之精神理念應於國內推廣發展，因而開始籌辦協會，並於 2007 年 1 月成立「社團法人台北市新活力自立生活協會」（簡稱「新活力」）（社團法人台北市新活力自立生活協會，2007，2022d），並且於 2012、2013、2016 和 2017 年舉辦自立生活大遊行。這是臺灣第一個以推動自立生活為目標的障礙者主導的組織，成立後多年持續接受日本自立生活中心的財務資助與組織運作支持。因此，障礙者跨國網絡的連結發揮了很大的力量。

3. 社會模式的障礙觀點

自立生活中心不採取醫療化與個人化的模式界定「障礙」，而是採取社會模式和人權模式的觀點。自立生活運動主張障礙者面臨的阻礙來自於社會政治，而不是個人生理或醫療因素；社會將問題界定為障礙者個人能力不足，導致障礙者參與社會的機會被剝奪，社會也因而免除了「調整」與「協助」的負擔。自立生活運動主張，社會應考量障礙者的個別性與獨特性，提供合理調整與適當的服務，促使障礙者自立與自由（Wilson, 1998）。社會模式觀點是自立生活運動所抱持的哲學，主張去除所有達到「非障礙者視為理所當然的選擇、控制和全面參與」之阻礙（Jolly, 2009）。

DeJong（1979, 1984）指出，「醫療復健」取向認為障礙是個人損傷導致失去能力，障礙者是病人，因此，應靠醫師、治療及復健人員、社工等專業人員提供服務，過程由專業人員控制，服務目標是極大化障礙者的功能和確保安全。相對地，「自立生活」取向認為不當依賴專業人員或親人才是問題，障礙者需要同儕諮商、倡導、自助組織、消費者控制、支持服務、去除可及性的阻礙。障礙者是「消費者」，控制服務過程，服務目標應為「自立生活與生活品質」。

DeJong（1979）指出，醫療模式的特性包含：醫生是專家及主要決策者，障礙者被賦予「疾病角色」（the sick role），由受過訓練的

臨床人員提供診斷、鑑定、治療和復健。自立生活運動反對這種觀點，認為「障礙」是障礙者存在的一部分，自立生活運動最重要的貢獻是讓障礙者為自己發聲、對自己感到尊嚴與驕傲。疾病角色使得障礙者免於正常的社會活動與責任，也免於對自己的責任、使得障礙者以負面方式定義自己，並將依賴醫療專業人員視為理所當然，剝奪了障礙者參與社區生活、作為完整個人之權利，事實上，障礙者並不想被免除家庭、工作、公民責任，被永遠當成孩子和依賴者。

4. 自立生活中心是推動障礙者公民權與人權的基地

自立生活中心是障礙者相互連結的地方，透過共同經驗的分享與團體歸屬感，共同發聲與一同解決生活所面臨的種種問題，包含改變社會關係，使障礙者不必被迫依賴家人照顧、對於所接受的協助能有控制權（Shapiro, 1994; Priestley, 1999; Hasler, 2005）。透過意識提升、充權與解放的過程，爭取平等權利保障與充分全面參與社會生活的機會（ENIL, 1990）。Ratzka（1997）強調，障礙者必須組織起來，相互支持學習，一起促使政治與法令的改變，以確保障礙者的人權及公民權。而自立生活中心便是障礙者相互連結、組織與倡權的基地。

四 「自立生活」的共識與概念釐清

為了避免「自立生活」的概念受到混淆或濫用，也為了相互支持，障礙者的國際組織經常舉行會議。美國自立生活運動領袖 Ed Roberts 和 Judy Heumann 於 1983 年成立「世界障礙協會」（World Institute on Disability, WID），積極提供各國自立生活運動支持，並建立國際關於自立生活的共識。而 1999 年的自立生活世界高峰會有 50 個國家代表參與，建立自立生活哲學之 9 大共識：人權、自我決定、自助、同儕支持、充權、社區融合、跨障別融合、冒險的機會、融合（Duncan & Geagan, 2004）。歐洲自立生活網絡（European Network on Independent Living, ENIL）成立於 1989 年，是由超過 80 名來自 14 個歐洲國家的個人協助使用者，在歐洲議會討論自立生活

議題，進而共同成立的「障礙者主導的組織」（Evans, 2003）。

　　爲了防止各國濫用自立生活的語言，ENIL 於 2012 年公告「自立生活」的定義如下：

　　　　「自立生活是人權爲基礎的障礙政策在日常生活的實踐。透過多元的環境使障礙者掌控自己的生活，包含住哪裡、與誰同住、如何生活的選擇與決定機會、服務具有可獲取與可及性，且基於平等、自由及知後同意，並使障礙者日常生活具有彈性。自立生活需要物理環境、交通、資訊可及，輔助科技與個人協助及提供社區爲基礎的服務。障礙者不論其性別、年齡與支持需求程度，皆應有自立生活的權利。」（ENIL, 2020）

　　不僅國際間努力建立對於自立生活概念的共識，爲了防止濫用，巴西「全國自立生活中心聯盟」曾經由於專業人員組織也聲稱自己的服務方案爲「自立生活方案」，要求只有在聯盟認證下才能使用「自立生活中心」名稱，且須符合下列條件：(1) 董事會主要由障礙者組成，董事長爲障礙者；(2) 僱用障礙者；(3) 若一個地區只有 1 個自立生活中心，該中心可自行決定服務範圍；若不只 1 個自立生活中心，聯盟可介入協調服務範圍設定；(4) 服務所有障礙狀況的障礙者，且最好提供永久服務；(5) 提供直接與間接服務；(6) 須有同儕支持服務；(7) 服務盡可能免費；(8) 提供個人或團體服務和諮詢（Duncan & Geagan, 2004）。

　　在美國，法律規定超過半數理監事爲障礙者，未符合此規定者不得稱爲「自立生活中心」（Lonsdale, 1990）。1973 年的《復健法案》（The Rehabilitation Act）及後續修訂，聯邦政府都提供自立生活中心經費支持，目前由社區生活行政單位透過自立生活方案（independent living program），聯邦依據各州所提計畫提供補助。自立生活方案強調自立生活中心應促進下列哲學：消費者控制、同儕支持、自助、自

我決策、平等可及、個人和系統倡導。自立生活方案的目標為：極大化障礙者領導、充權、自立、生產力，並且整合及充分融合於美國主流社會（Administration for Community Living, 2022）。

我國最早推動障礙者自立生活的是 2007 年成立的社團法人新活力自立生活協會，這是障礙者主導的組織，理監事過半是障礙者，總幹事及多數工作人員也是障礙者。「新活力」的目標是推動障礙者自立生活，所提供的服務也都在增進障礙者自立生活，其組織宗旨為：「提供障礙者能自主生活於一般社區之服務，並集合同儕力量，向社會大眾發聲爭取應有之權利與機會。」協會任務包含：(1) 提供障礙者獨立自主地生活於一般社區之服務；(2) 開發障礙者未知潛能，促使身障者有自我選擇、決定、負責的權利；(3) 集合障礙者之同儕力量爭取均等機會；(4) 宣導教育社會大眾正確觀念，並消除歧視以改善環境；(5) 與各國自立生活中心連結，建立國際網絡（社團法人台北市新活力自立生活協會，2022b）。

「新活力」成立之後，陸陸續續幾個縣市也出現「障礙者主導」的自立生活協會，例如高雄市向陽自立生活協會、嘉義市新世界自立生活協會、臺南市夢城自立生活協會、花蓮縣自立生活協會等，2018年這些協會更共同組成「社團法人臺灣身心障礙者自立生活聯盟」，對於國內自立生活議題，例如個人助理制度與疫情下的障礙者生活，提出集體訴求。

「新活力」是屬於協會性質的組織，其名稱雖然不是「自立生活中心」，然而實質上已具有其他國家「自立生活中心」之要素，況且，事實上國外所謂「自立生活中心」，經常也是以民間組織的型態存在。此外，「新活力」協會自成立早期即效法日本作法，設立自立生活體驗室。至於是否稱為「自立生活中心」，似乎未曾是需要特別關心的議題，因為協會是障礙者自發且自然地在結合國內民間資源與日本的贊助支持下所成立，無須特別聲明或標榜。然而，衛生福利部社會及家庭署有鑑於「自立生活支持服務」於 2012 年新增於《身心障礙者權益保障法》後，服務有必要進一步拓展，同時也是民間單位

（新活力亦參與相關會議）要求下，於 2018-2019 年補助臺北市、彰化縣與屏東縣三個縣市試辦「自立生活支持服務中心」。儘管這些是「服務中心」屬性，但為求方便，人們往往將其簡稱為「自立生活中心」，造成了這個語詞的概念混淆。有趣的是，「新活力」於 2021 年宣布成立「AI 智能自立生活體驗中心」，似乎有著與官方「自立生活中心」所附設「自立生活體驗室」相較量的意味。

前述政府試辦的「自立生活支持服務中心」，重點在於「提供服務」，與世界各國自立生活中心強調障礙者主導而非專業控制、障礙者自助互助的社群網絡建構、社會模式而非醫療模式、障礙者公民權與人權的倡議等特色，相去甚遠。另外，社團法人臺灣社會心理復健協會（臺社心）於 2022 年 1 月也成立了「精神障礙者社會融合與自立生活支持中心」，這也是屬於著重「專業服務推展」的單位，而不是障礙者主導與以障礙者社群網絡連結和發展為主要目標的自助互助團體性質之「自立生活中心」。

這也呼應了為什麼巴西「全國自立生活中心聯盟」強調必須經過該聯盟認證後才可稱為「自立生活中心」。不論是否為障礙者，誰都可以成立「自立生活中心」嗎？提供自立生活相關服務就可以稱為「自立生活中心」嗎？若以先前整理的「自立生活中心」4 大特色來看，這二個問題的答案都是否定的。「自立生活中心」是人的組成，障礙者彼此間透過相互連結，產生個人的與集體的力量，透過自助互助、障礙者主導的組織，改變社會以確保障礙者自立生活與平等融入社區的權利。因此，政府試辦的「自立生活支持服務中心」，以及臺社心的「精神障礙者社會融合與自立生活支持中心」，都與世界各國所認定的「自立生活中心」在本質與型態上是不同的。

Jolly（2009）指出，推動自立生活的組織不一定要叫做「自立生活中心」，最重要的是社會模式的觀點、以自立生活為目標，以及障礙者主導，也就是理監事和管理委員會和員工都應有過半數是障礙者。Steenhout（2003）發現，有些自立生活中心由於薪水低而難吸引「了解自立生活哲學又能處理行政事務」的障礙員工。因此，以「自

立生活」為名的單位，背後是否有著明確的自立生活哲學、是不是真正關切與實踐障礙者充權和主導，需要被密切關注。

 第二節　自我倡導運動與精障者自主運動

　　自立生活運動來自於以肢體障礙／行動不便為主的障礙者，為了平等參與社區生活，而自主爭取社區生活支持與去除環境阻礙。儘管強調跨障別融合，但是各國自立生活中心的參與者中，心智障礙者與精神障礙者仍屬相對少數，心智障礙者主導的是「自我倡導」運動。本節首先介紹「倡導」（或翻譯成「倡議」）的概念，其次介紹心智障礙者主導的「自我倡導」運動，進而簡要介紹精障者的自主運動，最後做總結。

一 倡導／倡議

　　「倡導」（advocacy）是代表另一人表達其觀點與期望、為其發聲，或是支持個人，使其在充足資訊下自我發聲、做選擇、行使權利並掌控自己的生活（Putting People First, 2011）。不論前述何種型態，當事人的參與是必要的。Hasler、Campbell 和 Zarb（1999）認為倡導目的是藉由另一人的協助，使障礙者面臨特定問題或情境時，能找到解決方法。障礙者申請福利的過程，例如評量、協商服務計畫、剛開始使用個人助理時，尤須倡導協助。本書第三章提到，儘管「心智能力」隨著個人與環境狀況而不同，然而每個人的「法律能力」是平等的，因此，支持及確保個人「決定的自主」是保障平等法律權利的必要作法，而「倡導」的目的即在支持當事人「決定的自主」。

　　英國法規特別保障心智障礙者取得倡導服務的權利。《心智能力法案》（The Mental Capacity Act 2005）規定，應盡所有努力幫助當事人做決定，若仍有困難，才能判定當事人缺乏做特定決定的能力。

若當事人沒有家人或朋友可協助其做決定，國家健康服務和地方政府應確保當事人取得倡導服務。被任命的倡導者是獨立工作者，爲心智障礙當事人發聲或協助其自我發聲，倡導的議題包含重大醫療、改變居住型態、照顧安排評估，和成人保護等等（Fulton & Richardson, 2011）。Tilly（2011）指出，心智障礙者經常不知道有哪些可能性、不知如何詢問、無法取得所想要的服務，溝通困難者尤須倡導支持，倡導者的角色是處理服務使用者與服務提供者間不平衡的權力關係。

⬤ 自我倡導

（一）自我倡導的定義

「自我倡導」（self-advocacy）是個人或集體自我發聲（Shoultz, 1997; Miller, 2015），在提供建議、資訊與鼓勵等恰當支持下，個人獲得「充權」且自我發聲（Lundström, 2008），是擁有選擇、對自己所接受的服務能表達想法（Kennedy & Killius, 1997）。1991 年北美自我倡導團體「尊人爲人」（PF）第二次年會中，自我倡導者提出如下定義：「自我倡導是障礙者的自主團體，目標是社會正義，藉由相互幫忙，掌管自己的生活、對抗歧視。」（Johnson, 1999）。自我倡導團體幫助個人發聲，且爲集體發聲的媒介。不過，Shoultz（1997）提醒，自我倡導者並不一定要參與團體，自我倡導團體僅是自我倡導意識與能力發展和集體倡導的媒介之一。以下介紹自我倡導運動的起源與理念，期使讀者對於心智障礙者「自我倡導」能有更脈絡性的理解。

（二）自我倡導運動的起源與理念

1. 自我倡導運動的起源

自我倡導運動始於服務單位開創心智障礙者自我發聲的機會，支持心智障礙者自主意識的發展，進而發展成自我倡導運動。自我倡導

運動源於瑞典，1968 年 Bengt Nirje 在其所服務的心智障礙者家長組織辦理一場會議，讓心智障礙者提出他們對服務系統的看法。這挑戰了當時社會認為「心智障礙者沒有能力說出有意義的話及自我發聲」的想法，這是自我倡導運動的濫觴（Shoultz, 1997; People First of West Virginia, 2022）。

其後，1973 年美國奧勒岡州 The Fairview Hospital and Training Center 的 3 名住民與 2 名工作人員赴加拿大參與一場研討會，他們不滿會議由專業人員主導，於是在 1974 年於奧勒岡州舉辦一個由發展障礙者主導的會議。會議中有 1 名發展障礙者提出「We are People First」（我們應該先被以人來尊重對待）的主張，世界最早的「尊人為人（PF）」組織因而成立。其後，PF 組織廣泛在美國各地發展，全國性自我倡導組織 Self-Advocates Becoming Empowered（SABE）於 1991 年成立（Ward & Meyer, 1999; People First of West Virginia, 2022）。此後，世界許多國家也發展「自我倡導運動」，1984 年舉辦第一屆國際自我倡導領袖會議（The International Self Advocacy Leadership Conference）（People First of West Virginia, 2022）。

2. 正常化原則

Bengt Nirje 之所以會開創機會讓心智障礙者自我發聲，與其所抱持的理念有關，亦即他於 1972 年提出的「正常化原則」。他主張心智障礙者應擁有盡可能接近社會主流的常態化生活模式與情境，障礙者應與所有人一樣受到尊重，提供心智障礙者的服務應考量當事人的選擇、想望與期待，而前提是必須翻轉認為障礙者沒有能力做決定的觀念（Nirje, 1972, 1976）。換言之，「正常化」不僅指生活作息常態化，更重要的是須調整看待障礙者的角度，尊重每個人的獨特性，將多元差異視為正常而不是將差異特殊化與病理化。因此，自我倡導運動採取的是社會模式觀點看待障礙，認為障礙者無法充分融入社會，乃導因於社會而非個人。社會模式的觀點有助於讓自我倡導者接受自己是心智障礙者，進而能自我發聲（Putting People First, 2011）。

3. 自我倡導是公民權運動

自我倡導運動是心智障礙者爭取在自己選擇的社區中過有品質的生活，藉由相互支持與行動，解決社區生活的問題、控制所接受的服務、推動社會改變，包含對抗社會歧視、政策制度改革，例如關閉住宿型服務機構、反歧視法規（Shoultz, 1997, 2014; Kennedy & Shoultz, 1996; Cone, 1999）。美國自我倡導運動領袖 Nelis（1994）也認為，自我倡導是障礙者互相幫助以讓自己能掌控自己的生活和對抗歧視、共同爭取社會正義。Ward 和 Meyer（1999）指出，社會將心智障礙者視為永遠長不大的小孩、低估他們的能力、剝奪他們選擇的權利，自我倡導是心智障礙者希望改變自身被歧視的處境而發起的運動。因此，Cone（1999）主張，心智障礙者社群的社會與政治意識喚醒，以及建立彼此間的聯盟，是自我倡導的核心任務。

以下稍微說明英、美慣用語詞的差異。英國自我倡導運動是由心智障礙者（learning disabled people）所發起和領導。英國「學習障礙」是 learning difficulties，而 learning disabilities 指的是發生於 18 歲以前，亦即大腦發展時期包含出生前、出生過程與兒童時期，導致智商較低，在學習新事物、理解、溝通、金錢管理、閱讀、書寫、自我照顧、社交等方面較為困難，且此狀況持續一輩子（GOV.UK, 2018; Mind, 2021; Mental Health Foundations, 2022; Mencap, 2022; NHS, 2022）。

而在美國，自我倡導運動是由「發展障礙者」（persons with developmental disabilities）所發起與領導。美國「發展障礙者」的概念涵蓋較廣，包含了 22 歲以前發生的會持續一輩子的身心損傷。美國心智障礙（intellectual disability）是指 18 歲以前發生且導致智商較低、學習、思考、解決問題、社交及其他生活技能較為困難（Administration for Community Living, 2021; CDC, 2022; University of Minnesota, 2022）。雖然發展障礙者涵蓋視障等其他早期發生的障礙，但美國自我倡導團體仍以心智障礙者為主導。世界各國的自我倡導團體也皆是心智障礙者主導的團體。

（三）自我倡導是充權的過程

不論是否參與自我倡導團體，障礙者在參與倡導的過程中，世界觀開始改變，開始相信自己能採取行動、促使改變，對於影響自己生活的決定也有了較大的控制（Balcazar, Seckins, Fawcett, & Hopkins, 1990），而這個充權的過程大致包含下述四方面：

1. 認識自己、認識權利與選擇

社會普遍認為心智障礙者沒有能力，基於不信任或過度保護，容易忽略其想法，導致許多心智障礙者活在他人的指令中，一個口令一個動作，無須自己思考與決定。因為沒有機會自己做決定、探索、發展與表達自己的想法，彷彿「人生被偷走」了，對自己的生活感到疏離。因此，社會工作者若欲推動心智障礙者自我倡導，必須深刻了解這樣的脈絡對人產生的影響，並且努力促使大家「把人生還給他」。

自我發聲之前，首先必須知道自己想要發聲與表達的是什麼，而這需要認識自己、認識自己的權利與選擇。自我認識是自我倡導的基礎，包含認識自己的偏好、興趣、夢想、優勢、學習方式、支持需求、環境調整的需求，以及障礙特性（Test, Fowler, Wood, Brewer, & Eddy, 2005; Doren, Lombardi, Clark, & Lindstrom, 2013）。對於非障礙者而言，前述種種自我認識的向度似乎伴隨年紀增長而理所當然地發展，然而對於許多障礙者而言，這些卻相當陌生。在服務過程中不斷創造機會累積生命經驗、在嘗試中建立自我認識，這是支持障礙者「自我發聲」的必要工作。

除了認識自我，「認識權利與選擇」也是自我倡導的重要基礎。知道自己有選擇權和有哪些權利與選擇，才能勇敢表達自己的期待和想法。美國自我倡導運動領袖 Nelis（1994）強調，教導心智障礙者認識權利與責任，是自我倡導重要的一環。Kennedy（1993）指出，機構工作人員往往自認為知道住民的需要，當住民想表達意見，工作人員往往會予以忽視，在長期的機構生活中，障礙者學習到他們是不能做選擇的，因而從未有機會學習自我決定。因此有些剛搬離機構到

社區支持居住的障礙者，當工作人員告知他們有權利自己選擇時，他們並不了解什麼是選擇（Kennedy, 1993）。而在家庭生活中，障礙者的想法也經常受到忽略。因此，Brynard（2014）主張，自我倡導的前提是了解有哪些選擇並評估選擇。而所謂「認識權利」，包含認識自己個人以及心智障礙者群體的權利與資源、學習辨認什麼狀況下自己的權利受到侵犯，以及受侵犯時如何處理、倡導的方式及步驟（Test, Fowler, Wood, Brewer, & Eddy, 2005; Fulton & Richardson, 2011）。

2. 自我決策（self-determination）

Brynard（2014）指出，自我倡導是自我決策的過程，有四個原則：自由、自主權、支持，和責任。亦即在尊重心智障礙者的自主權、提供支持下，讓其自由做決定並承擔責任。美國自我倡導運動領袖 Nelis（1994）指出，教導心智障礙者如何做生活決定與選擇、過自立生活，是自我倡導重要的一環。Wehmeyer、Kelchner 和 Richards（1996）認為自我決策使個體成為自己人生的主要行動媒介，促進自己的生活品質，這意味著：(1) 自主行動；(2) 自我規約行為；(3) 具有能主動發起與回應事件的心理能量；(4) 以自我實現的方式行動，亦即主動而自主地採取行動，並控制和規範自己，以邁向自我實現。Schalock 等人也將「自我決策」納入心智障礙者生活品質的 8 大向度之一，並且發現自我決策有助於在學校、社區與成人生活（Schalock, 1997; Schalock & Verdugo, 2002, 2012）。

自我倡導者在 1991 年北美「尊人為人」（PF）團體的第二次年會中提出：「自我倡導教導我們如何做影響我們的權利之決定與選擇，在學習權利時也學習責任。」（Johnson, 1999）這個主張點出了「自我決策」與自我倡導的關係，也點出了認識權利與責任，是自我倡導的前提。Nonnemacher 和 Bambara（2011）發現，自我倡導者認為「自我決策」是自我發聲（說出自己想要與不想要、讓別人知道自己的想法）和自我主導（當自己的主人，自己決定在哪裡居住及工作、時間安排、金錢管理，和親密關係）。Lundström（2008）強調，自我倡導最重要的成果，是心智障礙者在居住、工作等生活各面向，

能在適當的支持下而有充足的選擇。綜合而言，自我決策建立在自我與權利的認識及自我發聲之上，其目標是實質生活各層面的自主選擇與決定。

3.發展自信

自我發聲需要勇氣，而勇氣來自於自信。在不被信任、期待和肯定的環境中成長、對於自己的生活缺乏決定與掌控、處處受制於人和外在環境，這樣的生命經驗會使人缺乏自信、自尊心低落，然而這卻是許多心智障礙者的人生寫照。因此，Fulton 和 Richardson（2011）認為「發展自信」是自我倡導的重要工作。Brynard（2014）的研究發現，當心智障礙者的自我價值感提升、自信獲得增進，並且相信自己有自由選擇權時，較能表達想法。美國自我倡導運動領袖 Nelis（1994）也指出，自我倡導者透過相互支持協助，獲得自信並且自我發聲。

心智障礙者缺乏自信與社會標籤息息相關，因此，處理自己如何看待「差異」這件事，是發展自信的前提。社會化過程中，心智障礙者不斷被「以負面標籤看待障礙者」的觀點深深影響其看待自己的角度，因此，重新看待自己的差異、了解自己的限制與溝通自己所需的支持、建立新的自我認同，是自我倡導團體的重要任務與功用（Caldwell, 2011）。Shakespeare（2006）強調，自我倡導者要建構新的自我認同，藉由受壓迫經驗的敘說，反抗貶抑障礙者價值的結構。

綜上，透過新的看待差異與障礙的眼光，自我倡導者重新看待自己、重新建立自我認同與自信，進而為自己發聲，這是重要的充權過程。Walmsley 和 Downer（1997）認為，自我倡導有助於讓社會認識到心智障礙者的差異不應被否定和隱藏，而是應被慶祝。

4. 發展技巧

自我倡導也包含發展技巧與能力，首先是在生活中透過不斷嘗試與承擔做決定的風險，學習自我發聲與決定（Kennedy, 1997; Kennedy & Shoultz, 1997; Brynard, 2014）。自我發聲與決定需要在嘗試中逐漸學習而來，經驗的累積很重要。此外，自我倡導者為了爭取

個人與集體的公民權，也須認識公民之權利與責任、學習辨認發生在自己身上的不正義、學習在當自己覺得被壓迫時，以正向的方式導引自己的憤怒與恐懼，以及學習如何影響政策，包含參與委員會及公聽會等等（Shoultz, 2014）。

為了能有效進行個人與集體的倡導，Test、Fowler、Wood、Brewer 和 Eddy（2005）主張，自我倡導者必須學習「溝通」與「領導」。前者包括溝通技巧，例如堅定、謀略、肢體語言的使用、傾聽、說服、妥協等技巧；後者則包含認識集體權利與資源、為他人倡導、政治行動、團隊的動力與角色、組織參與等。這些能力的培養，使得自我倡導者更有能力為自己及他人發聲。此外，Chapman（2014）的研究發現，自我倡導者缺乏組織管理方面的資訊，因此，這方面也是自我倡導團體中的自我倡導者所需發展的技巧之一。

（四）自我倡導者相互支持與集體認同

發展自我倡導的過程中，自我倡導者需要被鼓勵與支持（Brynard, 2014）。Nonnemacher 和 Bambara（2011）指出，心智障礙者自我倡導需要持續性的支持，包含自我倡導者彼此的支持，和來自支持者的支持。自我倡導者彼此的支持包含資訊分享、相互幫助與共同行動，透過這些方式，建立自信與自我發聲的勇氣，增進對自己生活的掌控和對抗歧視（Shoultz, 1997; Johnson, 1999; Fyffe, McCubbery, Frawley, Laurie, & Bigby, 2004）。Caldwell（2011）發現，許多障礙者過去的生活缺乏建立有意義的人際關係和友誼的機會，自我倡導運動提供建立相互依賴、相互支持與尊重的關係之機會。Goodley（1998）也發現，自我倡導者間透過彼此的相互支持與集體認同，增進自我倡導。

（五）支持者在自我倡導中的角色

Tilly（2011）發現，支持心智障礙者與社區連結，創造機會讓心智障礙者也能發展重要關係和歸屬感、為他人奉獻、發展與達成目

標、參與社區事務如資源回收、向相關單位反應有關社區議題的意見、參與投票等，都有助於其自我認同與自尊的發展。自我倡導者的支持者可以思考如何透過上述各種機會的創造，支持心智障礙者發展自我倡導。在自我倡導團體中，支持者須提供多元的支持。Fyffe、McCubbery、Frawley、Laurie 和 Bigby（2004）發現，自我倡導團體的支持者提供的支持包含：做決策、計畫、溝通策略、財務管理、問題解決等，以確保心智障礙成員在決策、物質資源與發展、各項活動的優先順序設定與實質操作、訓練與評估等方面的參與。

先前提到自我倡導是充權的過程，然而，是否能「充權」卻相當程度取決於支持者的支持型態。Goodley（1998）發現，自我倡導團體的型態不僅是政治上、財務上、組織上都獨立的「尊人為人」組織，尚且有另外三種型態，包括：(1) 由家長組織或專業組織分立出來；(2) 聯盟模式，較大的組織之關係組織，例如自立生活中心的關係組織；(3) 隸屬於服務提供單位（例如日間中心）的自我倡導工作坊。換言之，有些自我倡導團體並非完全是心智障礙者主導，支持者在其中可能扮演主要角色。

Goodley（1997）主張，支持者應採取社會模式觀點，挑戰限制心智障礙者成長的社會結構，尊重自我倡導者的多樣性與在犯錯和冒險中學習的權利。由於支持者習慣在個人化模式的文化中工作，因此支持者須經常問自己這是自我倡導者想要或是自己所想要。Goodley（1998）發現，當支持者採取缺陷觀點，視心智障礙者為沒有能力的，會影響自我倡導者的自我信念，減少其嘗試的機會，且會影響自我倡導團體的集體認同與團體互動和行動。

Antaki、Finlay、Sheridan、Jingree 和 Walton（2006）發現，有些支持者提供自我倡導者很有限的提出議題和自行討論的空間，甚至有的支持者控制整個會議進行，且以達成組織目標為目的而刻意引導自我倡導者。Llewellyn（2009）也發現，支持者過於主導會壓抑自我倡導者的自我發聲。Chapman（2014）亦發現，有的支持者並未意識到自己以較為權威的方式和自我倡導者互動，限制了自我倡導者在自我

倡導團體中的自主。

因此，Kennedy（1997）強調支持者提供自我倡導支持，應「以障礙者為中心」，由障礙者自我決定，邀請家人、親友、機構工作人員等自己想邀請的人一起共同做決定，其他人不應先做好決定而要障礙者依循。Pennell（2001）呼籲，自我決策的支持應改革系統，將權力從服務系統移轉至障礙者身上，使障礙者有更多選擇與主導的機會，提供障礙者資訊與技巧，使其自我表達與決定、選擇自己要如何過生活，並支持其個人偏好。Lundström（2008）也強調，自我倡導的目標是使障礙者得到完全的自立與社區生活各面向的選擇，這需要工作人員工作模式的改變、與障礙者的家人合作，以及社區的支持。Miller（2015）指出，服務提供文化的改變需要較長的時間，他建議隸屬於服務提供單位的自我倡導團體必須發展屬於自己的文化，進而與服務提供者交流，逐漸影響服務提供的文化。

最根本的或許是應改變社會認為心智障礙者是「依賴者」的觀念。Shakespeare（2006）認為，自我倡導凸顯人性是相互依賴的；Goodley（2014）也認為，心智障礙者讓我們有機會省思資本主義社會下的自我觀點與人性，讓我們能從相互依賴、相互性，以及相互連結的角度了解人性。

三　精障者的自主運動

透過力量集結，反抗社會對待障礙者的方式，除了自立生活運動與自我倡導運動以外，精障者也有屬於自己群體的自主運動。精障者面臨的自主權受到威脅，主要是強制性醫療介入。在此簡單介紹精障者自主運動之發展與目標。

（一）「前病人」運動的開端

在西方社會，精障者的自主運動源於精神病人揭露自身在精神醫療系統中的負面經驗。19、20 世紀早期，開始有「前病人」（ex patients）書寫精神病院住院經驗，試圖改變關於瘋狂（insane）的政策法律，例如美國 1953 年富商 Clifford Beers 出版《發現自己的心靈》（*A Mind that Found Itself*）一書，描述精神病院中的虐待；1968 年 Mrs. Elizabeth Packard 描述被丈夫送進瘋人院（insane asylum）的經歷（Chamberlain, 1990）。

社會傾向視精障者為暴力的、非理性的、無法預測的、沒有能力的，這些外在的刻板印象與精神歧視（mentalism），進一步成為精障者內化的壓迫（internalized oppression）。這些經驗促使美國 1970 年代起「前病人」運動的產生，他們反對醫療模式、致力於精障者的意識喚醒（consciousness raising）、自我定義（self-definition）與自我決策（self-determination）。而隨著越來越多前病人的經驗敘說與地區性團體的發展，壓迫意識逐漸被喚醒，他們要求保障病人權利、建立替代精神醫療之其他服務資源。透過這些團體，成員獲得充權，不再只是被動接受服務，而能對於心理健康事務發聲（Chamberlain, 1990）。

（二）精障者自主運動的目標

在 1970 年代早期，受到種族、女性、同志運動，以及自我決策概念的影響，精障者也發展公民權運動。精障者透過意識覺醒，批判「精神歧視」（mentalism）的壓迫。他們認為，問題不在於個人，而是社會的「系統性壓迫」透過精神健康系統而實踐。他們批判在機構中，自我決定往往被視為「特權」而非「權利」，是要配合機構要求才會取得的「獎賞」，他們主張消費者有權對於治療做決策（Cook & Jonikas, 2002; Campbell, 2005）。美國精障者於 1980 年代開始成立自助組織，1985 年成立全國精障消費者組織，有些州的精障自助組織成立「會所」（Tower, 1994）。整個 1990 年代，精障者的組織強調充權、強化消費者的聲音與選擇、夥伴關係（Campbell, 2005）。

然而並非所有人都認同「前病人」一詞，有些人認為這個語詞反映醫療模式，而比較傾向使用「消費者」、「倖存者」等語詞。不論

如何稱呼，這些團體經營地區連結，並與全世界同質的團體串聯，共同為確保精障者自我決策與公民權而努力；透過出版刊物、書籍、手冊，教育病人與專業人員、影響法令政策；運用媒體倡議，挑戰社會對精障者的刻板印象與對精神疾病的醫療化詮釋、促進精障者的人權與公民權；他們要求「治療同意與拒絕權」，倡議廢除所有「非志願性的精神介入」，包含強制住院與強制社區治療、強制電擊或精神科手術、強制用藥、約束與隔離等剝奪個人自由、個人身體與心靈的控制權之作法；他們爭取替代服務，主張精障者充權、對抗標籤、管理自己的生活，他們也發展自助方案，例如開放自由進出的服務中心（drop-in center）（Chamberlain, 1990; Crossley, 2004）。

英國精障者運動組織亦於 1970 至 1990 年代，抗議反對電擊和強迫治療，他們一開始就與專業人員領導的組織對峙。1976 年成立的組織「精神病人治療權利保障」（Protection of the Rights of Mental Patients in Therapy, PROMPT）是代表組織（Survivors History Group, 2008）。第一個全國服務使用者網絡「倖存者發聲」（Survivors Speak Out）成立於 1986 年（Campbell, 2005）。蘇格蘭精障運動的濫觴，則是 1971 年一位醫院精神病房的精障者蒐集其他急性病房病人的抱怨，集結成冊，後來政府展開調查，而這些病人也共同成立蘇格蘭精神病患聯盟（the Scottish Union of Mental Patients, SUMP）（Roberts, 2009）。

世界各國精障者自主組織相互串連，成立「精障者世界聯盟」（World Federation of Psychiatric Users），並於 1991 年舉行第一次大會（Roberts, 2019）。精障運動的核心是精障者的自主選擇與決定，Linhorst、Hamilton、Young 和 Eckert（2002）強調，精障者對於自己的治療計畫的選擇與決定，需要工作人員願意分享權力，也需要實際存在各種治療選擇。本書第五章中介紹了精神健康危機時期，除住院以外的其他服務模式，便是具體回應精障運動的實務作法。此外，值得特別一提的是英國依據《心智能力法案》（The Mental Capacity Act 2005）所發展的倡導服務，也適用於精障者。蘇格蘭也有倡導服

務的提供，稱爲「獨立倡導」。蘇格蘭《精神健康法案》（Mental Health (Scotland) Act 2015）要求健康部門與地方政府提供「獨立倡導服務」（independent advocacy services），被強迫治療者、自願接受精神健康服務者、困難取得服務者，都有資格取得獨立倡導服務。蘇格蘭政府爲了讓精神失調者對於社會安全系統的各項福利，能盡可能擁有控制和影響力，2018 年《社會安全法案》（Social Security (Scotland) Bill 2018）規定所有精神失調者皆有權取得獨立倡導服務（Mental Welfare Commission for Scotland, 2018）。

 ## 第三節　結語：障別差異應被看見，障礙者主導的團體應被支持

「自立生活運動」與「自我倡導運動」雖然是由不同群體的障礙者所發起，前者以行動不便／肢體障礙者爲主，後者以發展障礙／智能障礙者爲主所發起，然而，二者卻有許多共通之處。首先，二者都起源於 1970 年代，皆重視障礙者的自主權，自立生活運動始於障礙者爭取平等參與社區生活的權利，而自我倡導運動始於障礙者要求被以「人」的方式尊重和對待，透過自我發聲，主張障礙者的自我決策。因此，無論是參與自立生活運動或自我倡導運動，障礙者在過程中，藉由參與而獲得「充權」。此外，二者都採取社會模式的觀點看待「障礙」，自立生活運動主張去除社會環境阻礙，自我倡導運動要求去除社會標籤。另外，二者都凸顯著障礙者需要長期持續的支持，自立生活運動的參與者以重度肢體障礙／行動不便者爲多數，他們爭取個人協助的提供，以使他們能掌控自己的生活，而自我倡導運動的自我倡導者個人與自我倡導團體，皆需要支持者提供持續性的支持。

國內自 2012 年修訂《身心障礙者權益保障法》，將「自立生活支持服務」納入該法第 50 條，衛生福利部社會及家庭署並依法自 2012 年起，補助地方政府辦理「身心障礙者自立生活支持服務計

畫」，服務內涵包括個人助理與同儕支持服務，以及社工依據個案需求提供相關服務。然而，自我倡導運動在國內的發展，主要靠民間自發性的資源投入與資源連結，政府部門的補助都是零星、不穩定與缺乏系統性的資源投入。

王育瑜（2016）介紹國外自我倡導運動的發展，並分析國內自我倡導的發展脈絡及 8 個單位的經驗，而王育瑜、林惠芳（2019）更進一步描繪國外自我倡導團體的經驗與國內自我倡導聯盟的發展過程。國外自我倡導運動的推展，早期也是先由服務提供組織開啟心智障礙者自我發聲的機會，進而由於 PF 團體的成立，透過支持強化自我倡導者與自我倡導團體的影響力。而國內在中華民國智障者家長總會及多個心智障礙服務團體經年累月的努力下，心智障礙青年逐漸獲得充權，自我倡導的意識與能量逐漸蓄積，他們並於 2019 年開始籌備臺灣第一個心智障礙青年主導的社團。

事實上，智障者家長總會和各單位在剛開始推動自我倡導的幾年間，交替使用「自立生活」與「自我倡導」這二個語詞，從整個發展脈絡來看，各單位努力推動的便是讓心智障礙者和其他人一樣，在社區中有朋友、有自然的社會支持網絡與社群歸屬感、能自我表達與決策，以及社會融合（王育瑜，2016），而這些正與自立生活強調自主、選擇、控制自己的生活，以及社區融合完全一致。

因此，西方國家自立生活運動與自我倡導運動的發展脈絡有其異同，而國內自立生活與自我倡導的推動過程中，也可以看到發起團體的差異，然而，此二者的目標卻是一致的，皆是為了確保障礙者對於自己的生活，更能自主、自我發聲與決策，並能社區融合。國內關於身心障礙者自立生活支持服務的相關政策與服務資源，或許必須在理解國內自我倡導的發展脈絡下，做適當的調整，才能因應心智障礙者的差異需求。例如心智障礙者需要穩定且具有長期關係的支持者提供支持，採取個人助理協助的方式是否最為恰當，或是如何善用自然支持者，這些都會是需要再釐清與研議的議題；而在同儕支持方面，心智障礙者的同儕支持團體運作型態或許也與其他障礙類型有些許差

異，且在初期需要支持者提供較爲密集的支持。

　　國外精障者的自主運動起於對於過度被醫療化與自主權被剝奪的反動，如同「社會模式」觀點，反對社會標籤與汙名化，如同自立生活運動與自我倡導運動，都是障礙者力量的聚集與展現。國內尙未出現精障者主導的自主運動團體，但卻有不少民間單位推動精障者自立生活的努力，例如第五章關於會所的服務型態，也可說是支持精障者邁向自立生活的作法。此外，新北市康復之友協會的「自立團體」，類似心智障礙者自我倡導團體型態的運作，聚焦於去除內在汙名與發展自我倡權（謝詩華，2018）。如同心智障礙者自我倡導，這些也都一再提醒著，相關政策與服務資源皆應考量障別差異，支持不同型態的自立生活支持服務型態之發展，才能支持不同群體的障礙者，確保其自立生活的權利獲得合理的保障。

　　障礙者的自主運動，不論是自立生活運動、自我倡導運動或是精障者的自主運動，目的都是在推動社會改變，這是長期的工作，需要長期的經費支持才得以延續及發展。瑞典政府爲了確保障礙者自我發聲，提供障礙者主導的團體營運費用補助。國內目前沒有相關作法，障礙者主導的團體就如同其他團體一樣，必須透過向政府部門申請各種方案補助取得營運經費，畢竟對多數團體而言，透過募款取得穩定的財源並不容易。然而，政府部門的方案補助並沒有特別鼓勵社群凝聚力的建構、自我發聲與倡導。長期以來，既有服務系統也較爲習慣將障礙者視爲個別而彼此缺乏連結的個案，較少致力於障礙者相互連結網絡的建構，未來在對於民間單位的補助政策措施方面，或許可以多扶植障礙者自我主導的組織，引導鼓勵其網絡建構與自我發聲，以確保障礙者自主運動力量的凝聚和永續發展。

第七章

同儕支持：在夥伴關係中建構自主

若欲改善障礙者生活中難以自主的處境，不一定是透過障礙者個人的改變，環境考量障礙者的差異需求也極為重要。而增進障礙者自主的支持，也不一定須由專業人員提供，類似經驗者彼此的同儕支持，經常是無可取代且力量無窮。身心障礙者的自主需要個人主觀條件與環境的客觀條件二者，「同儕支持」使得障礙者能在彼此的夥伴關係中，相互分享經驗、支持與相互「充權」，並且共同行動以改變社會，如此才能根本地從主、客觀層面建構起自主的生活。

　　自1970年代開展的身心障礙者自立生活運動，障礙者爭取和「非障礙者」在平等基礎上，於社區中自主生活的權利，自立生活運動本身的產生與持續運作，便是障礙者同儕聚集、相互支持與共同行動的展現。「同儕支持」是世界各國障礙者自立生活中心的核心服務，有些國家政府也補助自立生活中心提供同儕支持服務。

　　《身權公約》第26條點出「同儕支持」是障礙者自立生活的重要資源：「各國政府應採取有效與適當措施，包含透過同儕支持，以使障礙者取得並維持最大的自立、充分的生理、精神、社會與職能，和充分融合及參與生活所有面向。」而伴隨著1970年代晚期起，社區支持系統的發展，「同儕支持」也逐漸被認可為嚴重精神失調者支持網絡的重要成員之一（Solomon, 2004）。然而，需要釐清的是，服務系統對於同儕支持的重視固然重要，但「同儕支持」並不是服務系統開創出來的「新的服務模式」，而是障礙者基於共同經驗與處境而自然凝聚的現象。

　　本章首先介紹「同儕支持」概念內涵、起源、發展和類型，其次介紹同儕支持的功用與關係性質，以及國內身心障礙者同儕支持發展現況，最後總結點出同儕支持的終極目標是促使障礙者更加能夠自我選擇與決定、活得更有尊嚴，因此不能僅被視為一種服務，而必須是推動社會改變的一股具有獨特價值的影響力量。

第一節　同儕支持的概念、起源、發展和類型

一　同儕支持的概念

　　同儕支持是人與人之間自然的相互影響，由於同儕彼此間能產生許多正向的影響力，因此，不論是障礙者「組織性」或「非組織性」的自然聚集，或是服務系統善用同儕支持，都是給予障礙者支持的一股重要力量。以下首先介紹在自然的夥伴關係中同儕的相互支持與「充權」，其次再介紹同儕支持服務關於「同儕」與「同儕支持」的定義。

（一）在自然的夥伴關係中同儕相互支持與充權

　　同儕支持是具有類似經驗者之間，自然的相互連結與支持，在共同分享的過程中，產生「相互充權」的效果。因此，同儕支持不是「新的服務型態」，是人與人之間自然的關係型態。同儕支持在障礙者的自我認同與障礙意識覺醒中，扮演重要的角色，例如美國 1951 至 1977 年之間的「障礙夏令營」（crip camp），這是本身不是障礙者的心理諮商者，為障礙兒少及成人辦理的夏令營，從 1950 年代傳統的夏令營型態，隨著嬉皮文化的盛行，「障礙夏令營」成為一種社會實驗（LaMotte, 2020）。

　　在 crip camp 中，參與的障礙者找到「真實的自我」，不必被標籤、不必掩飾自己的障礙狀況，因為在障礙者群體中自己的狀況並不特殊。不同障礙類型的障礙者彼此間也不會有在服務系統中常見的「階層關係」（例如小兒麻痺者「看起來比較正常」所以地位較腦麻者高）。營隊中，障礙者在協助下，和其他障礙者一起打球、洗澡、決定吃什麼，相互幫助且分享許多想法（例如與父母的關係），從共同經驗中產生「權利意識」，了解「不平等的地位劃分」是不必要的，障礙者可以擁有和「非障礙者」一樣的生活，作為障礙者集體，

可以一起努力改變社會（Netflix, 2020）。

　　障礙者在同儕的自然相互支持與共同經驗中，開啟自我認同與集體意識，這不是服務的結果，而是自然的過程，這也是同儕支持的精髓。國內新活力自立生活協會也曾於 2009 年辦理為期 10 天的「Asia Try in Taiwan」活動，藉由跨越多個縣市，沿途拜訪機關、景點和民間社團，借宿學校、社區活動中心等單位，讓參與的障礙者體驗在無障礙環境與適當協助下，障礙者可以過自立生活，同儕相互支持共同完成這個過程，激勵了參與者自立生活的信念（自由時報，2009；社團法人台北市新活力自立生活協會，2009；方信翔，2009）。

　　不論是 crip camp 或 Asia Try in Taiwan，過程中同儕相互支持與相互影響，障礙者給予彼此力量，是「相互充權」的過程，也是集體力量形成的基礎。在大環境充滿障礙的狀況下，身心障礙同儕共同出遊，體會自由自主出遊的快樂，有助於打破原本認為「困難」、「不可能」的想法，並且在一起解決問題的過程中，累積自立生活經驗。

（二）同儕支持服務關於「同儕」與「同儕支持」的定義

　　同儕支持服務是運用同儕的力量，對當事人產生正向影響。在同儕支持服務中，「同儕」是有障礙經驗，願意了解其他類似狀況者的處境與感受，並且分享個人故事、與類似狀況者產生相互連結之人（Center for Independent Living in Toronto, 2020）；是比較有經驗的障礙者，已經在社區自立生活且融入社區（Kruck, Lee, Reed, Jones, & Hammond, 2011）。同儕是「經驗專家」（experts by experience），同儕支持是藉由具有類似經驗者提供支持，以協助當事人自立。以下是三個美國及加拿大身心障礙者自立生活中心對於同儕支持的定義：

> 「一群因為障礙而共享某些議題的人，聚在一起分享經驗與知識，目的是達到最大的自立。」（Illinois Valley Center for Independent Living, 2018）
> 「消費者幫助消費者，消費者聚在一起分享且建立獨

　身心障礙者人權議題——自主、倡議與社會工作使命

特的關係，在關係中充權個人，使個人能在友善、不做判斷的環境中找到屬於自己的自立生活道路。」（Independent Living Resource Center, 2020）

「傾聽他人、分享及探索想法、討論不同的可能性與選擇、充權他人使之能做自己的決定。」（Center for Independent Living in Toronto, 2020）

這三個定義強調類似經驗者的聚集、分享經驗、不做判斷，障礙者從中獲得「充權」和自立生活。換句話說，透過同儕的網絡關係，產生相互影響的力量。

日本的同儕支持尤其強調夥伴關係與共同情感。日本於 2018 年出版的障礙者白皮書將「推動自立生活支援」列為重要目標，而「培育同儕支持人才、推動同儕支持」是具體策略之一，並指出同儕「是同伴、同輩、對等者之意。同儕透過體驗相同課題與環境，因體驗而有共同情感。」（內閣府，2018）日本最早成立的自立生活中心「人文關懷協會」（Human Care Association）定義同儕支持為：「透過各種與自己切身的議題，找回強而有力的自信，建構豐富的人際關係，提供想要過自己期待之生活的障礙者支持。」換言之，同儕支持是具有共同經驗與情感的障礙者間「相互充權」以達自立，與上述美國及加拿大自立生活中心的定義猶如異曲同工。

韓國的同儕支持特別重視同儕支持者與當事人間的「對話」。《障礙者福利法》定義同儕支持為「障礙同儕間相互對話和商談的機會，幫助障礙者克服障礙。」（국가법령정보센터，2018）換言之，同儕支持的核心在於同儕的夥伴關係與類似經驗的對話。

「同儕支持」有時也以其他語詞指涉同一內涵，例如日本「人文關懷協會」稱同儕支持為「同儕諮商」（peer counseling）、韓國稱同儕支持為「同儕商談」。美國1978年的《復健法案》將「同儕諮商」列為自立生活中心 4 大核心任務之一（Research and Training Center on Disability in Rural Communities, 2011; Ravesloot & Liston, 2011）。

不過，Kan（1996）將「同儕支持」與「同儕諮商」的概念做區分，他認為「同儕支持」是一般性、非正式的協助，而自立生活中心的「同儕諮商」則是結構化的方法，運用問題解決技巧和積極傾聽，以支持同儕。Sisco（1992）也指出，「同儕諮商」是有經驗、知識與因應技巧的障礙者協助其他障礙者面對其自身的障礙經驗。Map to Access（2011）也提到，自立生活中心的「同儕諮商」目標是訓練與協助障礙者取得在社區中生活的技巧與資源，例如個人助理招募面談與管理：如何取得正式資源，例如政府福利給付、取得合宜的住宅和交通等。同儕諮商者也可能提供社會情緒面的支持，例如分享如何與家人、朋友、個人助理、福利提供單位、醫療單位、其他社區資源單位互動。換言之，「同儕諮商」被認為「是有目標、有方法的同儕支持」。

　　然而，Kruck 等人（2011）調查發現，美國自立生活中心約六成採用「同儕支持」一詞，而使用「同儕導師」、「同儕諮商」名稱者相對少數（Kruck, Lee, Reed, Jones, & Hammond, 2011）。綜上，或許重點不在於名稱，而是同儕支持的目標、功用、關係性質是否明確。但是為了避免同儕支持被工具化和技術化，值得注意的是，同儕支持是基於類似經驗與共同處境的聚集與連結，不僅是個人生命經驗的分享，對於共同的弱勢處境之集體意識甚至共同倡導，也是不可忽略的一環，因此，Power、Bartlett 和 Hall（2016）指出：「同儕支持有時被稱為同儕倡導，是具有共同處境、需要支持的人聚在一起，透過地方性團體為彼此倡導。」

二 同儕支持的起源、發展和類型

（一）同儕支持服務的起源與發展

　　同儕支持服務的起源很早，19 世紀在服務系統已有酒癮同儕支持。而在 1920 年代美國，本身有精神疾病經驗的 Harry Stack Sullivan

醫師，秉持著「具有精神疾病與復元生命經驗者，能以更人性化與關懷、敏感的方式提供類似掙扎者協助」的信念，在自己的醫院聘用了精神復元的工作者。同儕支持最有名的開始是 1935 年的自助互助團體「匿名戒酒會」（Alcoholics Anonymous, AA），具有類似經驗者相互支持、討論彼此的問題並互相分享經驗。而在 1950 到 1970 年代之間，精神科住院病房也發展同儕支持（Davidson, Chinman, Kloos, Weingarten, Stayner, & Tebes, 1999; Carter, 2000; Research and Training Center on Disability in Rural Communities, 2011）。因此，精障同儕支持的起源，來自於服務系統的重視，以及自助互助團體的發展。

　　另一個有名的起源，是 1940 年代紐約 Rockland 精神疾病醫院的 7 名即將出院的精神病人，自發性組成非正式的自助互助團體。他們在醫院交誼廳聚會，討論出院後居住、工作、人際關係、精神疾病復發等挑戰。出院後，他們持續在紐約市立圖書館的臺階聚會，相互支持，且進而試圖改變社會對精障者的認知。他們自稱「我們不孤單」（We Are Not Alone, WANA），1948 年在志工的協助下，他們在紐約市購買了一個後院有小噴泉的會所（clubhouse），因而取名爲「活泉之家」（Fountain House）（Donald Berman UP House, 2022），這是「會所」模式的起源。這個故事動人之處，在於「同儕支持」起於人與人之間單純的自助互助，在夥伴間相互扶持的關係中建立社區中自主的生活，並透過群體的力量，共同發揮更大的影響力。

　　隨著 1960 年代開始的「去機構化」運動，社區非正式支持網絡的建構也逐漸受到關注。對於從醫院回到社區的精障者而言，同儕支持提供了重要的支持（Davidson, Chinman, Kloos, Weingarten, Stayner, & Tebes, 1999）。1960 年代美國及加拿大都有精障者同儕支持。到了 1970 年代，曾經住院過的精神疾病消費者／倖存者集結起來，倡議改革精神健康照顧系統，抗議強制性治療。同儕支持在此時期以倡議團體集體行動、自助互助團體、消費者自己組成與經營的服務或組織等型態展現（Davidson, Chinman, Kloos, Weingarten, Stayner, & Tebes, 1999; Chinman, George, Dougherty, Daniels, Ghose, Swift, & Delphin-

Rittmon, 2014; Davidson, Chinman, Sells, & Rowe, 2006; Mental Health Ireland, 2017）。

消費者經營的組織中，理事會多數以及所有雇員都是消費者，成員皆爲自願參與，無須臨床診斷，也沒有強制性的治療，工作人員、理事會成員及其他消費者之間是接納、平等的關係。成員被提供選擇，並鼓勵其做決定，從小的決定，例如來中心參與的時間和內容，到較大的決定，例如組織運作和服務其他成員。透過參與和做決定，成員增進溝通、人際關係，和特定工作領域的技巧。此外，組織重視提升關於社會結構影響的意識，鼓勵消費者個人與集體發聲，並提供發展倡導技巧的機會（Holter, Mowbray, Bellamy, MacFarlane, & Dukarski, 2004）。世界各國也陸續發展同儕支持服務，1990 年代有少數將同儕支持納入精神健康系統的個案管理（Gagne, Finch, Myrick, & Davis, 2018）。愛爾蘭在 2000 年代也積極發展同儕支持（Mental Health Ireland, 2017）。

而另方面，自 1970 年代開始發展的障礙者「自立生活運動」，也是從障礙者聚集與彼此連結開始，透過同儕相互支持，產生集體能量，進而以「社會行動」改變周遭所處環境，爭取維繫個人尊嚴的支持資源，以及合乎公平正義的生活環境。關於自立生活運動的發展，本書第六章有較爲詳細的描述。自立生活中心是障礙者聚集，同儕間相互支持、共同爲平等的社會努力的自助互助團體。許多國家補助自立生活同儕支持，例如美國 1976 年的《復健法案》開始補助障礙者自立生活中心提供同儕支持服務，而瑞典的個人協助費用可運用於購買同儕支持服務（ENIL, 2015）；日本政府依據《障害者綜合支持法》，補助自立生活中心提供同儕支持服務所需設施、設備等費用（厚生勞動省，2018）；韓國政府依據《障礙者福利法》，補助並規定自立生活中心應有至少一名同儕商談人員（서울특별시도시경영연구원，2018；국가법령정보센터，2018）。

多數歐洲國家自立生活的同儕支持，是由障礙者主導的組織提供，政府並未提供經費補助。同儕支持最普遍的類型是「障礙者主導

的倡議團體」，歐洲有16個國家有障礙者主導的倡議團體，有14個國家有個別同儕諮詢服務（ENIL, 2016）。

綜上，同儕支持呈現多重樣貌，包含自助互助團體、障礙者自營服務或組織、倡議團體集體行動、受聘於精神健康服務系統等。以下更進一步介紹同儕支持的類型。

（二）同儕支持的類型

Davidson、Chinman、Kloos、Weingarten、Stayner和Tebes（1999）將同儕支持分成三種類型：自然發生的相互支持；消費者經營的服務；受聘於臨床與復健場域作為服務提供者。障礙者自立生活中心的同儕支持較接近第二種，即「消費者經營的服務」。精障者日間中心（drop-in centers）、會所（clubhouses）、危機服務（crisis services）、職能與就業服務（vocational and employment services）皆屬於消費者經營的同儕支持服務（Solomon, 2004）。其中，同儕經營的「危機喘息方案」目的是替代精神科住院，不把危機經驗客體化為疾病，而是透過對話，一起發展計畫；透過分享，建構相互尊重與信任的關係，進而對於經驗創造新的意義（Mead, 2003）。

英國的同儕支持型態有社區團體、導師、交朋友、自助團體、線上社群，以及支持團體等（Mind, 2019）。而加拿大溫哥華所有心理健康團隊成員中都有同儕工作者（Spotlight on Mental Health, 2020），同儕工作者在同儕經營的組織、職場、學校，以及健康照顧機構中提供服務，與傳統醫療照顧為互補關係（Mental Health Commission of Canada, 2020）。美國精障同儕工作者服務的場域包含急性病房、危機中心、主動社區治療團隊、日間中心、支持住宅等等（Basset, Faulkner, Repper, & Stamou, 2010; Chapman, Blash, Mayer, & Spetz, 2018），有的同儕支持則以自助團體、倡導及教育方案、網路支持團體、同儕經營的團體等方式存在（Gagne, 2010）。美國社區健康工作者也稱為「同儕教育者」、「同儕諮詢者」，他們是一線公共健康工作人員，藉由外展、社區教育、非正式諮詢等多重方式，促

進健康服務的使用，對於不易進入服務系統與不願意服藥者，尤有幫助（Peers for Progress, 2014）。

　　同儕支持也可分成「個別」與「團體」二種型態。Research and Training Center on Disability in Rural Communities（2011）對美國 148 個自立生活中心的研究發現，九成的自立生活中心有提供團體型態的同儕支持，65% 有提供一對一同儕支持，並且，自立生活中心傾向讓障礙者先參與團體，再接受一對一同儕支持。紐西蘭的精障同儕支持透過團體型態的「目的性同儕支持」、「同儕復元團體」，和個別的「同儕倡導」，由有精神疾病經驗者提供經濟補助、租屋、法律、健康等議題的相關問題解決協助（Mental Health Education & Resource Center, 2019）。日本自立生活中心提供的同儕支持除了個別支持外，由同儕支持者擔任講師，提供訓練與生活體驗活動（ヒューマンケア協会，2009）。

　　韓國的同儕支持也包含個別與團體二種型態，個別支持方面協助當事人擬訂自立生活計畫，並且提供資訊、資源與心理支持（동료상담위원회，2015）；團體同儕支持通常為期三天二夜，也有一日討論會的型態，針對特定主題進行對話和思考，例如戀愛、就業、育兒，或是依據障礙類別、性別、婚姻狀況，分別進行同儕支持團體（도봉노적성해장애인자립생활센터，2015）。

　　精障同儕支持在美國已經走向制度化與專業化，到 2016 年，美國有 42 個州以及哥倫比亞地區都有「精神健康同儕支持認證與訓練」制度（Chapman, Blash, Mayer, & Spetz, 2018），到 2020 年有 35 州可用 Medicaid 提供同儕支持給付（Mental Health America, 2020）。德州有超過 900 人接受「同儕專家訓練課程」且通過認證。同儕專家訓練共 5 天，43 小時，主題涵蓋倫理、有效的傾聽、同儕支持在復元中的角色、如何運用自己的復元故事幫助別人復元。同儕專家認證有效期限 2 年，須接受繼續教育學分以持續取得資格，符合資格的同儕支持才能向 Medicaid 申請給付。大部分同儕專家受聘於心理健康診所及州立醫院（Chinman, George, Dougherty, Daniels, Ghose, Swift, &

身心障礙者人權議題——自主、倡議與社會工作使命

Delphin-Rittmon, 2014; Silverman, 2017）。

　　隨著同儕支持服務被整合進傳統服務輸送系統，也帶來許多隱憂。在醫療系統工作的同儕工作者常面臨難以駁斥醫療系統的價值（Mead & MacNeil, 2004）。Faulkner 和 Basset（2012）提醒，越走向專業化，同儕就越像專業人員，同儕支持者與當事人間失去了「同在」的感覺。Davidson 等人（1999）也發現，同儕支持的價值被貶抑，同儕工作者被醫療的價值與觀點收編、被引導往成為心理治療師努力。另外，同儕工作者也常覺得角色混淆，一方面是朋友，另方面又要符合「行為要像專業人員」的期待（Davidson, Chinman, Kloos, Weingarten, Stayner, & Tebes, 1999），同儕間的自然互惠關係轉變成較不對等的施予者／照顧接受者的關係（Repper & Carter, 2011）。

　　此外，Gillard、Edwards、Gibson、Owen 和 Wright（2013）發現在精神健康服務系統中，同儕工作者並未被給予平等對待。Davidson、Bellamy、Guy 和 Miller（2012）主張，在精神健康服務系統中，同儕工作者角色能夠發揮的前提是組織文化的改變，專業人員必須放棄醫療模式的觀點與高高在上的態度。Basset、Faulkner、Repper 和 Stamou（2010）則呼籲，應避免將同儕支持專業化，他們主張讓更多使用者主導的團體與方案發展同儕支持，他們強調，同儕支持若沒有跟這些草根力量有深入的連結，是無法蓬勃發展的。Gagne（2010）強調，專業人員應體認專業有很多種，經驗專業也是專業，應放下菁英主義下自己擁有的權力與優勢地位，尊重障礙與疾病經驗知識的寶貴，讓多元專業都有機會發揮影響力，對於服務對象才能產生更好的影響。而經驗專業要能被認為是專業，首先必須放棄個人化、醫療化模式與標籤化、汙名化的觀點，肯認障礙者的多元差異與平等權利。

第二節　同儕支持的功用與關係性質

　　那麼，相對於專業人員提供的服務，同儕支持的特殊性為何？當人遭遇不明確、不穩定與不熟悉，或是多數人不會遭遇，且自己不知如何因應的重大狀況時，為了對於情境更能掌握，往往會想從有類似經歷者的身上獲得經驗參考。「同儕」便是具有類似經驗者，「同儕支持」是具有類似經驗者所提供的支持。世界衛生組織在 2007 年肯定了同儕支持的許多功能，包含：幫助人們在生活中運用疾病管理或預防計畫；社會與情緒支持；幫助個人與臨床、社區以及其他資源的連結；隨時提供彈性、可及的支持（Peers for Progress, 2014）。以下首先說明同儕支持的功用，其次探討同儕支持者與當事人間的關係性質。

一　同儕支持的功用

（一）同儕支持有助於問題／情境的界定與因應策略的發展

　　同儕支持能提供關於問題的一手資訊與資源，降低對於「未知」的不確定感（Solomon, Pistrang, & Barker, 2001），有助於產生問題解決的行動。例如中途障礙者透過同儕支持，較能因應與適應障礙帶來的變化與影響（Ravesloot et al., 2011）。自助團體的同儕支持使成員承擔起面對與解決問題的責任，在行動中學習面對自己的處境，這與專業服務習慣將問題個人化、障礙者習慣依賴專業人員，是很不同的（Barbuto, Biggeri, & Griffo, 2011）。

　　問題如何被界定，反映著背後的價值與意識型態。同儕團體具有社會化的效果，成員學習如何界定與看待自己所面臨的狀況和問題，同儕團體傳達著這個群體的世界觀，進而影響著個別成員看待問題與解決問題的策略（Weiner, 1995; Kurtz, 1997; Mathews, 2000）。採取社會模式觀點的同儕團體，使成員有機會處理和對抗醫療系統中生物

醫療模式所帶來的不舒服經驗，這樣的洞察與面對問題的方法是同儕團體的重要功用（Mathews, 2000）。同儕支持讓當事人有機會接觸不同的世界觀、意識型態與環境，提供對抗因為接觸傳統精神健康服務導致的疏離、絕望與士氣低落之解毒劑（Davidson, Chinman, Sells, & Rowe, 2006）。

身心障礙者的自立生活中心，也強調從社會模式的觀點而不是個人模式觀點界定障礙問題，這種世界觀與問題界定方式，成為同儕團體中重要的社會化力量。在自立生活中心，透過同儕支持，障礙者學習在情緒層面和社會層面如何面對「障礙」這件事（World Institute on Disability, 2016）。障礙者往往被貼上許多負面標籤，同儕團體提供了不同的願景、意識型態、思考模式與敘說方式（Solomon, Pistrang, & Barker, 2001）。同儕支持服務提供者視消費者／倖存者為完整的人而不是疾病體（Campbell, 2005）。Ravesloot 等人（2011）強調，自立生活服務包含同儕支持，使得障礙者從病人角色轉換成消費者的角色，充權使其能自主做決策。

Mead（2003）強調，同儕支持不是建立在精神模式與診斷標準，而是基於共同經驗的理解。服務系統普遍認定精障者「不安全」而致力於「確保安全」的措施，例如訂定安全契約，這種作法將使得精障者自己也採取個人化的問題歸因，在服務系統中被動接受問題界定與解決方式、依賴專業人員，無法相信自己是解決問題的媒介。「目的性同儕支持」透過同儕間彼此傾聽經驗敘說，以及信任、尊重與相互協商風險的關係，使當事人承擔責任、挑戰與重構經驗意義（Mead, 2001, 2017, 2022）。例如第一次接觸時，同儕支持者與當事人一同討論如何讓彼此安全、當覺得不被信任或感到難以與人連結時自己通常會有的反應，進而雙方避免碰觸彼此的底線，且協商面對未來挑戰與危機的方法，這便是關於風險的相互協商，而不是專業人員單向提供處遇（Mead, 2017）。在這樣的同儕關係中，當事人的自主受到尊重的同時，也有機會看到對自己與對他人的責任。

Mead 指出，許多精障者面臨的是創傷與受虐的暴力經驗，但是

卻常被認為問題來自疾病，忽略了文化脈絡因素。「目的性同儕支持」使當事人能挑戰暴力的文化，從「危機」的角度定義自己與定義自己的經歷，進而產生新的對於經驗的意義詮釋（Mead, 2001, 2022, 2022c），且聚焦於鼓勵當事人邁向自己想要的生活，而不是環繞在當事人的「問題」與「不安全」（Intentional Peer Support, 2022a, 2022b）。

同儕支持將當事人視為社區中的公民，而不是病人（Mental Health Commission of Canada, 2020），使當事人超越將其定義為生病與障礙的「疾病文化」，轉化成健康與能力的文化（Wellways, 2020），有助於建立正向的自我形象，超越被動的病人認同（Mahlke, Priebe, Heumann, Daubmann, Wegscheider, & Bock, 2017）。藉由生命故事的敘說和參與集體行動，障礙者建立正向的自我認同與自信，知道自己能為自己及他人採取行動（Kurtz, 1997; Barbuto, Biggeri, Griffo, 2011）。

許多精障者和家人及朋友的關係疏離，在服務系統中被以「病人」的角色對待，同儕支持使精障者感覺以「正常人」的角色被給予傾聽（Health Service Executive, 2018）。Mead（2001, 2003, 2016）指出，精障者常被當成「症狀」而不是「獨特的個體」，他主張不應聚焦在個人疾病建構，而應在關係、意義和社會變遷。同儕之間談論經驗而不是談論症狀，透過自我經驗敘說，進而挑戰醫療為主導的論述與創傷及虐待的結構因素，並且用自己的語言，而不是醫療語言，重新為自己的經驗命名（Mead & MacNeil, 2004）。在信任的基礎上，同儕彼此間會相互挑戰（Shulman & Gitterman, 1994），因而激發行動力，一起面對與超越過去建立在失能、診斷的醫療化觀點，重新建構主體的生命經驗敘說（Mead, 2001, 2003, 2022）。

同儕支持聚焦在個人強處而非弱點，工作目標是幫助當事人找到屬於自己的復元路徑（Mental Health Foundation, 2020; Mental Health Commission of Canada, 2020）。同儕彼此以個人優勢和可能性互動，促使這個被邊緣化與無聲化的群體產生文化改變（Mead, 2010）。

Campbell（2005）指出，精神醫療系統關注症狀，取代了當事人對自己經驗的主觀定義，當事人日常生活，例如工作、婚姻、育兒、繳費等議題都變成與他沒有關係，存在是環繞治療價值而不是人性價值與公民權的基礎上。而同儕支持的原則是「復元」，幫助當事人獲得希望、個人感和疾病以外的生活意義。同儕支持不像專業人員習慣將障礙者視為依賴者，同儕支持充權當事人，提供當事人難以想像的選擇、刺激邁向自我決策與創意的行動（White, Simpson, Gonda, Ravesloot, & Coble, 2010）。

（二）在被完全接納中產生力量

前面所述關於對問題的界定，屬於較為理性的層面，然而同儕支持的感性層面也不容忽略，畢竟面對困境需要的不只是看問題的角度，還需要勇氣與內在的力量。同儕團體中，成員能彼此分享難以和其他人談論的切身經驗，例如創傷與受虐經驗，且有同處一艘船的感覺，使原本壓抑的情緒得以獲得釋放，讓人感覺不孤單，並產生面對問題的勇氣（Shulman & Gitterman, 1994; Mead, 2001）。

障礙者在社會中往往被貼上負面標籤，同儕支持讓當事人有機會談論情緒和感受（Mind, 2019），讓當事人能在不被標籤的情境中，以最真實的樣貌被了解和接納、不被評斷，對於自己的問題也不需要躲藏或假裝，只要完全當自己就好，可以放心地分享想法和感覺（Gagne, 2010; Faulkner & Basset, 2012），被當成「人」而不是「病人」、「不正常的人」來對待，感覺比較不會那麼無助，也會覺得較能自我控制（Schutt & Rogers, 2009）。Solomon（2004）發現，藉由提供支持、陪伴、同理、分享和協助的過程，消除了孤單、被拒絕、歧視、挫敗等嚴重精神失調者經常有的感受。

同儕的自我揭露，使得當事人感覺較不會對於自己困頓的生活情境感到羞恥，因為同儕也有類似的生命經歷（Mahlke, Krämer, Becker, & Bock, 2014）。在同儕支持中，「共鳴效應」有助於促動意識提升，類似經驗的分享有助於促發自我反思與認同（Barbuto, Biggeri, &

Griffo, 2011），使人獲得自信與自尊（Faulkner & Basset, 2012）。

由 Mead 所發展的「目的性同儕支持」，便是在當事人面臨精神健康危機時，藉由被傾聽而與他人產生連結，當事人不會被標籤、否定或評量，而是在「互爲主體」的互動過程中，探索危機的主觀經驗，賦予危機經驗新的意義詮釋，避免將危機經驗病理化（Mead & Hilton, 2003）。因爲有著類似經驗與共同處境，同儕間有著相同的語言（Barbuto, Biggeri, & Griffo, 2011），能高度地相互同理，在被完全接納下，透過經驗對話與相互對照學習，當事人產生重新建立自己生活的力量。障礙者在傳統的服務關係中容易被削權，專業關係聚焦於防範風險時，所形塑出來的社會關係是權力不對等的；相對地，同儕支持關心與傾聽當事人的感受和經驗敘說，使得當事人在被完全接納下，產生「充權」的效果（Mead & Hilton, 2003）。

（三）同儕支持提供社會連結與社群歸屬

許多障礙者的生活是缺乏社會網絡、與社會疏離的，有些是因爲輔具缺乏、環境阻礙、家人阻撓、缺乏適當協助等因素而難以外出，導致缺乏人際互動及與他人社會連結的機會，而處於精神健康危機的障礙者，更容易經歷與社會連結切斷的處境。同儕支持能增進障礙者與人連結的機會，降低社會隔離與孤單感，甚至進而產生社群歸屬感，強化彼此的連結與團體的影響力。

1.同儕支持增進與人連結的機會，降低社會隔離

同儕支持使障礙者能產生社會網絡、降低社會隔離（National Centre for Independent Living, 2008; Barbuto, Biggeri, & Griffo, 2011; Witcher, 2014）。同儕支持使得當事人能被了解，增進其與人連結的動機和機會（Tsea, et al., 2017），也讓當事人在困難或危機時刻有求助的網絡（Mind, 2019）。同儕團體信任與開放的氛圍、相互分享經驗，使當事人感覺被接納、被了解與不孤單（Kan, 1996），進而建立信任與希望（Mental Health America, 2020）。

Hardiman（2004）發現消費者經營的方案中，成員分享共同經驗

身心障礙者人權議題──自主、倡議與社會工作使命

而不必擔心被下判斷，因而能超越社會標籤，也使得參與者有人際連結、社會化和友誼、一個可以歸屬的社群、感覺不孤單。Hardiman強調，沒有社區中的自然社會支持，在社區中仍是社會疏離與依賴服務系統，這不是自立生活，因此，建構社區中同儕支持網絡非常重要。

提供住在機構的障礙者同儕支持，也有助於增進社會連結。日本政府補助精障者從機構遷移至社區生活的同儕支持經費，有助於讓住在機構的障礙者有機會接觸社區中自立生活的同儕，產生不同的社會連結，開啟對生活的不同想像（NPO 法人船橋障害者自立生活センター，2017）。韓國的同儕支持對象也不僅是居住於社區中的障礙者，亦涵蓋住在機構的障礙者，有助於讓住在機構的障礙者與社區中的同儕支持者產生連結（동료상담위원회，2015）。

2. 同儕支持提供社群歸屬

同儕支持的產生，是因為人們想創造自己的支持網絡（Faulkner & Basset, 2012）。同儕支持團體讓成員感覺歸屬於一個被了解和接納、能相互分享情緒的比較「正常」的社會網絡（Solomon, Pistrang, & Barker, 2001）。同儕支持團體的社群感（sense of community），或是社群歸屬感，有助於降低個別成員的壓力（Gagne, 2010），也有助於感覺相互支持、一同為共同的目標而努力（Holter, Mowbray, Bellamy, MacFarlane, & Dukarski, 2004）。

Bumbalo 和 Young（1973）指出，自助團體平等與相互連結的關係，因為「基進的真誠」而產生力量（power of radical sincerity），也因為團體的歸屬感而增進同儕團體的效能。Schutt 和 Rogers（2009）也指出，互助團體是具有強烈歸屬感的社群，每個人都有機會扮演帶領者與追隨者的角色，透過經驗分享與問題解決策略的傳承強化彼此的連結。

Hardiman（2004）發現消費者經營的方案之中，透過集體活動與組織決策，參與者對團體感覺有歸屬感，並且願意投入更多，而他們的投入也從因為參與帶來好處，轉為與他人分享、支持他人的使命，

和對於這個能相互支持的團體的歸屬感。共享決策讓當事人覺得在混亂失控的生活中至少有一件事情是自己可掌控的，因此有充權效果。在團體中，參與者感覺大家是平等的、權力是共享的，自己作為人是被尊重且有價值的，是可以相互幫助、共創支持環境的。對於較為不穩定的精障者而言，這個團體是可靠且隨時可以來的，是不穩定中的堅固磐石，這是一個相互依賴的網絡。Mead 所發展的「目的性同儕支持」，目標也在建構更強、更健康的相互連結的社群（Intentional Peer Support, 2022a）。

（四）透過同儕經驗分享，學習面對問題的因應技巧

同儕能提供經驗知識、示範與分享技能、提供資訊與連結其他諮詢或支持（Davidson, Chinman, Sells, & Rowe, 2006; Gagne, 2010; Faulkner & Basset, 2012），並且提升當事人的自我效能（Mahlke, Priebe, Heumann, Daubmann, Wegscheider, & Bock, 2017）。社區生活有許多面向，而障礙者由於環境的阻礙和他人態度，造成社區生活的許多限制，這樣的生活經驗，與非障礙者有很大的不同。藉由同儕經驗分享，例如關於輔具、健康維護、法規、資源使用、家人關係、與個人助理間的關係、旅遊、休閒、政治參與、如何面對他人態度與環境阻礙等等，提供服務使用者生活實際經驗參考，帶來希望與方法。

同儕支持分享經驗，也分享面對問題的因應技巧（Mind, 2019），例如使當事人有機會跟有同樣症狀者學習如何減少症狀帶來的痛苦（Tsea, Makb, Lof, Liua, Yuena, Yauc, Hod, Chane, & Wong, 2017）。同儕支持也提供具體生活改變的協助與資源（Gagne, 2010），例如在精神健康危機時，維持日常生活的實際作法（Gullslett, Kim, Andersen, & Borg, 2016）、疾病及健康自我管理策略、關於持續用藥及在社區中取得新的角色（Pepper & Carter, 2011; Scanlan, Hancock, & Honey, 2017; Gagne, Finch, Myrick, & Davis, 2018; Mental Health America, 2020）。此外，同儕支持還能強化當事人與相關福利資源的連結，與當事人討論使用服務系統的阻礙議題（Kelly,

Fulginiti, Pahwa, Tallen, Duan, & Brekke, 2014）。對於面對障礙的發生與變化、成功維繫障礙生活型態與自立的方法學習也有重要影響（Miller, 2019）。

　　美國自立生活中心所提供的同儕支持，涵蓋障礙者在社區中自立生活所面臨的種種實際議題，例如關於如何聘用、面談及督導個人助理、如何取得各種資源、如何與家人協商互動、輔具運用與維護、取得政府補助以及住宅、交通方面的資源等方面的支持（Saxton, 1981; World Institute on Disability, 2016）。韓國《障礙者福利法施行細則》規定自立生活同儕支持的內容主要有三項：(1) 障礙者的心理困難；(2) 家庭及社會關係的問題；(3) 活用社區資源的方法。這些都是障礙者在社區中生活會面臨的實際問題（국가법령정보센터，2018）。

　　瑞典的個人助理使用者合作組織，例如 STILL 以教育訓練方式提供關於使用個人助理的同儕支持，訓練內容包含（Jaillet, 2009）：

　　1. 基礎課程共三個整天，包含：(1) 想想自己現在的生活、夢想中的生活、有個人協助後想要過的生活；(2) 介紹 STILL 以及自立生活哲學；(3) 介紹個人協助主要的法規；(4) 對於員工的領導與督導；(5) 如何使用政府的經費（可以運用在哪些事情、不能運用在哪些事情、要如何提供相關證明）；(6) 招募個人助理（該問些什麼、如何定義自己的需求、從何處招募個人助理、如何撰寫招募廣告、如何進行面試、如何決定每小時薪資）；(7) 關於解僱個人助理。

　　2. 第二部分也是三個整天，內容包含溝通、如何處理衝突、如何增進領導與督導技巧。另外還有關於環境的課程，是同時提供給會員與個人助理的，內容包含關於障礙者的隱私、在個人隱私的地方的行為規則、空間使用規則（障礙者的居住空間是個人助理工作空間）。

　　除了個人層面，同儕支持提供的面對問題因應技巧，也包含結構層面。同儕支持能增進對權利的認識，例如讓當事人覺察在看醫生的時候，自己有權利多知道一些（Tsea, Makb, Lof, Liua Yuena, Yauc, Hod, Chane, & Wong, 2017）；同儕支持也能催化自我決定與意識（Barbuto, Biggeri, & Griffo, 2011）。此外，亦能建立「問題來自於

社會歧視」的認知（Kan, 1996）。在同儕彼此相互回饋與意識提升的過程中，產生集體能量（Barbuto, Biggeri, & Griffo, 2011）。同儕之間能分享與專業人員搏鬥的經驗，且能集體行動，不必單打獨鬥，對於外在環境較有控制感（Solomon, Pistrang, & Barker, 2001）。透過同儕支持挑戰標籤與歧視，降低標籤、挑戰刻板印象（Faulkner & Basset, 2012），使得缺權的個人不再感覺孤單，透過發聲與社會行動，揭露醫療化與將障礙者隔離的文化暴力，使得障礙者獲得力量，並促使社會變遷（Mead, 2001; Intentional Peer Support, 2022a）。而透過集體行動能催化障礙者彼此間的連結和「革命情感」，強化群體的認同與歸屬，進而努力激勵更多障礙者參與社群網絡，擴大同儕支持的影響力。

　　身心障礙者自立生活中心所提供的同儕支持，便是結合了上述個人的與結構的層面，提供障礙者在社區生活各項相關議題的支持。例如美國自立生活中心同儕支持團體討論的議題多樣，包含（Jaillet, 2009; Illinois Valley Center for Independent Living, 2018; Independent Living Resource Center, 2020）：

　　1. 自立生活技巧訓練（透過討論會或是直接指導的方式進行），包含建立自信、身體形象與自尊、性與親密關係、懷孕、自我管理、轉銜到自立生活的生活型態、處理與協助者間的衝突、處理社會大眾對障礙的態度、交通與住宅、就業與教育等。

　　2. 認識資源，包含認識社區資源與自立生活中心服務。

　　3. 權利議題，包含障礙權利意識覺醒、權利與責任、權利倡導。

⬛二 同儕支持者與當事人間的關係性質

（一）同儕支持關係的二大特性

　　同儕支持是障礙者服務障礙者。障礙者在過去的生命經驗中，被服務系統視為接受服務的「個案」，Mead（2010）批判，這種單向

的服務關係將障礙者冰凍在永遠無能的角色，只能接受而無法給予幫助。而在同儕關係中，障礙者不再是被動的接受者，而是主動的參與者（Barbuto, Biggeri, & Griffo, 2011）；是專家，能支持其他障礙者，使他們也能過有意義的生活，達到自己想要的自立目標（Kruck, Lee, Reed, Jones, & Hammond, 2011）。同儕支持者與當事人的關係，既是平等互惠的生活夥伴關係，也是角色楷模，能激發當事人的動機與行動。以下分別說明此二大特性：

1. 平等互惠的關係

具有類似經驗與處境者間，會有容易相互同理、「同一國」、有共通語言的感覺，同儕之間是平等互惠的關係，而不是專業對非專業者，或是上對下的關係，透過同儕支持，能使當事人更放心地表達想法。因此，Weiner（1995）指出，同儕支持關係中，當事人感覺被接納，不會被命令做事情。同儕支持建立在彼此連結、相互協助與互惠、尊重、共享責任（Mead, 2003, 2022; Mead & MacNeil, 2004）。同儕支持者與當事人相互分享故事和對故事的理解、挑戰並且一起重構故事敘說、相互回應彼此的想法與感受、相互支持與鼓舞（Mead, 2016, 2022）。自立生活為目標的同儕支持強調平等，不能走正式化與階層化路線（Joseph Rowntree Foundation, 2003）。Kurtz（1997）強調，自助互助團體是反菁英主義（Anti-elitism）和反專業主義（Anti-expertism）的，彼此間的相互協助能促進成員的內在力量。同儕關係重點不在於評估，而是傾聽（Mead & MacNeil, 2004），藉由協商權力、共享權力，建構相互尊重與信任的關係，進而創造希望（Mead, 2001, 2010, 2017, 2022）。

2. 同儕扮演角色楷模

自立生活中心的同儕支持者是角色楷模（Hayes & Balcazar, 2008），能為當事人帶來希望與信心（Barbuto, Biggeri, & Griffo, 2011）。對精障者而言，同儕支持者是在「復元」的道路上走得比較遠的人，運用自己克服精神沮喪的經驗，去支持其他正在危機當中或正在掙扎的人（Repper & Carter, 2011）。當事人能從角色楷模身上

獲得鼓舞，學習技巧、解決策略、想法與態度，且取得必要資訊與經驗參考；角色楷模使當事人能由無助、缺乏自信、對獨立不抱希望，轉而獲得充權、相信有自立的可能（Kan , 1996）。同儕支持者是「活見證」，能給予當事人及其家人希望，示範在社交、工作、日常生活各方面，有各種參與的可能，以及如何處理家人關係緊張（InMotion, 2001）。藉由同儕支持者的示範，當事人和其家人可以了解到原來障礙者可以活得這麼有自信、生活得如此豐富，現身說法，具有極大的說服力。

Campbell（2005）也指出，歧視往往使精障者相信自己是較差的，而自助團體成員有機會接觸成功的角色楷模，從中學習因應策略和技巧，並以不同的世界觀理解自己的經驗，有助於產生自信（Campbell, 2005）、啟動復元的希望與正向面對生活挑戰的行動（Holter, Mowbray, Bellamy, MacFarlane, & Dukarski, 2004; Solomon, 2004; Gagne, 2010; Scanlan, Hancock, & Honey, 2017; Yama, Lob, Chiua, Laua, Laua, Wua, & Wana, 2018），並且有助於建立正向自我認同（Kruck, Lee, Reed, Jones, & Hammond, 2011）。

（二）同儕支持者須具備核心價值與助人角色準備

障礙者長期被社會標籤與社會歧視的處境，同儕支持者應有能力協助當事人重新省思這樣的處境與經驗，進而跳脫標籤化的影響（Mahlke, Krämer, Becker, & Bock, 2014）。因此，同儕支持必須有核心價值，而核心價值應立基於自立生活哲學，以及社會模式與人權模式觀點。Miller（2019）指出，醫療模式從生物缺陷的角度描述障礙者，聚焦在人的限制而不是能力；自立生活典範則是強調個人自我決策的能力，障礙者儘管有身體上的限制，仍有掌控自己生活的能力，透過使用某些工具或是人力的協助達成自主。自立生活的哲學主張每個人有充分參與社會及貢獻社會的平等權利，此哲學也包含同儕支持。障礙者知道什麼是對自己最有益的；障礙者應該掌控自己的生活，冒險、檢視各種可能性、做決策、在犯錯中學習，這些都是自立

生活哲學。在承擔責任的過程中，人維持了自尊。

Carter（2000）主張，自立生活哲學應爲自立生活中心同儕諮商的基本訓練之一。Sisco（1992）也提到，同儕諮商員最重要的是必須具有權利意識，了解障礙者擁有平等權利與義務。Barbuto、Biggeri和Griffo（2011）亦強調，同儕支持者必須具備權利意識，且熟悉確保權利的相關資源。

核心價值必須是同儕支持者訓練的一環。同儕支持者訓練課程由社會模式的角度看問題，能擴展同儕支持者本身的視野（Joseph Rowntree Foundation, 2003）。Kruck 等人（2011）調查發現，將近六成的美國自立生活中心有訓練課程（Kruck, Lee, Reed, Jones, & Hammond, 2011）。韓國的同儕商談員養成訓練建立在社會模式的觀點之上，內容包含（도봉노적성해장애인자립생활센터，2015）：

1. 基礎課程：同儕商談的目的、作用和規則；了解障礙並非僅是個人問題，同時也是集體的問題與環境阻礙（偏見、誤會、周邊環境的不便）的議題；認知到自己不會因爲障礙而成爲沒有能力的人，只是發揮能力的機會受限；讓障礙者找出自己的優勢，恢復自信心，引導障礙者自立生活。

2. 深化課程：認識社會壓迫與歧視造成的創傷，以及透過找尋自我內在圖像走出創痛、建立自信與信任他人、自我發聲、發揮領導能力與提供支持。

Faulkner 和 Basset（2012）認爲同儕的專業就是障礙經驗本身，這是本來就存在的，而不是透過訓練而來。儘管如此，同儕支持仍需要有核心價值，才能避免造成傷害（National Centre for Independent Living, 2008; Witcher, 2014），因爲有障礙經驗不一定有扮演助人者角色的經驗，未受訓的同儕支持者對於當事人常見的傷害包括：過於強調負面情緒、過於想幫別人解決問題、對於問題解決只有一個標準答案、給予醫療建議、批評醫療人員而影響處於危機者就醫（InMotion, 2001）。美國一項針對 148 個自立生活中心的研究發現，很多自立生活中心沒有提供同儕支持者訓練，這可能造成服務對象的

傷害，也使得志工和自立生活中心都面臨風險（Research and Training Center on Disability in Rural Communities, 2011）。

　　同儕支持者對服務對象造成的傷害，部分與自己過去接受協助的型態有關。常見的現象是精障同儕支持者有時會複製專業人員與精障者的單向關係型態，依賴專業人員對精障者日常生活經驗的詮釋，甚至以自己曾經被對待的方式濫用權力（Mead, 2003; Mead & MacNeil, 2004）。因此，同儕支持者必須是對自己有自我認同者（Solomon, 2004）。

　　此外，Solomon（2004）提醒，同儕提供的服務應具有文化多樣性，才能因應不同成員的需要，例如遊民或是某些弱勢團體、特定性別等特定人口群的需要。Harrison、Petty、Jones、Holt、Holbrook 和 Hammond（2018）也指出，自立生活強調障礙者是自己生活的專家，自立生活是很個人化的，須尊重個人的獨特性與人的多樣性。因此，同儕支持者的文化敏感度也很重要。尤其身心障礙者自立生活中心強調跨障別融合，例如 Kruck 等人（2011）調查發現，美國自立生活中心九成以上提供跨障別同儕支持（Kruck, Lee, Reed, Jones, & Hammond, 2011），同儕支持者對於人的多樣性與差異性，包含障礙類型，也需要抱持開放與學習的態度。

　　英國非營利組織 Together 的同儕支持方案由精障者設計，且由精障者提供訓練、服務與督導，同儕支持者與服務使用者共同討論並發展了同儕支持的 13 項核心原則，包含：安全與信任、做自己、希望感、相互性、團結、降低標籤、個人爲中心的目標、平等與充權、自立、優勢與潛能、向前邁進、同伴關係、選擇（Together for Mental Wellbeing, 2020）。

　　而美國 SAMHSA（Substance Abuse and Mental Health Services Administration）和同儕支持國際協會（International Association of Peer Supporters）合作發展了「同儕支持者實務準則」（National Practice Guidelines for Peer Supporters），用以作爲發展全國性認證的基礎，也作爲同儕支持訓練課程發展的參考。這個實務準則是經過一

系列的焦點團體和調查，超過 1,000 個同儕支持提供者參與，98% 同意這些核心價值後，於 2013 年出版，包含 12 項核心價值：(1) 同儕支持是志願的；(2) 同儕支持是有希望的；(3) 同儕支持者的想法是開放的；(4) 同儕支持者是同理的；(5) 同儕支持是尊重的；(6) 同儕支持者促進改變；(7) 同儕支持者是誠實與直接的；(8) 同儕支持是互惠的；(9) 同儕支持是平等共享權力的；(10) 同儕支持聚焦在個人優勢；(11) 同儕支持是透明的；(12) 同儕支持是當事人個人導向的（National Association of Peer Specialist, 2012）。

綜上，障礙經驗是同儕支持者在同儕支持關係中最大的資產，然而，同儕支持者對於自己的障礙經驗抱持著什麼樣的觀點，將影響著同儕支持的方向。因此，自立生活意識覺醒，包含社會模式與人權模式觀點看待障礙、復元的觀點看待「精神障礙」，以及對於自主權、公民權的認識，會是同儕支持者所需建立的核心價值與認識。同儕支持者也須充分了解作為同儕支持者的角色功能，了解如何運用障礙經驗幫助其他人，包含傾聽與回應技巧、生活經驗與資源使用的分享等等。

此外，同儕支持的重點是障礙者與障礙者間相互連結，並發展障礙意識和集體認同，因此關於障礙的集體意識和文化敏感度也非常重要。同儕支持者不應是與障礙社群脫節的，而必須是障礙社群的一分子，同儕支持才不會流於技術化，畢竟同儕支持的重點在於障礙網絡關係的建立、障礙者支持障礙者、障礙者共同倡議以改變社會，因此，「團結力量大」是同儕支持運作的目標，藉由同儕支持，充權個別的障礙者與障礙社群。

第三節　國內身心障礙者同儕支持發展現況

一　身心障礙者自立生活同儕支持

　　目前國內障礙者同儕支持服務已經制度化，我國《身心障礙者權益保障法》於 2011 年修訂，於第 50 條關於身心障礙者「個人支持及照顧」的條文中，新增「自立生活支持服務」一項。並於 2012 年訂定《身心障礙者個人照顧服務辦法》，自該年起，每年皆運用公益彩券回饋金補助地方政府辦理「身心障礙者自立生活支持服務計畫」方案。因此，目前各縣市結合民間單位辦理自立生活支持服務計畫方案，另外全國有臺北市、彰化縣、屏東縣等三個自立生活支持服務中心試辦方案，這些方案內容皆包含同儕支持服務，都有政府經費補助。

　　根據《身心障礙者個人照顧服務辦法》，自立生活支持服務是指「身心障礙者得自我決定、選擇、負責，於均等機會下，選擇合適住所，平等參與社會。」而同儕支持是自立生活支持服務的 7 大項內容之一，且自立生活支持服務應「依需求評估結果，由身心障礙者及同儕支持員共擬訂自立生活計畫，建立身心障礙者自主生活方式。」同儕支持員被列為自立生活支持服務團隊成員之一，其他成員尚包含個人助理、服務督導與社會工作人員。

　　同儕支持由同儕支持員提供服務，根據《身心障礙者服務人員資格訓練及管理辦法》，同儕支持員是正式的「身心障礙者服務人員」之一，其資格為「一、非機構照顧服務對象，且獨立自主生活三年以上之身心障礙者。二、領有同儕支持員訓練結業證明書。」依據現行規定，目前同儕支持員的養成訓練共 18 小時，課程包含：(1) 認識自立生活運動與自立生活支持服務；(2) 身心障礙者之認識與服務原則、自立生活計畫；(3) 身心障礙福利概念及相關法規與措施介紹；(4) 同儕支持員之角色、任務及工作倫理；(5) 案例討論。

民間自主的草根力量方面，國內最早成立（2007 年）的自立生活協會「新活力」定義同儕支持為：「身心障礙者具有共同被歧視、壓迫、誤解的生命經驗。因此能夠理解彼此的困難。另外，相同類型的障礙者，在食衣住行育樂等面向，具有相似的困難，以及解決困難之經驗。透過經驗交流與傳承，達到相互培力之效果。」（社團法人台北市新活力自立生活協會，2022c）這個定義點出了障礙者在社會中遭遇的不平等處境，以及障礙者彼此間經驗交流與相互充權等同儕支持的重要特性，也反映了這個群體抱持社會模式的觀點看待障礙議題。

而「新活力」的同儕支持服務，乃依障礙者本身之個別需求提供下列之個人化協助：(1) 同儕關懷訪視；(2) 同儕經驗交流，包含如何與個人助理相處、如何安排無障礙娛樂、尋找無障礙租屋等；(3) 協助擬定自立生活計畫包含租屋、資源連結、社會參與協助等；(4) 針對資源不足處，擬定自我倡議計畫（社團法人台北市新活力自立生活協會，2022c）。這些服務項目除了同儕經驗分享交流關於障礙者於社區中自立生活的實際問題，最後一項則包含了權利倡議。換言之，這個協會藉由同儕支持對於障礙者自立生活的努力，不是僅針對個人主觀層面，也重視客觀層面結構環境之倡議與改變。

目前除了「新活力」提供同儕支持服務以外，第六章提到，國內還有許多縣市的障礙者也成立自立生活協會。這些協會是障礙者同儕支持的重要來源，不過協會的營運多數不是靠政府提供經費支持，因此在組織經營上面臨較大的挑戰。第六章也提到，國內心智障礙者的自我倡導團體也多數難取得政府部門的經費補助，然而這些團體卻是心智障礙者重要的同儕支持來源。這些是草根力量所發展出來的自立生活同儕支持，但這些單位提供同儕支持的障礙者卻並不一定已經或有意願參與同儕支持員訓練課程，甚至可能因為同儕支持訓練課程內容對於智能障礙者而言不易了解，導致雖有實質同儕支持力量的發揮，同儕支持者卻無法取得正式資格且獲得報酬，單位亦無法取得政府補助。未來或許需要建立關於同儕支持員訓練課程的共識，並考慮

讓訓練課程不一定由自立生活支持服務方案的受託單位辦理，而是在課程架構規定下，多元的服務提供單位與障礙者的組織皆可辦理同儕支持員訓練課程，如此也較能因應不同障別的需求進行課程內容與上課方式的調整。

另方面，政府透過「自立生活支持服務方案」所創造出來的同儕支持，雖然不是屬於自然形成的社群連結，多數也不是民間團體的草根力量促成，而是透過服務創造出的群體。然而不可諱言地，自2012年至今也運作已10年，這麼多年的累積，有些縣市也逐漸創造出地方同儕團體的動能。然而，各縣市受託辦理自立生活支持服務單位的同儕支持有其限制，首先，縣市政府與受託單位本身組織文化是否尊重同儕支持員作為平等的合作夥伴，是一大挑戰。其次，由於服務使用者與同儕支持員都必須靠受託單位媒合服務，在個人權利倡議或集體行動上有較多的顧忌，因而也限制了同儕支持的結構層面影響力，影響倡議的量能。

綜上，未來若能將同儕支持服務與個人助理服務分開委辦，由不同單位辦理，或許較能使同儕支持的能量充分運用與發揮。此外，建議透過經費補助與其他資源，多支持障礙者的自助互助團體以及心智障礙者自我倡導團體之形成與運作，使同儕支持朝更為草根、自發與多元的發展，將使同儕支持更能充分發揮功用。

二 精障者同儕支持

前述自立生活同儕支持員的訓練課程並未針對精障同儕支持有特別的訓練，例如復元的觀點。中華心理衛生協會自2020年3月起，在蘋果日報慈善基金會、衛生福利部、衛生福利部社會及家庭署的補助下，與臺北市康復之友協會、新北市康復之友協會、祐成康復之家協辦，以讀書會、成長團體、服務訓練、陪同訪視、個案服務、個別督導、團體督導等方式，推動「翻轉烙印、啟動復元——發展精神障礙者同儕工作」計畫，試圖透過同儕工作者的訓練、訪視和督導，建

構精障同儕支持模式，這個計畫將持續到 2022 年 12 月 31 日（中華心理衛生協會，2022）。

而衛生福利部「精神衛生機構團體獎勵計畫」自109年度起將「同儕支持」納入該計畫，111 年的計畫內容也提到「運用民間多元模式（含同儕支持）提供陪同病人就醫、社會參與及心理支持與衛生教育服務。」然而，儘管該計畫的獎勵項目含同儕支持，但關於同儕支持者的資格要件、人力培訓養成機制或人力補助相關規定，卻沒有配套措施與規定（衛生福利部心理及口腔健康司，2021）。

目前為止，政府仍然沒有提出精障同儕支持人力與服務發展的相關計畫，在各界關心精障同儕支持資源匱乏之際，臺灣失序者聯盟共同發起人郝天行（2020）則對於精障同儕支持被專業化提出擔憂。他強調同儕支持是精障者彼此相互支持與培力的長期社群連結，目的在抵抗權力不對等，重視夥伴間的連結、關注負面醫療經驗與過度醫療化，以及精障者的權利議題，而不是「專業－個案」的服務關係，因此，他主張國家應投入資源支持草根的精障同儕社群之發展。

臺灣失序者聯盟是精障者主導的團體，就像「新活力」一樣，障礙者主導的團體關心障礙者社群網絡的建構與相互連結，而不是將同儕支持視為工具性的關係。同儕支持的重點是在夥伴關係之中，透過相互支持與共同行動建構自主的生活，因此，同儕網絡關係的建構是主要的工作。廖福源（2022）主張，精障者同儕支持應與自立生活支持服務方案脫鉤，以避免受限於此服務方案的框架，他認為當務之急是支持精障者自發性的社群，發展社群認同和關於自身經驗的文化論述。綜言之，支持障礙者的同儕夥伴關係，是同儕支持的核心要務。

 第四節　結語：意識覺醒、相互支持與倡議

障礙者在社會中的處境，往往遭受社會給予負面標籤、在生活上的許多參與機會受剝奪，以及種種社會歧視。在這樣的情境中，個人

心理上也受到很深的影響。此時，障礙夥伴便很重要。具有類似經驗的夥伴能帶給個別的當事人不同的視野，讓當事人產生意識覺醒，也可以藉由角色楷模的作用，給予當事人希望，開啟當事人解決問題、逐步建構自主的生活模式之方法，建立自信。而夥伴間的相互支持，更使得當事人有社會連結與歸屬，不再覺得孤單，進而產生力量，甚至對於共同的問題與處境能共同行動，進行倡議，這便是同儕支持。因此，同儕支持最重要的，是障礙者自我觀與世界觀的建構，而這需要社會模式、人權模式、自立生活與復元的觀點和價值作為基礎。同儕支持也建立在障礙者彼此間的網絡關係之上，因此，平等互惠與真誠，是同儕關係的重要元素。藉由相互的支持，障礙者找到建立自主生活的個人路徑，也找到了共同改變社會的途徑。因此，同儕支持具有個人與結構雙重層面的意涵，是個人的，也是政治的。

世界各國在推動將同儕支持制度化的同時，所需面對的根本問題，便是如何看待障礙者，以及障礙者所面臨問題的解決方式。當障礙者被視為被動的服務接受者時，同儕支持者的「經驗專業」將僅被視為「專業技巧」的一環，同儕支持者容易被技術化，同儕支持服務所建立的看待障礙者的角度與世界觀，仍是醫療化與專業導向的。「經驗專業」真正的意涵是「經驗」彼此間的對話、共鳴、相互的學習，以及共同經驗背後的社會文化脈絡之改變。當障礙者被視為行動者，被視為因為具備經驗專業而能改變自己、支持他人、改變社會，同儕支持才有可能以最草根與自然的樣貌發展，障礙者的同儕社群也才能成為一股源源不絕的力量。同儕支持不是在專業服務中開創出新的服務模式，而是讓障礙者間的網絡關係產生相互影響力量，讓障礙者能在夥伴關係中建構自主。

第八章

障礙者作為「主體」的參與

作為人，如果「與自己切身相關的事務和決策」自己卻沒辦法參與，這會是一件感覺很不被尊重的事情，有時候甚至會在許多的層面嚴重影響自己的生活。然而，這卻是許多障礙者的生活寫照。因此，聯合國的許多文件都強調，「參與」是人權的原則。

在《世界人權宣言》、《消除一切形式種族歧視公約》、《消除一切形式婦女歧視公約》、《兒童權利公約》等國際人權與法律文件，都指出「當事人群體」參與公共生活的重要。而在關於障礙者方面，聯合國自 1960 年代起，便持續強調「障礙者的組織」之「充權」和「參與」的重要。《身權公約》對於「障礙者參與」的重要性、方式等，更有具體的說明。

所謂「障礙者參與」，通常指「障礙者」以及「障礙者的組織」之參與。「障礙者的組織」是什麼？為什麼這麼重要？障礙者和障礙者的組織如何參與？「障礙者參與」的好處是什麼？為了釐清這些問題，本章首先探討「障礙者參與」的人權保障意涵，其次，介紹「障礙者的組織」之特性與角色，進而整理關於「參與層次」的文獻，以及「適當的參與環境」所應具備之條件，最後，介紹世界各國障礙者經常使用的標語「Nothing About Us Without Us」（「所有關於我們的事，都要有我們的參與」）的由來和意涵，以及障礙者透過「集體行動」參與政策決策過程的實例。

 ## 第一節　「障礙者參與」的人權保障意涵

一　「參與」是人權的原則

「參與」是民主社會中，「公民權」的基本要素。Young（1998）主張，公民權的一個重要部分，便是「公共生活」與「民主過程的融入」和「參與」。她強調，公共生活與決策過程中，所有公民應有機會參與討論和做決定。然而，現實狀況卻時常並非如此。Young

（1998）批判，社會中的某些規則標準往往由「優勢群體」所定義，而這些規則標準，卻經常貶抑了「弱勢團體」的自我認同與文化。她主張，眞正的平等，是群體間的「差異」必須被尊重與考量，而這需要弱勢者組織起來、集體充權、自我發聲，和參與決策。

Young（1998）點出了社會不平等的現實，她強調，社會中有些人屬於「權力弱勢」，而不是「能力弱勢」。同時，她也點出了處於「權力弱勢」地位的「受壓迫者」，從「不被視爲有參與的必要」，到「能夠參與公共決策」，需要透過「集體力量」的發揮，也需要讓社會認識與尊重差異，才能創造自我發聲和參與決策的機會。而過去的歷史也顯示，障礙者作爲社會中「權力弱勢」的群體，確實也經常透過「集體力量」的發揮，撐出一片「體制外參與」的天空，本章稍後會舉例說明之。

《身權公約》採取「人權模式」的觀點，呼應了前述 Young（1998）對於「弱勢團體自我發聲」的主張，以及「群體間差異應被尊重與考量」的看法。首先，障礙者在社會中，往往被視爲「被動接受照顧」或是由他人決定的「客體」，而「人權模式」認爲所有的人都是具有法律權利的「主體」，因此，障礙者作爲「權利擁有者」，應能自我主張權利。此外，人權模式主張「人類的多樣性」應被欣賞和慶祝，包含障礙者在內的多樣群體皆應能「平等且有意義地」參與社會，國家應致力於「權利擁有者」的充權，使其參與政策決定並監督「責任承擔者」履行其責任。這包含在所有的發展方案與計畫中，將「障礙融合」與「人權觀點」主流化，並且透過支持障礙者的方案，充權障礙者和增強其社會融合，包含強化「障礙者的組織」之發展、充權障礙者等等，以確保障礙者有充分參與社會的機會與適當方法，以主張其權利（Rioux & Carbert, 2003; United Nations, 2006; OHCHR, 2010; GIZ & CBM, 2012）。

Quinn、Degener、Bruce、Burke、Castellino、Kenna、Kilkelly 和 Quinlivan（2002）也指出，社會生活建構在「非障礙者」的標準之上而排除障礙者，當障礙者越沒有機會現身於主流社會，社會就會更認

爲障礙者的排除是理所當然。因此，他們主張，障礙者的「參與」和「充權」應受重視，人權不只是「保護人以免於權力濫用」，還必須「使人民取得權力」，這呼應了 Young（1998）所提到的「受壓迫者充權」和「集體力量」的重要。《身權公約》便是試圖爲障礙政策帶來典範轉移，使障礙政策基於對於障礙者新的了解，視障礙者爲「權利擁有者」和「人權的主體」，在資源分配與需求評估過程中應能發聲，且有機會「充權」以參與和自己相關的事務之決策和公共政策（Degener, 2016）。

聯合國關於「障礙者參與」的主張

在 2006 年公布《身權公約》之前，聯合國早已開始提倡「障礙者參與」。自 1960 年代起，聯合國的多項文件已點出「障礙者的組織」參與切身相關政策的重要性。首先，1966 年公布的《經濟、社會與文化權利國際公約》，其第五號一般性意見指出，爲了確保障礙者經濟與社會權利，障礙者有必要建立自己的組織，且政府及其他與障礙者事務有關的單位，應「規律地諮詢這些組織」，並且「給予它們財務上的支持」，以確保其組織運作（Bruce, Quinn, & Kenna, 2002）。

1975 年的《障礙者權利宣言》（Declaration on the Rights of Disabled Persons）指出，「障礙者的組織」在障礙者權利有關的事項上，應有被諮詢的權利。1982 年的《障礙者世界行動綱領》也主張，各國應支持「障礙者的代表組織」之建立與發展。1993 年的《障礙者機會平等準則》（The Standard Rules on the Equalization of Opportunities for Persons with Disabilities）更強調，各國政府必須去除「平等參與」的阻礙，且應積極促使「障礙者的組織」作爲「去除平等參與阻礙」過程的夥伴（Quinn & Degener, 2002b）。而 1989 年的《兒童權利公約》（Convention on the Rights of the Child）第 12 條關於兒童參與決策權的保障，兒童權利公約委員會也強調，障礙兒

童應能代表自己，並充分參與政策決策（Kilkelly, 2002）。上述聯合國 1960 至 1990 年代有提到「障礙者參與」的文件，綜整於表 8-1。

表 8-1　聯合國 1960 至 1990 年代提到「障礙者參與」的文件

年代及文件名稱	內容重點
1966 年《經濟、社會與文化權利國際公約》	政府及其他與障礙者事務有關的單位，應規律地諮詢障礙者的組織，並給予財務上的支持。
1975 年《障礙者權利宣言》	「障礙者的組織」在障礙者權利有關的事項上，應有被諮詢的權利。
1982 年《障礙者世界行動綱領》	各國應支持「障礙者的代表組織」之建立與發展。
1989 年《兒童權利公約》	障礙兒童應能代表自己，並充分參與政策決策。
1993 年《障礙者機會平等準則》	各國政府必須去除「平等參與」的阻礙，且應積極促使障礙者的組織作為「去除平等參與阻礙」過程的夥伴。

換言之，聯合國在 1960 年代、1970 年代、1980 年代，到 1990 年代的各項文件，乃至到 2000 年代的《身權公約》，都持續不斷地強調「障礙者有權代表自己」、國家應重視「障礙者的組織」之參與，視其為「夥伴」。此外，國家應在財務上支持障礙者的組織，以維持其持續性的參與之量能，並且應去除障礙者參與的阻礙。

三　《身權公約》關於障礙者參與公共政策之規定

（一）參與《身權公約》相關政策之發展、執行與監督

事實上，《身權公約》的形成過程，便是「障礙者參與」的具體實踐。第 7 號一般性意見指出，《身權公約》的協商、發展和草擬過程中，障礙者都充分參與且扮演決定性角色，並且發展了「人權模式」的障礙論述，且提出「障礙主流化」的概念，強調法律與各項措施及預算決策，都應平等考量障礙者的生命經驗與知識（Degener,

2016; Callus & Camilleri-Zahra, 2017）。此外，身權公約委員會的多數委員也都是障礙者。因此，《身權公約》具體展現著「障礙者參與」。

而對於締約國，《身權公約》也強調障礙者應能參與公約相關政策之發展、執行與監督。在前言中指出，障礙者應有機會積極參與政策方案的決策過程，包含與其直接相關之政策方案。第 4 條關於一般責任（General Obligations）第 3 項規定：「爲了執行公約而發展與執行法律與政策，以及其他與障礙者有關的議題之決策過程，國家應密切諮詢障礙者，包含障礙兒童，並使其透過代表組織積極參與。」

而第 33 條關於國家執行與監管（National implementation and monitoring）的第 3 項則規定：「公民社會，尤其障礙者和障礙者的代表組織，應充分參與監管過程。」依據前述規定，《身權公約》執行情形的監督，必須有障礙者及其代表組織的參與。而第 7 號一般性意見亦強調，政府應持續性地諮詢各種損傷類型的障礙者。

（二）為什麼需要障礙者參與？障礙者如何參與？

《身權公約》重視障礙者參與公共政策的理由，除了因爲「參與」是人權的基本原則外，主要原因有二：

1. 障礙經驗專業：第七號一般性意見指出，因爲障礙的生命經驗所帶來的認識，使得障礙者更了解哪些狀況是「促進」或是「阻礙」障礙者的權利，對於推動「障礙者人權的落實」將有重要貢獻。

2. 提升政策品質：第 7 號一般性意見指出，障礙者參與將使得政策發展更透明、更有「責信」（accountability），也更能回應障礙者的需求。換言之，障礙者由於生命經驗累積而產生的「專業」知識，在參與的過程中，能使政策更了解如何考量障礙者的差異性，增進政策品質，這也是確保障礙者人權，和促使社會進步的重要推力。因此，「障礙者參與」不應被視爲是決策階層給予障礙者的「恩給」，而是決策者對當事人「自我發聲」權利的尊重，以及障礙者運用生命經驗專業對社會貢獻的作爲。

然而，有參與就夠了嗎？或許事情也不是這麼簡單，「參與」的層次也是需要關切的重點。Arnstein（1969）提出「公共參與的層次」，是關於「公民參與」的經典論述之作，受到廣泛的引用與應用。Arnstein 點出了在現實世界中，「參與」並不一定等於「公民力量」真正能夠發揮，仍須視「參與的程度」而定。從「沒有參與」到「代幣式參與」，進而到「公民影響力的發揮」，不同層次顯示著公民不同程度的影響力。關於 Arnstein 的理論內涵，本章稍後會做較爲詳細的介紹。

　　障礙者如何參與？適當環境的建構與支持是必要的。爲了確保障礙者有意義與有效的參與，《身權公約》第 7 號一般性意見提出了幾項重點，筆者將其內容整理羅列，並歸納其重點，詳見表 8-2。

表 8-2　《身權公約》關於如何確保障礙者有意義與有效參與的內容

重點	內容
參與所有的決策型態，並在參與的過程中充權	讓障礙者的組織參與所有決策型態，使障礙者在參與中強化倡導、協商、意見表達、統整多元聲音的能力。
共融的參與環境	確保障礙者參與時的「可及性」以及「合理調整」。
建立多樣的諮詢方式與合理的諮詢程序制度	包含透過意見調查、會議及其他方法，適當的諮詢期間規範、盡早諮詢、及時提供必要資訊的規範、設計可及的線上諮詢工具或可及的數位格式等方式，進行諮詢。
安全保障	確保障礙者在公眾中表達意見時不會被恐嚇、騷擾，不必擔心被秋後算帳。
充權障礙者的組織	包含贊助經費、提供關於障礙的「人權模式」之能力建構與訓練、提供障礙者「支持決定」安排。
融合社會是共融參與的前提	「確保障礙者的參與」應包含「鼓勵參與」和「提供適當支持」，包含同儕支持和支持參與社會、去除標籤。支持充分及有效參與社會，是指作為社會的成員、具有歸屬感。而融合社會是落實障礙者充分有效參與的社會條件。

　　表 8-2 點出，爲了確保障礙者有意義且有效的參與，應讓障礙者參與所有決策型態，且確保參與過程的「安全保障」、「可及性」、

「合理調整」及合理的諮詢程序。而爲了確保障礙者及障礙者的組織能持續地參與，充權障礙者的組織與建立融合的社會，是重要的前提與基礎。

（三）障礙者組織的特性與類型

《身權公約》要求締約國應確保障礙者透過其代表性組織，參與和自身有關之政策決策過程。那麼，什麼是障礙者的代表性組織？第 7 號一般性意見對於「障礙者的組織」（organizations of disabled people, DPO）之特性提出說明，筆者將之歸納爲 6 個向度，整理其內容於表 8-3。綜合而言，DPO 必須是障礙者領導且獨立的捍衛障礙者權利的組織，代表多樣的障礙者，可以是特定障別或跨障別，範圍也可大可小。

表 8-3　《身權公約》關於「障礙者的組織」之特性

向度	內容
成立目的	集體行動、表達、促進與追求或捍衛障礙者的權利。
障礙者角色	僱用障礙者、由障礙者擔任組織的代表。
組織獨立性	獨立於政黨、公部門或其他非政府組織之外。
障別	代表特定損傷類型或開放所有障礙者成為會員。
多元	代表多樣背景 (例如性別、性認同、種族、年齡、移民身分、不同損傷類型等) 的障礙者。
範圍與組織型態	組織為地方的、地區的、全國的或是國際性。

因此，「障礙者的組織」類型也呈現多樣性，第 7 號一般性意見將之分爲 6 類：(1) 聯盟性質的傘狀組織；(2) 跨障別組織；(3) 爲自己倡議的組織；(4) 包含家庭成員與親戚，支持心智障礙者自主與積極參與的組織；(5) 女性障礙者組織；(6) 障礙兒少組織。換言之，不論是從組織型態層面，或是從組成成員的特徵來看，「障礙者的組織」都呈現著多樣性。

（四）透過教育增進公共政策參與

　　《身權公約》強調，「參與」需要從教育過程當中開始培養能力與創造經驗累積的機會。《身權公約》第 24 條關於「融合教育」的權利提到，應透過融合教育，增進政治與公共生活的參與，包含創造障礙學生參與學生組織，例如「學生會」的機會，與發展自我倡導的能力；教材則應包含公民權及自我倡導的技巧、自我主張等主題。此外，國家應促進讓障礙者能組成、參與及有效與充分參與學生組織的環境，包括自己選擇的溝通型態和語言。換言之，語言政策也影響障礙者自教育階段起的公共參與。

 ## 第二節　誰參與以及如何參與

一 障礙者的組織

（一）文獻有關「障礙者的組織」之特性

　　聯合國的文件一再強調「障礙者的組織」參與的重要性。世界各國障礙者也要求「障礙者的組織」應該受到重視，因為障礙者要為自己發聲，不需要其他人為障礙者發聲。「障礙者的組織」（organizations of disabled people, DPO），或者稱為「障礙者主導的組織」（organizations led by disabled people），目的是促進障礙者的權利，必須是主要由障礙者組成，且由障礙者領導，此外，理監事必須過半數是障礙者。因此，「障礙者的組織」與其他障礙組織最大的不同，是「由障礙者所主導且為障礙者服務」（for us, by us）（People with Disability Australia, 2018）。障礙者主導的組織之哲學是「自我發聲」和「權利取向」，相信障礙團體團結起來影響力將更大（Enns, 2015）。因此，「障礙者的組織」是障礙者凝聚力的展現。

　　從歷史上看，許多國家 1950 年代即發展視障和聾人團體，之後

發展多元障礙的組織（或稱爲跨障別組織），到 1980 年約有 50 個國家有單一障別的障礙者主導的團體。臺灣亦然，臺灣的視障團體臺灣省盲人福利協進會在 1950 年代，儘管當時社會仍處於戒嚴時期，該協會卻有許多倡議行動（邱大昕，2018）。國際層面亦然，國際視障聯盟和聾人世界聯盟成立於 1950 年代和 1960 年代，而「障礙者國際組織」（Disabled Peoples' International, DPI）於 1980 年成立，開啟了障礙領袖訓練方案，致力於培力各國障礙領袖，其後各國陸陸續續成立了障礙者主導的組織。目前全世界約有 100 個國家有 DPO（Enns, 2015）。

所謂「障礙者的組織」（DPO）必然是強調障礙者自我發聲，然而值得注意的是，聯合國認爲所謂「障礙者的組織」，應也包含「以家庭爲基礎，倡導嚴重智能與多重障礙者的人權」之組織，因爲對於困難自我發聲的障礙者，最熟悉他們的家人，往往扮演爲其發聲與權利倡議的重要角色，因此，他們也應被認可成爲「障礙者的組織」之一員（United Nations Development Group, 2011）。對於許多障礙者而言，家人可能是自主參與的阻礙，然而對於重度智能障礙者與多重障礙者而言，家人卻有可能成爲少數能與其溝通、了解其意思的人，在此種狀況下，家人可能是最能爲其發聲、代表其想法的人，因而也應被視爲 DPO 的一員。

Mladenov（2009）比較「爲障礙者服務的組織」（organizations for disabled people）和「障礙者的組織」（DPO），前者是傳統慈善或壓力團體，「本身不是障礙者的專業人員」擁有權力，往往取得政府補助與支持，採取代表式民主、醫療模式、著重慈善與服務的提供；後者是障礙運動、消費者團體，障礙者擁有權力，往往在低度資源與缺乏政府支持下營運，採取參與式／直接民主、社會模式、著重抗議與倡導。Mladenov 認爲，「爲障礙者服務的組織」是在現有權力結構下進行政治協商，容易被收編於系統內，成爲既有權力關係的支配下屬；而「障礙者的組織」則是在系統外的獨立的直接行動者，採取傳統權力結構以外的策略，參與者是改革者或追隨改革而一同行

動的人，如表 8-4。

表 8-4　「為障礙者服務的組織」vs.「障礙者主導的組織」比較

為障礙者服務的組織	障礙者主導的組織
傳統慈善；壓力團體	障礙運動；消費者團體
非障礙專業人員擁有權力	障礙者擁有權力
取得政府補助	低度資源、低度贊助
享受政府支持	缺乏政府支持
代表式民主	參與式／直接民主
服務提供、慈善	抗議與倡導
醫療模式	社會模式
支配下屬	改革者或追隨者
在現有權力結構下，進行政治協商	直接行動，採取傳統權力結構以外的策略
被收編於系統內	在系統外的，獨立的

資料來源：Mladenov, 2009.

　　「理監事過半數是障礙者」經常被認為是判斷一個組織是否為
DPO 的指標，然而，只要符合這項標準就可以稱為 DPO 嗎？符合這
個指標，就是能夠代表障礙者發聲的「具有代表性的組織」嗎？考察
其他國家的作法會發現，這單一的條件似乎並不見得能夠充分說明
組織的「代表性」。紐西蘭發展了嚴謹的認定方式，考量「組織結
構」、「組織哲學與目標」，以及「與會員間關係情形」。

　　「障礙者主導組織聯盟」（DPO Coalition）是紐西蘭因應 CRPD
的障礙者監督組織機制，有鑑於許多組織自行聲稱是「障礙者的組
織」，而《身權公約》並未界定「障礙者的組織」之條件，因此，
DPO Coalition 發展了一個檢核表，團體除了在入會時須經過聯盟審
核認證，聯盟會員團體每年並且必須依據檢核指標進行自我檢測。
DPO Coalition 強調，「障礙者的組織」最重要的是要能夠「代表障
礙社群」，而「障礙者的組織」之網絡，應確保其會員團體涵蓋多元
障礙類型群體，避免集中於某特定障礙類型團體發聲，而忽略其他障

礙類型群體的情形。在量的方面，可以從代表多少會員人數、代表多廣泛的地區等來觀察其代表性；在質的層面，DPO Coalition 則訂定 13 項檢核指標，詳如表 8-5（Office for Disability Issues, 2021）。

表 8-5　「障礙者的組織」檢核表

向度	內容
秉持之哲學	組織秉持且推動「所有關於我們的事，都要有我們的參與」的哲學。
目標與《身權公約》一致	組織的主要目標和工作，能反映與支持《身權公約》的目標，亦即「促進、保障與確保障礙者充分及平等享有所有人權和基本自由、促進對障礙者固有尊嚴的尊重。」
實踐宗旨	組織能將其組織宗旨確實付諸實行。
合法性	必須是合法的民間組織。
代表範圍	代表全國各地，若有地區分會，地區應代表自己，不能由全國組織予以代言。
障別	組織可以是聚焦在單一障別或多元障別，組織開放給所有符合會員資格的障礙者參與。
成員	成員多數為障礙者且能反映障礙社群的利益。
控制權	組織由「反映障礙社群多數人利益且符合會員資格者」控制。
投票權	只有符合會員資格的障礙者有投票權。
代表發聲	組織主要的任務是「代表障礙社群發聲」，而不是提供直接服務。這包含組織的領導者與管理者產生的「選舉規定及過程」是否真的能「代表會員」，以及「會員如何實質影響組織的政策與決定」。
回應成員與社群	組織是由「障礙成員集體聲音和社群利益」所推動，並且能「有效回應障礙成員及社群的想法」。組織應定期開會，並且開放給所有成員以及各區代表參與會議，使他們能有效參與決策，且會議決議必須付諸實行。
與成員關係緊密	組織能證明它與其成員有「密切的聯繫」，若為全國性組織，必須證明與全國各地成員都有緊密聯繫；若為地方性組織，則必須證明與地方各地有緊密溝通。可以透過地區性的論壇或會議，開放地區的障礙者參與，或是網路線上會議，開放給更多成員參與。
確保多元	組織透過多元方式確保成員不論其居住在哪裡，都能「以多元方式正式提出他們的想法並且有實質影響力」。資訊的分享也以多元方式提供成員，例如會訊、讓成員取得會議議程等。

資料來源：Office for Disability Issues, 2021.

從表 8-5 可以看到，紐西蘭「障礙者主導組織聯盟」非常重視組織是否有「實質」的代表性，包含落實精神層面（包含組織哲學、目標、宗旨）、組織性質（包含合法性、範圍及障別）、投票權與控制權、與會員及障礙社群間的關係（包含透過緊密聯繫和定期會議、多元型態參與等方式，能回應障礙成員及社群的想法等）。這些指標涵蓋不同向度且非常具體，相當具有參考價值。

（二）「障礙者的組織」之角色

　　DPO 作為代表障礙者的組織，必須能廣泛了解多元障礙者的需求，進而代表障礙者的觀點，參與政策過程。聯合國 1982 年提出的《關於障礙者的世界行動綱領》（World Programme of Action Concerning Disabled Persons）指出，「障礙者的組織」之角色，包含：確認障礙者的需求、自我發聲、表達對於優先順序的想法、評估服務、倡導改變以及提升社會大眾的意識。這個界定受到國際重視，例如澳洲 People with Disability Australia（2018）在其網頁中，關於「障礙者的組織」之角色說明，也依照《關於障礙者的世界行動綱領》的前述界定。

　　DPO 代表障礙者的立場與觀點，那麼，所謂「障礙者的立場與觀點」是什麼？先前提到，Mladenov（2009）指出 DPO 採取「社會模式」觀點，以取代「個人模式」觀點。Enns（2015）強調，障礙者主導的組織要改變社會對障礙者「疾病角色」的界定，障礙者是「具有平等權利的公民」，應能平等取得醫療、社會服務、教育、交通、就業、住宅、家庭生活等社會資源與生活型態。他進一步指出，DPO 有 9 個重要角色，包含：自我發聲、確認草根需求、代表發聲、評估和監督服務、自我發展、相互幫助與團結、產生自助方案、網絡連結、提升公眾意識，詳如表 8-6。

表 8-6　DPO 的角色

向度	內容
自我發聲	障礙者是自己最好的代言人，不需要專業人員或是家人代言。
確認草根需求	「障礙者的組織」立基於草根社群的需求，指出壓迫的社會事實，並且組織起來一同對抗社會歧視。透過發展地方性團體和舉辦障礙者權利議題論壇等方式，蒐集障礙者的需求和想法，進而向政府、服務提供者和社會大眾發聲，並將結果回報障礙社群。
代表發聲	代表障礙者向地區的、全國的和國際層次的政府及服務提供者發聲，例如障礙者國際組織 DPI 涵蓋多元障別，因此當 DPI 發聲時，能讓決策者聽到多元障別統一的聲音。
評估和監督服務	障礙者最知道自己的需求，因此障礙者參與政策與服務的評估和監督，有助於政策及服務的改善，例如加入障礙者的觀點，往往能使交通政策更注意到便利性與費用的可負擔性。
自我發展	障礙者在協商、組織、管理及倡議過程中、在組織內擔任志工時，都可以發展技巧，並且透過辦理論壇相互支持學習這些技巧。例如 DPI 自 1982 年起，推動自助領導訓練方案（Self-Help Leadership Training Program），分別在非洲、亞洲、拉丁美洲、加勒比海地區舉辦為期一週的討論會，主題包含預算、管理、募款、寫信、寫方案及報告，以及建立地區自助團體。
相互幫助與團結	以促進障礙者的公民權為目標下，共同努力，一同經歷活動、分享想法與感受、相互支持，產生歸屬感與力量。
產生自助方案	例如自立生活中心是自助互助組織、發展中國家自助的就業方案訓練並提供工作機會。
網絡連結	「障礙者的組織」提供障礙者相互分享想法與資訊的機會。例如 DPI 透過領導訓練會和論壇等方式，提供不同國家障礙者正式與非正式的資訊分享機會。例如區域性的網絡建立，讓不同國家的障礙者可以相互分享如何有效組織起來以改變社會。DPI 在聯合國經濟社會理事會及其他國際單位也具有諮詢地位，因此網絡連結包含障礙者之間，也包含政策參與。
提升公眾意識	透過遊說政府、監督服務機構、出版會訊、在許多場合包含媒體及研討會等發表談話等等方式，提升社會對於障礙者的需求、想望與能力的認識。

資料來源：Enns, 2015.

二 「參與」的層次

（一）Arnstein的公民參與階梯

「參與」這個概念看起來很簡單，然而，不同程度的「參與」，對於社會關係的形塑，卻有著非常不同的意涵。Arnstein（1969）提出「公民參與階梯」（a ladder of citizen participation），受到高度關注並成為經典之作。他指出，「公民參與」是公民力量的展現，但是公民到底有多少影響力，則要看參與的「層次」而定。

Arnstein 讓我們對於「參與」超越印象式的籠統理解，能更具批判性地思考在現實世界中，「參與」並不一定等於公民力量真正能夠發揮。Arnstein（1969）認為「參與」程度共有 3 個層次、8 種類型。3 個層次由低到高為：完全沒有參與（no-participation）、代幣式參與（tokenism）、公民權力（citizen power）。而 8 種類型由低到高則為：操弄（manipulation）、治療（therapy）、告知（informing）、諮詢（consultation）、安撫（placation）、夥伴（partnership）、權力下放（delegated power）、公民控制（citizen control）。關於這 3 個層次與 8 種類型之間的關係，詳如表 8-7 說明。

Arnstein（1969）所提出的 8 種參與類型，除了最後一個類型，亦即「公民控制」，在國內比較少見外，其餘 7 種類型，在障礙相關會議場合並不難見到，表 8-8 舉例說明之。

表 8-7　Arnstein（1969）參與的層次與類型

層次 1　完全沒有參與	
操弄	邀請參與諮詢只是讓當事人當橡皮圖章，或是只是為了尋求當事人的支持或是教育他們。
治療	邀請當事人參與活動只是為了要治療他們，而不試圖改變環境結構。
層次 2　代幣式參與	
告知	單向提供關於當事人權利、責任與選項，但無回饋管道，當事人也沒有協商的權力。有時候訊息在計畫最後階段才告知，當事人難有機會

	對於這些「為了他們好而設計的」方案產生實質影響力。或是會議提供很粗淺的訊息、給予不相關聯的答案等等，進行單向溝通。
諮詢	通常透過調查、鄰里會議、公聽會等方式，以量化方式評估參與情形，例如與會人數、問卷填答人數等等，人仍被視為是統計數據中抽象的概念。
安撫	使未擁有權力資源者提供意見，但最後仍由權力擁有者做決定。常見的安撫策略是邀請參與委員會，但參與者不具代表性，或是擁有權力的人占了多數席次，或是讓參與者無限發表意見，但最終決策者終究是有權力者。
層次 3　公民權力	
夥伴	透過委員會的方式，共享計畫、決定和問題解決之責任，公民與權力擁有者之間透過協商而重新分配權力。當組織有良好的領導，透過提供經濟資源可強化組織人事，發揮更大協商影響力。
權力下放	公部門主動開啟與公民間的協商，公民對於特定計畫或方案能扮演主要決策角色。
公民控制	由原本沒有權力和資源者獲得多數決策席次或管理權力，這需要具有代表性且有責信的公民團體之參與。

資料來源：Arnstein, 1969.

表 8-8　Arnstein（1969）參與的層次與類型舉例

層次 1　完全沒有參與	
操弄	邀請障礙者及障礙者的組織出席會議，但是會議多數時間都是行政部門在報告或做政令宣導，障礙者或障礙團體沒有機會發言，或是發言後完全沒有任何對話空間，只是被告知政策決定結果。
治療	邀請障礙者及障礙者的組織出席協調會議，卻安排「專家」演講，認為障礙者是來學習的，而不是來表達想法和參與協調的。
層次 2　代幣式參與	
告知	邀請障礙者及障礙者的組織出席會議，但僅單向而且籠統地告知新的政策或政策調整，會議時間被報告事項填滿，會議前不提供相關資料，會議中及會議後也不蒐集意見資料，當障礙者及障礙者的組織提出問題，僅回覆會再研議但會後毫無實際作為。
諮詢	以座談會方式，廣為邀請障礙者及障礙者的組織參與，統計參與人數，作為有徵詢障礙者及障礙者的組織意見之證據。

安撫	邀請障礙者及障礙者的組織參與研商會議，鼓勵廣為發言，但是障礙者無法參與決策；或是邀請障礙者及障礙者的組織擔任委員會委員，但是擁有權力者占有多數席次。
層次 3　公民權力	
夥伴	以工作小組的方式，邀請障礙者及障礙者的組織，共同進行計畫、決策和問題解決，建立平等、權力共享的夥伴關係。
權力下放	以開放提案、參與式預算等方式，讓障礙者及障礙者的組織參與決策。
公民控制	由具有代表性的「障礙者的組織」組成專門委員會，定期與政府協商、共同決策及對於政府進行監督。

（二）關於參與層次的其他論述

Arnstein 的「公民參與階梯」受到廣泛的關注與延伸應用，例如 Hart（1992）據以提出兒少參與的 8 層次階梯，包含：(1) 操弄（manipulation）；(2) 裝飾（Decoration）；(3) 代幣（Tokenism）；(4) 指派但不給予資訊（assigned but informed）；(5) 被諮詢並被給予資訊（consulted and informed）；(6) 由成人發起並領導（adult-initiated and directed）；(7) 由兒童發起並領導（child-initiated and directed）；(8) 兒童發起，由兒童與成人共同做決定（child-initiated, shared decisions with adults）。

Arnstein（1969）與 Hart（1992）最大的不同，可以說是 Hart 的第 8 層次著重「由當事人群體所發起」，這在 Arnstein 的「公民參與階梯」未被提及，也許因為提出年代的差異，Arnstein 理論發展的年代尚未出現大量的社會運動，因此對於「參與」的類型劃分少了此種型態的想像，而 Hart（1992）提供了很好的補充。在強調「障礙者主導」的今日，檢視障礙者參與的層次，必須將此種類型納入考量。另外，歐洲理事會指出公民參與有 4 個層次，包含：資訊（information）、諮詢（consultation）、對話（dialogue）和夥伴（partnership），詳如表 8-9。

表 8-9　歐洲理事會關於公民參與層次

層次	說明
資訊	政府部門單向提供資訊，沒有非政府組織的參與或互動。
諮詢	政府告知非政府組織目前政策發展並要求提供意見和回饋，議題是由政府所設定。
對話	在共同利益與共享目標下，廣泛性但規律性地雙向交換意見，包含公聽會、特定議題討論等。合作式的對話（collaborative dialogue）則是針對特定政策發展，而非只是廣泛對話，合作式的對話通常透過定期且密集的會議，建立共識並發展核心政策策略。
夥伴	在政策決策過程共享責任，包含議題設定、擬定草案、政策決定與執行。夥伴關係包含委託服務、參與式論壇、成立共同決策組織等

資料來源：Council of Europe, 2019.

　　Bochel、Bochel、Somerville 和 Worley（2008）則聚焦在服務輸送過程中，服務使用者的參與，他們提出 6 個層次的參與，包含：提供資訊（provision of information）、諮詢（consultation）、參與（participation/involvement）、合作（collaboration）、充權（empowerment），以及共同生產（co-production），詳如表 8-10。

表 8-10　服務輸送過程中服務使用者的參與層次

參與層次	說明
提供資訊	透過網站或其他書面資料提供資訊，使用者只是接收資訊，無實質參與。
諮詢	以調查、焦點團體、針對特定議題開放意見提供等方式進行諮詢，使用者只是被問問意見，但是也不太知道意見對於決定有沒有影響力。
參與	以焦點團體、公民論壇、使用者參與研究及其他民主方式參與，使用者可以直接參與，也能知道參與如何影響決策。
合作	以諮詢委員會、參與監督過程、參與式決定、參與式預算等方式，使用者參與決策，共同尋找問題解決方式。
充權	以授權決策、投票、共同生產、個人預算等方式，使用者／公民有較大的控制。
共同生產	服務提供者與使用者平等，服務被視為產品，服務更能反映使用者的觀點。

資料來源：Bochel et al., 2008.

上述關於最後一項「共同生產」，此概念是由 Leadbetter 所提出，強調服務使用者從原本被視爲「依賴者」，轉變爲「消費者」甚至進一步成爲「共同生產與設計的積極參與者」，能自主決定用不同的方式管理自己的生活（Leadbetter, 2004）。European Platform for Rehabilitation（2016）指出，「共同生產」有助於落實《身權公約》的 8 大原則，而所謂「共同生產」，是社會服務提供過程中，所有利害關係者的平等參與，包含專業人員、服務使用者及其家人，每個人將自己獨特的專業、能力、知識、經驗帶入，以共同改善服務。

在「共同生產」模式中，服務使用者是「專家」，能參與服務的設計與輸送，而不是被動接受服務者。Birrell 和 Gray（2017）主張「共同生產」的元素包含：共同創造、設計、整合、管理、評估（co-creation, co-design, co-commissioning, co-management, co-assessment）。自 2000 年代中期起，英國社會照顧政策積極提倡「共同生產」，服務使用者被視爲「共同生產者」（co-producers），服務使用者從「被動接受者」及「消費者」，轉爲「積極參與的公民」；從專業人員擁有權力、評估需求，轉爲使用者擁有權力、使用者定義服務成果；由專業人員主導服務發展，轉爲使用者主導；從「服務爲焦點」轉爲「建構服務使用者的能力並使其成爲社區網絡的一員」（Pearson, Ridley & Hunter, 2014）。

三 「參與」的環境

本章第一節提到，《身權公約》第 7 號一般性意見對於障礙者如何參與，提出了幾項重點，包含：參與所有決策過程；確保環境與諮詢程序制度的「合理性」、「可及性」以及「合理調整」；以經費、能力建構和支持決定安排等方式，「充權」障礙者的組織；確保不因參與而受到威脅；建立融合社會以創造共融參與。Sépulchre（2018）也指出，障礙者能夠實質參與的條件包含可及性、個人協助、輔助科技、經濟補助與健康照顧。國內學者也呼籲強化身心障礙權益相關委

員會遴選機制的公正性、增加障礙者代表的比例，並且培力 DPO、落實障礙者參與公共事務的可及性（張恆豪、周月清、陳俊賢、陳重安，2020）。

（一）可及性與合理調整

障礙者參與必須有可及的環境，才不至於產生阻礙，例如溝通上的可及性，會影響口語溝通困難者的參與。Tisdall（2012）指出，口語溝通往往被賦予較優勢位置，使得其他型態的溝通方式比如畫圖、角色扮演等溝通方式不被重視，也使得不太能夠或完全無法靠口語溝通的兒少面臨被排除的風險。他點出了不同的溝通方式應被給予同等價值，如此，才能確保每個兒少的參與，和真正被視為平等的公民。

European Platform for Rehabilitation（2016）也主張，為了確保服務使用者有意義的參與，應確保參與的「可及性」，例如使用有創意的溝通方法、提供支持決定等。服務提供者應與使用者共同評估參與過程的「可及性」情形。而 Callus 和 Camilleri-Zahra（2017）強調，會議及各項活動進行的方式、地點、建築物、設備、資訊、溝通、交通等各方面的可及性，以及提供人力協助支持，例如協助智能障礙者在會議中能跟上討論並且提供發表口頭或書面意見的支持，這些都是確保障礙者參與的可及性之重要措施。綜合而言，可及性與合理調整，是確保障礙者平等參與的基本要件。可及性是指事前考慮不同群體需求的設計，合理調整則是因應個別狀況，與當事人一同討論如何進行調整，以確保其平等參與的權利。

（二）尊重差異及「經驗專業」

尊重障礙者的差異與「經驗專業」，障礙者才會有「參與」的機會。Young（1998）點出經驗專業須受到肯定。她指出，不同群體間能力、需求、文化、認知型態的差異若被視為是偏差或缺陷，這個界定方式將使得某些群體受到壓迫。社會中的「優勢團體」藉由其「優勢」，將自己的能力、價值、認知與行為模式界定為「正常」而且所

有人都必須遵守，認為他們的經驗與觀點才是客觀公正的。因此，唯有當團體間在能力、社會化、價值、認知與文化型態等的差異都被考量下，所有群體在政治與經濟方面的「融合」及「參與」才有可能。

　　這不僅僅是考量障礙者與非障礙者的差異，事實上，障礙群體也有著年齡、性別、障礙類型等諸多差異，有些群體例如障礙兒童和女性，尤其容易受到忽略，這也是為什麼《身權公約》一般性原則特別提到這二個群體。而 *Children & Society* 期刊 2012 年第 26 期的社論也提醒，障礙兒童自己的觀點與經驗較常被忽略，通常都比較依賴雙親或專業人員代理。

　　而重視障礙者的「經驗專業」，具體作法之一即是提供 DPO 財務上的補助。例如瑞典為了確保所有公民的民主參與，憲法規定政府政策都應該蒐集地方政府相關單位的意見，民間組織與個人也必須有機會表達想法。瑞典自 1960 年代起，提供 DPO 組織營運上的財務補助，而丹麥每年也都會提供 DPO 經費補助（Europa, 2014; Sépulchre, 2018）。英國政府也曾於 2005 至 2015 年間提供 DPO 財務支持，但後來由於許多地方政府福利經費緊縮而不再給予補助，導致不少DPO 因而關閉。而在國際層次，歐洲障礙論壇（European Disability Forum, EDF）創立於 1996 年，是歐洲各國障礙者組成的 DPO，由障礙者及障礙者的家庭成員所經營，歐盟補助了 EDF 約七成的經費。

四 消費主義式的參與vs.公民參與

　　本章第二節中提到被視為較高層次參與的「共同生產」，服務使用者參與設計服務與解決問題，Gardner（2014）強調，共同生產的前提是服務使用者共享權力。Duffy（2003）則提出，相對於「專業才華模式」，「公民模式」強調權利，服務使用者是服務提供過程的中心，而不只是接受照顧的人。此外，服務使用者在社區中應有多層次的參與，包含取得支持與服務、選擇與主導支持、參與社區活動及使用設施並且貢獻社區。

本書第六章提到，自立生活運動強調「消費者控制」，美國精障運動也強調精障者是「消費者」，然而，這種「消費主義式的參與」，卻也受到批判。Beresford和Croft（1993, 1995）提出應區隔「消費主義模式」的參與以及「民主模式」的參與，前者是由上而下的、個人主義式的，而後者則是源自於障礙運動和精神健康服務使用者的運動，焦點在「權力、不平等」的議題，關注的是「社會正義」。他們指出，社會照顧的「消費主義」伴隨著「福利市場」的概念，需求與服務被當作商品買賣，透過供需調節。理論上，消費者從一系列的服務中選擇，透過購買力影響價格與品質。參與決定被視為基本概念，不過參與的目的是影響對於服務的個別消費，然而，儘管服務可能變得較能回應需求、較有彈性，但是控制服務的仍然是服務提供單位及專業人員。Ellis（2000）也指出，因為社會照顧是「準市場」，受限於福利資格、預算、資源多寡、服務契約等因素，準市場並無法如同市場中具有多元與自主的選擇，因此，「消費主義」並不可行。

Beresford（1993）強調，人有權被傾聽、有權參與。人們想要對自己的「生活」有更多的主導，而不只是對於「服務」有更多的發聲。民主模式的參與，其目標在於壓迫與排除的改變，也就是促使公民權。Ellis（2000）批判，將障礙者視為「依賴者」的觀點，威脅障礙者的自主與公民權。他認為，「充權」不是技術性的使能，而是能夠自我發聲的政治活動，是集體力量的結果。而消費主義模式的「充權」具有許多限制，因為障礙者往往只是被請去提供意見，然而服務卻是事先設定好，並沒有讓障礙者有機會可以對服務提出根本的挑戰。福利消費者的選擇受限於福利資格、福利預算、服務資源多寡、服務契約重視成本效益的規則等等，因此「充權」不是「技術活動」而是「政治活動」，涉及「權力」與「控制」的爭取，「充權」無法由別人給予障礙者，因為「權力」是藉由集體爭取而獲得。Wolff和Hums（2017）強調障礙者要的是全面的權力，不只是服務輸送過程的權力。

Wolff和Hums（2017）指出，各國障礙者常使用的標語「Nothing

About Us Without Us」（所有關於我們的事，都要有我們的參與）這句話的意思，是障礙者應該被視為社會中每個領域的參與者和貢獻者，包含休閒、教育、體育、醫療、法律等。這也呼應了先前提到，融合的社會是共融參與的前提。障礙者要成為障礙者組織的領導者，也要成為主流的、地方的、全國的、國際組織的核心參與者。例如影視、廣告等媒體不應由非障礙者扮演障礙者，而應由障礙者實際的參與；障礙者應不只參與「帕運」（Paralympic），在奧運、職業運動、校際田徑、青少年運動等場域，障礙者也應能平等參與。障礙者不需要標籤與同情，而是權利與尊嚴，障礙者要參與社會生活每一個層面。

 第三節　障礙者要求參與

　　儘管在社會中，障礙者經常被視為「他者」而被忽略與排除，障礙者透過障礙運動，向政府部門和社會要求參與，幾乎可以說是用血淚換取對於和自己切身相關的公共政策決策過程之參與，以及促使社會往更尊重差異與人權的方向進行改變。因此，談障礙者的公共參與，也不能否認障礙者雖然被社會排除，許多政策的推動和社會的改變，其實是因為障礙者的倡議，透過障礙者倡議表達自己作為「公民」的身分不應被忽視，社會才有機會改變。

　　作為社會中「權力弱勢」的障礙群體，透過集體力量的展現，挑戰「權力優勢」群體的價值和思維，這些撞擊提醒著社會應該調整。社會應將這些「體制外的參與」納入體制內，建構適當的障礙者參與機制，使障礙者的差異能被尊重與考量，對於與自身相關之政策能參與決策，並增進政策品質與成為推動社會進步的力量。

一 「所有關於我們的事，都要有我們的參與」

世界聞名且經常爲各國障礙運動所使用的標語「Nothing About Us Without Us」這句話已經存在數百年，意思是：所有關於我們的事，都要有我們的參與。晚近障礙運動運用這句話以表達自我決策的權利應受到尊重。國內許多團體習慣翻譯成「沒有我們的參與，不要替我們做決定。」這個翻譯固然可以凸顯障礙者不要他人決定而要自己決定，然而，筆者認爲在語意上，「所有關於我們的事，都要有我們的參與」似乎較爲貼近原文意思，因此本書採取有別於國內許多人慣用的翻譯語詞。

Nothing About Us Without Us 這句話源於拉丁文 "Nihil de nobis, sine nobis"，18 世紀美國獨立戰爭期間的口號之一「要有我們的代表參與，我們才要納稅。」（no taxation without representation）便是運用這樣的概念與句型（Overdorff, 2022）。Charlton（1998）於 1993 年首次在南非聽到 2 名障礙運動領袖說這句話，而這 2 名障礙運動領袖是在一個障礙權利國際會議當中，聽到東歐與會的障礙者所言。Charlton 認爲這句話很可以呼應障礙運動的哲學和歷史，因爲障礙者經常面臨被迫依賴的處境，障礙運動的核心便是倡議障礙者控制自己的生活，而不是由他人來控制。Charlton 自 1995 年開始於其著作中使用這句話，後來逐漸被世界各國障礙運動所廣泛運用。透過這個標語，障礙者想說的是：障礙者最知道什麼是對自己和對自己的社群最好的。

「所有關於我們的事，都要有我們的參與」，這個標語的重點包括：(1) 障礙者應能控制自己的生活、自我決策，並且爲自己的生活負起責任；(2) 政治、經濟與文化系統應將障礙者納入決策過程中，並肯認障礙者的經驗知識在做關於會影響自己生活的決策時必須具有關鍵角色；(3) 肯認國際障礙運動的哲學，包含自立、整合、充權、人權、自助、自我決策（Charlton, 1998）。

Campbell（2002）強調，障礙者參與不僅對障礙者有利，也對社

會有利。障礙者參與，是因為要控制自己的生活和被平等對待，試圖解決障礙者被排除的集體經驗。而「非障礙者」其實也因為障礙者被排除而有所損失，因為「珍視差異」對於整體社會發展是有益的。

因此，我們不應從「社會給予障礙者什麼」的施捨角度去理解「障礙者參與」這件事，而應從尊重人權以及「障礙者的差異能為社會帶來不同視角與認識」的角度思考，因為「要讓社會更能尊重和慶祝差異，確保所有人的人權」，所以重視「障礙者的參與」；讓障礙者參與公共政策的形成過程，是國家對於障礙者作為「權利持有者應有自我發聲的權利」之尊重與責任展現；障礙者參與也是障礙者對社會無可替代的獨特貢獻，應予珍視。這也是先前提到的，應尊重障礙者的差異與經驗專業。

⬤ 二 不被認可的強大參與力量

從許多國家的歷史來看，事實上，障礙者一直都有在參與，許多法案的形成、實施，和社會的改變，都是因為障礙社群倡議而來，只是社會並不認可障礙者的參與，然而，這些強大的「體制外的參與」力量，卻是不容忽視的。以下舉一些有名的例子，儘管各國障礙運動對社會改革的貢獻是經年累月且持續不斷的，並不僅限於這些例子。

（一）美國障礙者推動禁止歧視

美國 1973 年《復健法案》的付諸實施，是障礙社群努力抗爭的結果。《復健法案》有許多處理障礙歧視的規定，包含要求聯邦政府及與聯邦政府簽約的單位僱用障礙者、採取積極行動措施、禁止歧視障礙者、確保障礙者平等取得科技資訊與資料。然而，該法案雖已通過卻遲遲不實施，障礙社群於 1977 年要求總統簽署法案，但總統不僅不簽署，反而任命聯邦健康、教育與福利辦公室重新檢視法案。

美國障礙公民聯盟（American Coalition of Citizens with Disabilities, ACCD）擔心法案被弱化，要求總統完成法案簽署卻受

挫，全國障礙者約 120 名乃占領位於洛杉磯的聯邦健康、教育與福利辦公室。由於柏克萊自立生活中心與其他公民團體建立良好的網絡關係，在黑人權益倡議團體和同志權益倡議團體的支持，和其他國家障礙者的聲援下，這個占領行動持續了 25 天，直至總統簽署未經更動的原法案，抗議才告終止。該抗議行動的組織者 Kitty Cone 認為，那是美國史上第一次將障礙議題視為「公民權」而非「慈善」或「復健」議題（Stevens, 2012; Meldon, 2019）。以下這二段紀錄片，清楚記錄這個充滿血淚的辛苦抗爭過程：

1. https://www.youtube.com/watch?v=52XqupjXHIM
   影片名稱：The Power of 504 (open caption, english)
2. https://www.youtube.com/watch?v=OFS8SpwioZ4
   影片名稱：CRIP CAMP: A DISABILITY REVOLUTION | Full Featurel Netflix

《美國障礙者法》的通過，也是歷經一段艱辛的抗爭過程。1990年障礙者集結在國會大廈的階梯，等待禁止障礙歧視的《美國障礙者法》通過，法案審查由於大眾運輸公司反對關於「可及性」的嚴格規定而陷入膠著。當時有一位年僅 8 歲行動不便的障礙兒童，為了凸顯環境可及性不足對障礙者生活的影響，突然沿著國會大廈的階梯往上爬行，在場許多障礙者也跟進，這就是有名的「國會大廈之爬」（Capitol Crawl）。總統最終簽署了法案（Meldon, 2019）。

以下這二個影片，記錄說明了這段歷史：

1. https://www.youtube.com/watch?v=UhOhsctfaeE
   影片名稱：nhd capital crawl 978
2. https://www.youtube.com/watch?v=kU9cDyqvH-g&t=64s
   影片名稱：Jennifer keelan, 08 of 12: "Climbing the Capitol Steps for ADA"

（二）日本障礙者倡議平等生存權與爭取政策協商地位

1957 年一群腦性麻痺障礙者成立名為 Aoi Shiba 的協會，他們在

1961 年向政府健康與福利部門提出了 12 項政策建議，儘管有些訴求以今日的眼光看來落伍，例如爭取永久性的住宿機構，但這卻是日本障礙者第一次與政府官員開會討論政策。1961 年一位年僅 2 歲的障礙兒童被母親殺死，障礙兒童家長協會主張應赦免母親，因爲照顧者的壓力沉重情有可原，社會也普遍同情照顧者的處境，Aoi Shiba 則反對家長團體複製「健全主義」（ablism），視障礙者是不健全且不值得活的，Aoi Shiba 抗議對障礙者生存權的侵犯，該名母親最後也繩之於法，而這個事件也讓障礙者深刻感受障礙者代表自己發聲的重要（Hayashi & Okuhira, 2001）。

此後，Aoi Shiba 開始在各地設置分會，並且針對交通、教育、墮胎等政策舉行抗議活動，並與其他障礙團體於 1976 年共同成立多元障別的聯盟團體，共同對抗健全主義的政策。到了 1980 年代，日本政府已經很習慣障礙者出現在談判桌上，而障礙運動也在經驗累積中，學習以更系統化的方式，運用研究數據進行倡議（Hayashi & Okuhira, 2001）。障礙者透過倡議經驗的累積，更增加了「參與」的能量。這也呼應了《身權公約》強調障礙者「在參與的過程中充權」的概念。

（三）英國障礙者提出「社會模式」、推動自立生活和反歧視法

本書第一章提到，「社會模式」觀點看待障礙，源自於英國的障礙運動，UPIAS 主張障礙乃來自於「社會環境的阻礙」，而不是「障礙者個人」。UPIAS 成立於 1974 年，其組織章程強調社會必須改變：「聯盟的目的是改變所有隔離的設施，替代成肢體損傷者能全面參與社會的安排，包含財務的、醫療的、科技的、教育的與其他協助，使我們的日常生活活動達到最大可能的自立、能自由行動、從事生產性的工作、選擇住在哪裡和過自己選擇與掌控的生活。而這些安排必須由國家進行規範。」（Finkelstein, 2007）

UPIAS 一開始便批判慈善組織抱持「專家」觀點，否定障礙者的能力，障礙者在憤怒中團結起來，要告訴社會，障礙來自於社會

壓迫（UPIAS, 1976）。本書第六章提到，UPIAS 成立的目的是障礙者為自己發聲，而不是由慈善團體代言。Shakespeare（1993）強調，英國早期的障礙者領導的組織 UPIAS 以及 BCODP（British Council of Disabled People，英國障礙者協會）透過定義障礙為「社會壓迫」，挑戰社會認定障礙者「無能」的負面標籤與將障礙者視為「他者」的歧視作為，建立障礙認同，產生集體意識，進而推動自立生活運動與禁止歧視障礙者法令。

（四）「障礙者國際組織」在專業主導中自創一條屬於障礙者的新路

障礙者國際組織（Disabled Peoples' International, DPI）是障礙者主導的國際組織，成立於 1980 年，當時由專業人員組成的「國際復健協會」（Rehabilitation International），是最有影響力的障礙議題國際組織，協會規定障礙者能以「觀察員」身分參與會議但不能發言。1980 年，數百名障礙者參與國際復健協會在新加坡的會議，要求國際復健協會的代表大會要有半數代表為障礙者，但這個提議被以 61 比 37 的票數否決，障礙者乃自行組成另一個協會與之抗衡，稱為「障礙者國際組織」，目前有超過 160 個國家是該組織的會員（Charlton, 1998; People with Disability Australia, 2018）。

（五）臺灣障礙者從發展障礙者能力，轉為要求去除環境阻礙

1982 年患有類風溼性關節炎的障礙者劉俠創辦「伊甸」，提供障礙者職業訓練、休閒活動、輔導諮詢等服務，劉俠女士曾說，成立伊甸之目的，是發展障礙者的能力：「訓練他們，發揮他們的潛能，讓他們活出人的尊嚴與價值。」（王鼎域，2014）由於體認大環境若不改變，再多的服務也無法改善障礙者的處境，乃轉而致力於社會大眾觀念的改變（謝東儒、張嘉玲、黃珉蓉，2005）。1989 年，由於政府停售愛國獎券造成障礙者生計困難，劉俠號召全國 73 個障礙團體，約 500 名障礙者走上街頭抗議（張傳佳，2014），並且成立「促

進殘障福利法修正行動委員會」，此即為「中華民國殘障聯盟」的前身。同年立委選舉，因當時參選立委有學歷限制，劉俠沒有國中文憑，凸顯了教育制度的歧視不僅將障礙者排除於教育體制外，也剝奪了失學障礙者的被選舉權（林昭吟、張恆豪、蘇峰山，2019）。

　　2009 年，立榮航空拒載輪椅使用者，理由是沒有協助經驗與沒有空橋。障礙團體抗議，加上本身是輪椅使用者的媒體人余秀芷在戴立忍導演的「噗浪」分享此事件訊息，引發社會關注。本身是障礙者的徐中雄立委召開協調會，達成「民航局應立即搜尋相關輔具資訊，並在國內各航空站設置必要的輔具，協助身障者搭機」的決議。隔年余秀芷發起「一人一信運動」，要求民航局限期改善，民航局表示找不到適合不同飛機的升降裝置或是斜坡道。當時在美國攻讀博士學位的障礙藝術家易君珊迅速從網路上找到登機斜坡道購買資訊，在網路上發文並被大量轉載，形成輿論。在立委的介入下，交通部長答應限期採購，同年年底啟用登機斜坡道，且立法院於 2011 年 1 月通過身心障礙者權益保障法修正案，明訂「航空業者不得拒載身障者」（張恆豪，2015；張恆豪、游鯉綺、許朝富，2018）。

　　政府對於餐廳的無障礙規定，也緣於障礙者對麥當勞環境阻礙的抗議。障礙藝術家易君珊於 2011 年發起一人一信寫到麥當勞總公司，要求環境無障礙，輪椅使用者青少年 Shayla 首先寫信響應，她的信被轉譯為「I'm not loving it」（「我沒有辦法喜歡它」），控訴想去麥當勞慶生卻不得其門而入。易君珊並在網站上提供英文信範本，且提供美國禁止歧視規定的資訊。行無礙與新活力及其他個別障礙者共約 20 位到麥當勞前抗議無法入內用餐。最後在 2012 年 1 月，內政部營建署通過「麥當勞條款」，要求新建物「總樓地板面積 300 平方公尺以上的餐廳、咖啡店、冰果店、冷飲店等，須設無障礙坡道、廁所、升降設備等無障礙設施。」（張恆豪、游鯉綺、許朝富，2018）

　　前述諸例並非國內障礙者推動政策發展的全貌，然而，由上述這些例子，我們看到許多障礙者的身影，他們用血淚換來基本權利的保

障，也推進了社會的變革。他們在面臨「社會排除」的處境中，試圖告訴社會，障礙者是「平等的公民」，應該受到平等的尊重與保障。由於障礙者這些「體制外的參與」，才促使政策與社會環境考量障礙者的差異、更尊重人權。因此，障礙者透過倡議行動，「其實一直在參與」公共決策，與推動社會的改變。

 ## 第四節　結語：障礙者的公民參與，是社會進步的動力

「Nothing About Us Without Us」（所有關於我們的事，都要有我們的參與）這句有名的標語，廣泛為世界各國障礙運動所使用。障礙者之所以需要喊出這樣的口號，背後是長期被社會排除參與機會、被否定與被忽略的處境，這句話透露著在這樣處境的人，希望被看見、被傾聽與被尊重。障礙者透過集體行動，其實一直都在努力參與改變社會、影響政策，只可惜並未受到社會的認可，也沒有獲得平等的公共政策參與機會。許多例子顯示，障礙者的參與是社會進步的重要動力之一，社會不應把障礙者參與視為施捨給障礙者的好處，而應珍視障礙者的差異性與藉由參與為社會所帶來的貢獻，如此，人權保障的精神與價值才能真正獲得實踐。

「參與」是「政治議題」而不是「福利議題」，首先必須讓處於「權力弱勢」的障礙者擁有權力，而障礙者擁有權力的大小，與參與機制和環境設計是否適當，以及「參與的層次」有關。此外，透過支持「障礙者的組織」，有助於障礙者的充權，使障礙群體的聲音與力量透過穩定的組織，能持續地發聲及參與政策過程。本章先前提到，關於「障礙者的組織」之特性，《身權公約》第 7 號一般性意見以及相關文獻都有一些界定，紐西蘭障礙者主導組織聯盟 DPO Coalition 更發展檢核表，這些都可以成為國內未來推動相關事務的參考。

障礙者「參與」的層次應受關注，公平正義的社會應確保「公民權力的參與和展現」，不應僅給予「代幣式的參與」。社會需要認識到，障礙者的經驗專業有助於增進政策的品質、改善社會。我們應努力建構的，不是「消費主義式的參與」，而是「公民參與」，當障礙者更能夠融入及平等參與社會生活的每一個面向，則障礙者越不會被主流社會所排除，非障礙者才有機會在生活中，面對面地與障礙者互動的過程中學習認識障礙者的差異，並視障礙者的參與爲生活中理所當然的一部分，則障礙者的參與才會是全面的。因此，障礙者作爲「主體」的參與，首先必須先被以平等的「權利擁有者」對待及保障，先被視爲「擁有平等公民權的公民」，讓障礙者及其組織在不斷參與的過程中逐漸「充權」，這個社會將會因爲障礙者的參與而更加美好。

第九章

社會工作專業信念與
障礙者人權的推動

聯合國大會於 1948 年通過的《世界人權宣言》（Universal Declaration of Human Rights）序言提到：「對於所有人固有尊嚴及平等且不可剝奪的權利之承認，是世界自由、正義與和平的基礎。」第 1 條指出：「自由與平等的尊嚴與權利乃與生俱來。人皆有理性良知，應和睦相處，情同手足。」這個理想，是人類社會所應共同遵循的目標，也是社會工作專業的價值與方向。長期以來，社會工作專業也一致認定，「人性尊嚴與價值」和「社會正義」，是社會工作專業長期以來的核心價值與使命（Reamer, 1995a, 1995b）。

社會工作的興起，起源於 19 世紀晚期美國的「慈善會社」（Charity Organization Societies），以及始於英國，後於美國進一步推展的「睦鄰運動」（Settlement House Movement）。慈善會社運動較著重增進「個人適應」，睦鄰運動則同時重視「個人適應」與「社會改革」（Dubois & Miley, 1999）。因此，在保障人權的工作上，社會工作者不僅關心「個人需求的滿足」，也推動「社會的改變」。社會工作者在障礙者「人權」的實現上，能扮演什麼樣的角色？國內社會福利與服務的實施，贊助單位尤其政府部門，往往規定社會福利機構和團體必須聘用專業社會工作者。聘用專業社會工作者的好處是什麼？社會工作者的「專業」指的是什麼？什麼樣的「專業」內涵，支撐著社會工作者在推動障礙者「社會正義」與「人權」（包含自主權）時，所持有的信念與所採取的行動？

本章首先整理國內外社會工作倫理守則中，關於「社會正義」與「人權」及「自我決策」的相關內容，從中整理這些概念在社會工作專業社群中如何被看重。其後，再從社會工作的傳統，以及社會工作理論，探討對於在社會中遭受「歧視、不平等對待」的群體，社會工作專業有著什麼樣的知識建構和方法，指引著社會工作者推動障礙者人權保障的使命之實踐。

第一節　社會工作倫理守則關於「社會正義」 與「人權」

本節首先分別整理我國、國際與其他國家社會工作倫理守則中，關於「社會正義」與「人權」及「自我決策」的相關內容，其後並做國際比較，目的是了解國內「社會工作專業」如何看待社會工作者在「社會正義」與「人權」及「自我決策」等議題上的角色。同時，也藉此擴大視野，認識並比較國內、國際，與其他國家，社會工作專業社群在這些議題的看重方式和對社會工作者的相關規範和引導情形，以期使國內的社會工作者，對於自身在障礙者的「社會正義」與「人權」及「自我決策」的推動上，能有更清楚的定位與更明確的目標。

一　我國相關規定

（一）基本人性需求和尊嚴、實踐社會正義

促進服務對象「基本人性需求和尊嚴」，以及實踐「社會正義」，在國內關於社會工作師的法規與倫理規範當中，都受到相當程度的重視。首先，在「法」的層次，規範了社會工作者應抱持的專業使命，2020 年修訂公布的《社會工作師法》第 2 條規定，社會工作師的使命為「促進人民及社會福祉，協助人民滿足其基本人性需求，關注弱勢族群，實踐社會正義。」換言之，社會工作者的使命不僅在於廣泛的滿足人性需求，且特別關注弱勢群體的社會正義。

而在「專業倫理」的規範方面，根據 2019 年全國社會工作師公會聯合會修訂，並向衛福部核備的《社會工作師倫理守則》第 1 章的第 1 項指出，社會工作的使命為「以人的尊嚴與價值為核心，使服務對象都能獲人性尊嚴的生活條件，讓所有不同文化的族群，都能同等受到尊重。」在這裡談的不僅是法規中的「人性需求」，更強調「人的尊嚴與價值」，且關注不同族群間的平等。

前述《社會工作師倫理守則》指出，社會工作的核心價值爲「努力促使服務對象免於貧窮、恐懼、不安、壓迫及不正義對待，維護服務對象基本生存保障，享有尊嚴的生活。」這裡直接點出了「壓迫」與「社會不正義」的問題。此外，倫理守則中，關於社會工作師「對服務對象」的 9 大倫理守則中，第 1 項指出「社會工作師應基於社會公平、正義，以促進服務對象福祉爲服務之優先考量。」換句話說，「人權」與「社會正義」是國內社會工作社群所認定的社會工作專業使命、核心價值與倫理。雖然《社會工作師法》和《社會工作師倫理守則》的法律適用對象是「社會工作師」，然而，並不是所有從事社會工作者皆取得「社會工作師」證照，但是從「專業服務」的角度，《社會工作師法》和《社會工作師倫理守則》應該是所有「社會工作專業工作者」（不論是否有考取證照），與「社會福利機構團體的工作者」，皆應共同遵守的專業責任。

（二）「最佳利益」與「自我決定」原則

我國《社會工作師倫理守則》提出 6 項社會工作倫理原則，其中第 2 項爲「實踐弱勢優先及服務對象最佳利益」，另外，在關於「倫理衝突的處理原則」提到，「以保護生命爲最優先考量原則，並在維護人性尊嚴、社會公平與社會正義的基礎上作爲。」且必須符合下列 4 項原則：(1) 所採取之方法有助於服務對象利益之爭取；(2) 有多種達成目標的方法時，應選擇服務對象的「最佳權益」、「最少損害」的方法；(3) 保護服務對象的方法所造成的損害，不得與欲達成目的不相符合；(4) 尊重服務對象「自我決定」的權利。此外，關於社會工作師「對服務對象」的 9 大倫理守則中，第 2 項規定「社會工作師應尊重並促進服務對象的自我決定權」。

值得注意的是，依據我國《社會工作師倫理守則》，「最佳利益」是主要的原則，而當社會工作者認爲有倫理衝突時，一方面要考量服務對象的「最佳利益」，另方面也尊重其「自我決定」。這二者之間是否有時候會有相互矛盾的情形？是值得思考的問題。舉例而

言，服務對象本身是智能障礙者，已經生育 2 名智能障礙者，又想要生第 3 胎，且服務對象沒有工作，家庭經濟狀況不佳。社會工作者認為服務對象不知如何教養小孩，造成年邁父母與社會的負擔，為了服務對象的「最佳利益」，應勸說服務對象不要再生育，或是認為政策應限制像這種狀況的服務對象繼續生育。請問這位社會工作者是在維護服務對象的「最佳利益」還是在剝奪服務對象的「自我決定」？本書第三章曾提到，「最佳利益」不應為「替代決定」，而應該是「支持決定」。因此，社會工作者必須反思自己的想法，是否有「以最佳利益為名，行替代決定之實」的侵犯服務對象自主權之不當操作。

而從國內既有法規層面來看，我國《身心障礙者權益保障法》第 50 條規定應提供障礙者「婚姻及生育輔導」，因此，社會工作者應致力於提供障礙者此方面的「支持決定」，以確保其婚姻與生育權。此外，《身權公約》更明確指出障礙者有權擁有家庭生活，包含自己決定要不要生小孩以及要生幾個小孩。換言之，法規明確規定生育是障礙者的「人權」與「公民權」，提供智能障礙服務對象生育方面的「支持決定」應為社會工作者「維護人權及人性尊嚴」的重要工作。社會工作者必須熟悉法規，也必須認清自身的專業責任，否則，社會工作者認為的所謂「案主自決與最佳利益之間的倫理兩難」，在此例中，其實是暴露了社會工作者本身的無知。這個例子提醒著社會工作者，必須時時更新自己對於政策法規的認識，也必須時時反思自己是否在專業角色的社會位置上，不小心成為服務對象的「壓迫者」。

社會工作專業就如同每一個專業，其構成成分包含知識、價值倫理與技巧，而不同的社會對於社會工作者所應遵守的倫理規定有著共通性與差異性，反映著該社會的社會工作專業社群如何理解與實踐「社會工作」。為了使讀者能將國內有關社會工作倫理的規定，放在國際脈絡中去比較與理解，以下介紹全球社會工作專業社群，以及幾個不同國家的社工專業社群如何定義與規範有關「社會正義」、「人性尊嚴及價值、人權」，以及「自我決策」的社會工作倫理原則。

二 國際規範

（一）全球社會工作倫理原則聲明

「國際社會工作者協會」（International Federation of Social Workers, IFSW）由全球 130 多個國家的社會工作專業團體共同組成，因此，IFSW 所發布的社會工作倫理相關聲明、定義等文件，受到世界各國極大的重視，成為各國社會工作專業倫理守則的重要參考依據。

IFSW 發布的《全球社會工作倫理原則聲明》（Global Social Work Statement of Ethical Principles）中，列出了社會工作的 9 大原則，其中前 5 項為：人性尊嚴、人權、社會正義、自我決策，和參與。該聲明提到，第 1 項「人性尊嚴」及第 2 項「人權」，是社會工作的基礎，亦即尊重所有人與生俱來的價值和尊嚴，以及因而衍生的個人及社會／公民權利；第 3 項關於促進「社會正義」，是指社會工作者應對於歧視和制度性的壓迫提出挑戰、尊重多元差異、倡議資源與財富的公平分配、挑戰不正義的政策與措施，並且積極建構邁向融合、負責與團結的社會網絡；關於第 4 項「自我決策」和第 5 項「參與」，社會工作者尊重及促進個人做選擇與決定的權利，並且促進當事人充分參與影響其生活所有面向的決策與行動（International Federation of Social Workers, 2018a）。這個聲明不僅點出抽象性的原則，亦指出社會工作者在實務實施過程中可以努力的重點。

（二）「社會工作」的全球定義

「國際社會工作者協會」（IFSW）於 2014 年通過的「社會工作專業的全球定義」（Global Definition of the Social Work Profession）如下：

> 「社會工作是以『實踐』為本的專業及學術領域，社會工作推動社會變遷和發展、社會凝聚、人民的充權及解放。

社會正義、人權、集體責任和尊重差異等原則，是社會工作的核心。基於社會工作、社會科學、人文和本土知識的理論，社會工作聯繫個人和組織，去面對人生的挑戰和促進人類福祉。」（International Federation of Social Workers, 2022a）

　　IFSW 對社會工作的定義受到世界各國的重視，例如澳洲與日本對於社會工作的定義，皆依循此定義。IFSW 這個定義點出了社會工作的重點，不僅在於「充權個人」，也致力於「改變社會」、確保「人權」與「社會正義」（International Federation of Social Workers, 2022a）。

　　此外，IFSW 更進一步指出「解放性實務」（emancipatory practice）是社會工作的核心任務，亦即人民的充權與解放。為了挑戰和改變導致「邊緣化」、「社會排除」和「社會壓迫」的結構性條件，社會工作者應致力於社會改革。另外，IFSW 主張社會工作的首要原則是「尊重人的內在價值和尊嚴、不造成傷害、尊重多元差異、維護人權與社會正義。」社會工作為服務對象的權利進行倡導，並促進人們對彼此的福祉負責、實現與尊重人與人之間以及人與環境之間的互賴關係。社會工作盡可能「支持服務對象並與之合作」，也就是以服務對象為中心提供支持，而不是「為服務對象工作」，也就是以服務提供者為中心而提供服務（International Federation of Social Workers, 2022a）。

三 其他國家的規定

　　從 IFSW 的《全球社會工作倫理原則聲明》以及關於社會工作的全球定義，可以看到國際上對於「人權」與「社會正義」的重視，也共同認為社會工作者有責任挑戰和改變「不平等」與「不正義」的社會結構、與服務對象合作、支持服務對象倡導，或是為服務對象權利

倡導。以下進一步介紹美國、英國、澳洲、日本、韓國、新加坡等國社會工作倫理守則相關規定內容，這些國家的選擇主要是考量資料的可獲取性，也由於不同國家可取得資料的豐富度不同，因此，以下僅在可能範圍內進行簡要介紹。

（一）美國

「美國社會工作者協會」（National Association of Social Workers, NASW）提出社會工作使命為「增進人類福祉並幫助滿足所有人的基本人類需求，特別關注弱勢、受壓迫和生活在貧困中的人們的需求和充權。」並指出，社會工作者與案主合作和代表案主，促進社會正義和社會變革。社會工作者努力消除歧視、壓迫、貧困和其他形式的「社會不正義」。社會工作專業的使命植根於 6 項核心價值觀：服務、社會正義、人的尊嚴與價值、人與人關係的重要性、誠信、能力。這 6 個核心價值延伸出來的倫理原則，詳如表 9-1（NASW, 2022）。

表 9-1　美國社會工作核心價值與倫理原則

核心價值	倫理原則
服務	社會工作主要目標是幫助有需求者並解決社會問題。
社會正義	社會工作者挑戰社會不正義。
人的尊嚴與價值	社會工作者尊重人與生俱來的尊嚴與價值。
人與人關係的重要性	社會工作者肯認人與人之間的關係是最重要的。
誠信	社會工作者的行為是值得信賴的。
能力	社會工作者在自己的能力範圍內實踐、發展和強化自己的專業知識。

資料來源：NASW, 2022.

關於上述「社會正義」的核心價值，NASW 進一步指出，社會工作者面對貧困、失業、歧視和其他形式的「社會不正義」，與弱勢和受壓迫的「個人」和「群體」一起，並代表他們推動社會變革。社

會工作者努力確保獲得所需的資訊、服務和資源，並促進所有人的「機會平等」及「有意義地參與決策」。而關於「人的尊嚴與價值」之核心價值，NASW 指出，社會工作者以關懷和尊重的方式對待每個人，注意個體差異和多樣性；社會工作者促進案主「對社會負責的自我決策」。關於「人與人關係的重要性」之核心價值，NASW 指出，社會工作者增進人與人之間的關係，並且在助人過程中，讓當事人成為「合作夥伴」（NASW, 2022）。

另外，關於社會工作者對案主的倫理責任，包含「文化能力」（cultural competence），NASW 指出，社會工作者應肯認案主是「自己文化的專家」，反思自己的偏見並加以修正，且應採取行動以對抗壓迫、歧視和不平等（NASW, 2022）。

綜言之，美國社會工作專業視「人的需求、尊嚴和價值」，以及「社會正義」，都是社會工作的核心價值，社會工作者應具有文化能力、尊重差異，並反思與修正自身的偏見，應充權服務對象、將服務對象視為夥伴，與之合作，共同改變社會。

（二）英國

「英國社會工作者協會」（British Association of Social Workers, BASW）指出，全世界社會工作實務的核心，是「尊重人權」與「致力於促進社會正義」，社會工作價值基於尊重所有人的「平等、價值與尊嚴」。「人權」與「社會正義」是「社會工作行動」的動機與正當化基礎，社會工作者與弱勢和受壓迫者合作，促進社會融合。BASW 指出，社會工作的使命為「使所有人充分發展潛能、豐富其生活、確保有受傷害的風險者之安全。」而社會工作的目標是「解決社會中的阻礙、不平等和不正義。」（BASW, 2021）與美國相似，英國的社會工作專業重視人權、社會正義、社會改變，以及與服務對象合作。

（三）澳洲

「澳洲社會工作協會」（Australian Association of Social Workers, AASW）於 1999 年所發布的倫理守則指出，社會工作之目的，是極大化「人類潛能的發展」與「人類需求的滿足」，所使用的工作方法則包含個人和社會層面，且二者同等重要：(1) 和當事人一起工作，藉由使能，增進個人功能，極大化個人福祉和社會福祉；(2) 辨認造成「不平等」與「不正義」的系統性議題，透過社會發展和社會改革，致力於達到「社會正義」。而社會工作的使命，也包含個人與社會層次：(1) 維護人民的權益；(2) 與個人、團體和社區合作，追求和實現社會、經濟和政治資源的公平獲取；(3) 提供幫助以改善個案的福祉；(4) 提升對於結構不平等的意識；(5) 促進能達成社會資源公平分配的政策與實務；(6) 採取行動帶來社會變革，以減少社會阻礙、不平等和不正義（AASW, 2020, 2022）。

澳洲社會工作專業的 3 大核心原則為：「尊重人」、「社會正義」、「專業誠信」。第一項核心原則「尊重人」，是指：(1) 尊重每個人與生俱來的尊嚴、價值與自主；(2) 尊重個人和團體的人權；(3) 提供人性化的服務、注意專業工作者負有「關注的責任」（duty of care）及避免對他人造成傷害的責任；(4) 促進個人福祉、自主、正義以及個人和社會責任，並適當考量他人的權利；(5) 肯認及尊重團體認同、互賴、互惠與特定社群的集體需求（AASW, 2020）。

關於「社會正義」，則指：(1) 促進維護人權並尋求確保所有人取得、公平、參與和法律保障的政策、實務和社會條件；(2) 透過採取行動減少阻礙並擴大所有人的選擇和潛力，以促進正義和社會公平，特別關注處於不利地位、易受傷害、受壓迫或有特殊需要的人；(3) 倡導「不平等」與「不正義」的社會系統與結構之改變；(4) 反對並努力消除所有侵犯人權的行為，並申明除了「公民和政治權利」外，也重視「經濟、社會和文化權利」；(5) 基於對社會福祉的影響之關注，社會工作者促進自然環境的保護；(6) 社會政策和服務

的發展與實施時，應促使社群參與，包含服務使用者參與（AASW, 2020）。

另外，在關於「一般倫理責任」方面，AASW提到在致力於「社會正義」與「人權」方面，社會工作者的責任包含：(1)社會工作者在與他人互動，尤其與服務使用者互動時，應保持尊重和公平；(2)奉獻專業於福利政策與方案的發展與執行；(3)致力於預防和消除基於個人、社會或背景特徵之負面歧視與壓迫；(4)對於種族歧視及其他多元團體所面臨的文化和語言上的壓迫，予以辨認並提出挑戰；(5)在服務使用者被拒絕取得維持其福祉的必要資源時，支持採取積極歧視措施；(6)努力充權個人、家庭、團體、社區、社會，以追求和達成公平取得社會、經濟、環境與政治資源之目標；(7)與服務使用者團體和社區一同採取社會行動及社區發展，以達成自我決策、自我管理，以及社會和情感福祉；(8)在社會政策與服務的發展、執行與評估中，促進融合的社區參與；(9)留意對於非志願接受服務的服務使用者的非正式或強制力量可能造成的影響，在適當情況提供其倡導服務；(10)採取參與式、合作式、開放與充權的服務過程；(11)認識到環境對人們身心健康和福祉的影響，以及其對人類社會未來的根本重要性（AASW, 2020）。

而關於服務使用者「自我決策」方面，提到社會工作者應積極促使服務使用者自己做「知情決定」（informed decision），也就是在充分資訊下做決定，社會工作者會與服務使用者討論其權利與責任，並且提供關於服務及選擇的正確資訊、風險評估和資源，使其充分參與決策（AASW, 2020）。

從上述澳洲社會工作倫理的文件可以看到，澳洲的社會工作專業不僅重視「人權」、「社會正義」、「平等」、「服務對象自主權」，與英國一樣，澳洲也特別強調「社會融合」。比較特別的是，對於社會工作者可以採取些什麼行動，以推動「社會正義」與「人權」保障，澳洲有較為豐富的陳述，包含意識提升、挑戰文化和語言的壓迫、促進資源公平分配、支持決策，以及支持「積極歧視」（positive discrimination）措施等等。此外，澳洲對於人與人間相互的關係與責任，以及自然環境保護的關注，也是非常獨特的地方，亦即，對於環境對人權的影響，不僅關注人與人之間的社會關係層面，進一步關心人與自然環境之間的關係。

（四）日本

日本 2012 年公布的《社會工作者倫理守則》聲明：「我們作為社會工作者，深切認識到所有人都有人格尊嚴，都是有價值的人，並且是平等的。作為專業人員，我們透過捍衛和平，以及努力發展及提供以『人權』及『社會正義』為原則的高品質、『使用者導向』的福利服務，目標是促進社會福祉和服務使用者的自我實現。」（International Federation of Social Workers, 2022b）

該守則提出 5 項社會工作價值，前 2 項為「人性尊嚴」與「社會正義」，後 3 項則為貢獻、真誠，和專業能力。在「人性尊嚴」方面，指出：社會工作者尊重所有人，無論其出身、種族、性別、年齡、身體和精神狀況、宗教和文化背景、社會地位、經濟地位等如何，都是不可替代的。而在「社會正義」方面則指出：社會工作者旨在實現基於自由、平等和共存的社會正義，免於歧視、貧困、壓迫、排斥、暴力和環境破壞（International Federation of Social Workers, 2022b）。

而在社會工作者「對社會的倫理責任」方面也提到，社會工作者努力保護人們免受各種形式的歧視、貧困、壓迫、排斥、暴力、環境破壞等，並努力建設一個「融合的社會」。社會工作者以有效的方式與社會合作，與使用者和其他專業人員團結一致，以改善社會中的「不正義」現象並解決使用者的問題。此外，社會工作者與世界各地的社會工作者團結一致，與國際社會一起解決有關「人權」和「社會正義」的國際議題。另外，在關於「對使用者的倫理責任」方面，提到「尊重使用者的自我決策」，指出社會工作者應尊重且協助使用者充分了解及運用自己的「自我決策」權利，此外也應以最佳方式

為決策能力不足的使用者爭取權益（International Federation of Social Workers, 2022b）。

綜上，日本的社會工作專業與美國、英國、澳洲等其他國家一樣，都重視「人性尊嚴與價值」以及「社會正義與平等」，且與英國和澳洲一樣，特別提到「社會融合」的概念。

（五）韓國

「韓國社會工作者協會」所發布的倫理守則，開端即指出：基於人類的「人性」與「平等、尊重的尊嚴與價值」等原則，社會工作者致力於確保人固有的自由與生存權利。對於社會經濟弱勢者，社會工作者應為其倡導「社會正義、平等、自由、民主」的價值。社會工作者應致力於「充權」個人，使其能自我認同與決策。任何情況下都不應不公正地剝奪個人權利。另外，在關於與案主的關係方面，社會工作者應將案主的權益作為第一要務，應尊重案主的尊嚴並充分運用專業以滿足案主需求。社會工作者應「充權」案主，使其能盡最大可能行使自我決策，社會工作者並應盡最大可能為案主倡導其權益（IFSW, 2018b）。

（六）新加坡

新加坡社會工作者協會（The Singapore Association of Social Workers, SASW）2021 年版的《社會工作倫理守則》開端即指出，社會工作專業乃基於對於「人類價值與尊嚴」的信念，以及對於人類福祉的關懷。社會工作專業特別關注貧窮與易受傷害以及受壓迫者的需求。社會工作者聚焦於個人及家庭，以及阻礙案主福祉的環境與社會因素。透過適當服務的提供與發展，以及促進社會計畫與行動，社會工作者致力於改善人類生活（SASW, 2021）。

SASW 提出社會工作 6 大核心價值，與美國 NASW 所提出之 6 項核心價值相同：(1) 服務人性：以促進服務對象福祉為優先考量；(2) 社會正義：追求社會改革，尤其和易受傷害與受壓迫的個人和群

體一同倡議或是代其倡議；(3) 人的尊嚴與價值：社會工作者以關懷及尊重的態度對待每個人，尊重差異以及文化和族群多樣性；(4) 人與人關係的重要：社會工作者了解人與人關係是推動改變的重要機制；(5) 誠信：社會工作者依據專業使命、價值和倫理原則，誠實且負責任地行動；(6) 能力：社會工作者持續增進專業知識與技巧，並且運用於實務工作中（SASW, 2021）。

SASW 在關於社會工作者「對案主的倫理責任」方面，前 2 項為「反歧視實務」與「案主自我決策和自主」。關於「反歧視實務」，有如下重點：(1) 社會工作者應避免歧視和偏見，應尊重個別差異，且專業責任永遠優先於自己個人的觀點和目的；(2) 社會工作者肯認不同文化團體、不同個人、家庭、團體和社區的差異與多元性，並以「文化敏感」的方式，尊重所有宗教、文化、種族、國籍、政治信仰、性傾向、年齡、性別認同、婚姻狀態、身心障礙等差異（SASW, 2021）。

而關於案主「自我決策」和「自主」方面，重點如下：(1) 社會工作者尊重及促進案主「自我決定」的權利。社會工作者支持當事人在自己的資源範圍內尋求問題解決，並且關心當事人的福祉；(2) 社會工作者肯認案主的「自我決策與自主」的權利，並積極「使能」案主，使其能做「知情決定」；(3) 社會工作者支持案主「自我決策與自主」，只有當社會工作者專業判斷認為案主的行動或潛在的行動將對自己或他人造成嚴重和立即的傷害才能成為例外；(4) 社會工作者肯認每個人有權取得社會服務，案主應能以自己舒服的方式溝通，且服務氛圍應呈現對於所有宗教、文化、種族、國籍、政治信仰、性傾向、年齡、性別認同、婚姻狀況、身心障礙等的尊重；(5) 社會工作者在與案主溝通時，或是在溝通有關案主事務時，應使用清楚和尊重的語言（SASW, 2021）。

SASW 倫理守則中關於社會工作者「對社會的倫理責任」，第 1 項是「倡導」：社會工作者不僅促進服務對象的福祉，也應促進團體和社區的共同福祉，這包含採取行動以形塑社會狀況、政策與服務。

社會工作者有責任對於個人、家庭和社區有傷害的政策與社會狀況提出意見（SASW, 2021）。

綜上，新加坡社會工作專業亦重視人性尊嚴與價值、尊重差異、社會正義、服務對象自我決策、倡導等，此外，和澳洲類似，澳洲強調社會工作者須具備文化能力，新加坡則指出「文化敏感」的重要。

四 倫理守則內容國際比較

以下分別比較臺灣、國際，與上述美國、英國、澳洲、日本、韓國與新加坡等 6 個國家，在關於「社會正義」、「人性尊嚴及價值、人權」，以及「自我決策」的倫理守則內容，目的是在了解國際趨勢後，回頭檢視臺灣社會工作專業本身的自我定位，以及這些重要的價值如何具體落實於社會工作實務策略。透過對於國際與其他國家倫理守則規定的認識，才不至於如同井底之蛙，對於社會工作專業倫理的認識能有更為寬廣的視野。詳見表 9-2、9-3 和 9-4。

筆者將上述各國與國際關於「社會正義」的倫理守則內容進一步彙整，再歸類為 8 大類，詳見表 9-2：(1) 關注、努力、尊重；(2) 為弱勢倡議；(3) 建立融合社會、推動社會改變和發展；(4) 肯認案主是專家、提供參與式和使用者導向的服務；(5) 挑戰結構、促使資源公平分配、倡導人權；(6)「充權」服務對象、與服務對象一同改變社會；(7) 反思與修正自我；(8) 國際團結。上述第 1 類「關注、努力、尊重」屬於較為抽象的層次，其餘 7 類則較具有行動意涵。

此外，關於各國與國際關於「人性尊嚴及價值、人權」的倫理守則內容，筆者將之彙整歸類為 5 大類，詳見表 9-3：(1) 尊重與促進人性尊嚴與價值、尊重人權；(2) 提供人性化的服務，以促進福祉、潛能發展與安全；(3) 增進人與人間的互賴、互惠與團體認同；(4) 採取積極歧視措施；(5) 保護環境。上述第 1 類關於「尊重與促進人性尊嚴與價值、尊重人權」，這是屬於較為抽象的層次，其餘 4 類則較具有行動意涵。

最後，筆者將上述各國與國際關於「自我決策」的倫理守則內容，彙整歸類為 4 大類，詳見表 9-4：(1) 尊重服務對象權利；(2) 支持決定和參與；(3) 支持對社會負責；(4)「可及」和「尊重」的溝通方式。上述第 1 類關於「尊重服務對象權利」，這是屬於較為抽象的層次，其餘 3 類則較具有行動意涵。

表 9-2　關於「社會正義」的倫理守則內容國際比較

類型與內容	臺	國際	美	英	澳	日	韓	新
一、關注、努力、尊重（抽象層次）								
關注弱勢、易受傷害族群。	V		V		V			V
關注受壓迫或有特殊需要者。					V			V
努力促使服務對象免於貧窮、恐懼、不安、壓迫、不正義對待、歧視、排斥、暴力、環境破壞等。	V					V		
尊重多元差異／個別差異；肯認不同文化團體、個人、家庭、團體和社區的差異與多元性，並以文化敏感的方式，尊重所有宗教、文化、種族、國籍、政治信仰、性傾向、年齡、性別認同、婚姻狀態、身體和精神狀況等差異。	V	V	V			V		V
二、為弱勢倡議								
為社會經濟弱勢者倡導社會正義、平等、自由、民主的價值，任何情況下都不應不公正地剝奪個人權利；社會工作者應盡最大可能為案主倡導其權益。		V			V		V	V
三、建立融合社會、推動社會改變和發展								
促進社會融合；建構邁向融合與負責的社會之團結網絡、努力建設融合社會。		V		V	V	V		
採取行動推動社會改變和發展、社會凝聚，以減少社會阻礙、不平等、不正義；形塑維護人權、平等保障和促進融合的社區參與之政策、服務與社會條件，包含福利政策的發展與執行、促進服務對象和社區的福祉。		V			V	V		V

類型與內容	臺	國際	美	英	澳	日	韓	新
四、肯認案主是專家、提供參與式和使用者導向的服務								
肯認案主是自己文化的專家。			V					
採取參與式、合作式、開放與充權的服務過程；捍衛和平，努力發展及提供以人權及社會正義為原則的高品質、使用者導向的福利服務。					V	V		
五、挑戰結構、促使資源公平分配、倡導人權								
預防、消除及挑戰基於個人、社會或背景特徵、文化和語言之負面歧視與壓迫；對於個人、家庭和社區有傷害的政策與社會狀況提出意見；倡導、挑戰並採取行動，改變與對抗不平等、不正義、邊緣化、社會排除、歧視與壓迫的結構性條件，包含政策措施。		V	V		V			V
促使資源與財富、社會政治經濟資源公平分配。		V		V	V			
反對並努力消除所有侵犯人權的行為，並申明除了公民和政治權利外，也重視經濟、社會和文化權利。					V			
六、充權服務對象、與服務對象一同改變社會								
人民的充權與解放；提升對於結構不平等的意識；充權個人、家庭、團體、社區、社會，以公平取得社會、經濟、環境與政治資源目標；擴大所有人的選擇和潛力。		V	V		V			
與弱勢和受壓迫的個人和群體合作、一同倡議及採取社會行動及社區發展，推動社會變革，或是必要時代為倡議。			V	V	V	V		V
七、反思與修正自我								
反思及修正自己的偏見；社會工作者應避免歧視和偏見。			V					V
八、國際團結								
與世界各地的社會工作者團結一致，與國際社會一起解決有關人權和社會正義的國際議題。						V		

表 9-3 關於「人性尊嚴及價值、人權」的倫理守則內容國際比較

類型與內容	臺	國際	美	英	澳	日	韓	新
一、尊重與促進人性尊嚴與價值、尊重人權（抽象層次）								
尊重所有人與生俱來的價值、尊嚴、平等、自由與自主；不造成傷害；協助服務對象滿足基本人性需求、促使服務對象獲取人性尊嚴的生活條件及享有尊嚴的生活。	V	V	V	V	V	V	V	V
尊重、維護和倡議人權及公民權利。		V	V		V			
二、提供人性化的服務，以促進福祉、潛能發展與安全								
提供協助及藉由使能，極大化服務對象的福祉、豐富其生活、促使其充分發展潛能與自我實現；與服務使用者互動時保持尊重和公平；提供人性化的服務；確保有受傷害的風險者之安全、注意專業工作者負有關注的責任與避免對他人造成傷害的責任。			V	V	V	V		
三、增進人與人間的互賴、互惠與團體認同								
促進人們對彼此福祉與權利的考量與責任、增進人與人之間以及人與環境之間的合作、互賴關係、肯認與尊重團體認同、互賴與互惠。		V			V	V		
四、採取積極歧視措施								
服務使用者取得維持其福祉的必要資源受拒時，採取積極歧視措施。					V			
五、保護環境								
認識到環境對人們身心健康和福祉的影響，以及其對人類社會未來的根本重要性，促進自然環境的保護。				V				

表 9-4　關於「自我決策」的倫理守則內容國際比較

類型與內容	臺	國際	美	英	澳	日	韓	新
一、尊重服務對象權利（抽象層次）								
尊重並促進服務對象做選擇與決定的權利。	V	V				V		V
二、支持決定和參與								
協助服務對象充分了解及運用其自我決策權利；充權服務對象，使其能自我認同與自我決策；促進服務對象充分參與影響其生活所有面向的決策與行動，並參與社會政策和服務的發展與實施；提供資訊、與其討論權利與責任、風險評估和資源，使服務對象平等且有意義地充分參與決策、做知情決定。		V	V		V	V		
三、支持對社會負責								
促進案主對社會負責的自我決策。			V					
四、可及和尊重的溝通方式								
服務對象應能以自己舒服的方式溝通；社會工作者在與案主溝通時，或是在溝通有關案主事務時，應使用清楚和尊重的語言；服務氛圍應尊重多元差異。								V

　　綜合表 9-2、9-3 和 9-4 可見，臺灣的社會工作倫理守則，不論是在關於「社會正義」、「人性尊嚴及價值、人權」或是「自我決策」方面，都僅有抽象層次的規定，較缺乏具體實踐的方法。因此，這 3 個表當中，國際與其他國家的作法，可以作為國內社會工作者實務上的參考，如此才不會僅停留在抽象概念層次的理解，而缺乏具體實踐策略。

　　另外，值得一提的是，《身權公約》第 12 條的「一般性意見」強調，應以「意願與偏好」典範代替「最佳利益」典範（詳見本書第一章）。由表 9-2、9-3 和 9-4 可見，僅有臺灣提到服務對象的「最佳利益」原則，可見國內 2019 年修訂的《社會工作師倫理守則》未衡

諸國際趨勢，與時俱進，未來修訂時，須謹慎看待這項國內規定與人權趨勢和國際潮流的落差。而在國內社會工作倫理守則尚未再行修訂之前，因應《身權公約》在國內自 2014 年《身心障礙者權利公約施行法》通過後，社會工作者在實務工作過程中，也必須認識到典範的轉變與《身權公約》法規的規定，應超越國內專業社群所制定的倫理守則範圍，對於溝通表達困難，在透過輔具及各種方式仍難以辨別當事人的意思時，應以「意願與偏好的最佳詮釋」代替「最佳利益」。

表 9-2 綜整臺灣、國際與其他 6 個國家倫理守則與「社會正義」相關之內容，從最左邊欄的倫理守則「類型與內容」各項看來，與社會工作理論中的「充權理論」（empowerment theory）和「批判社會工作理論」（critical social work theory）有許多共通之處，例如表格中第 2、3 項關於倡議、建設融合社會、推動社會改變等，與這 2 個理論觀點重視「改變社會結構環境」有相同的強調。而表格中第 4 項關於肯認案主是自己文化的專家，也能對應到「批判社會工作」強調的「開放」與「對話」。第 5 項挑戰結構方面正好呼應「批判社會工作」重視「解構主流論述」與「挑戰既有的不平等」。第 6 項關於「充權」則與「充權理論」相呼應。第 7 項則能與充權理論和批判社會工作共同重視社會工作者的自我反思相呼應。

表 9-3 綜整臺灣、國際與其他 6 個國家倫理守則與「人性尊嚴及價值、人權」相關之內容，從最左邊欄的倫理守則「類型與內容」各項看來，第 3 項增進人與人間的互賴與互惠，呼應了社工理論「充權理論」重視互動層次的充權，以及「相互連結」。而第 2 項關於提供人性化的服務與第 4 項採取積極歧視措施，則能對應「充權理論」與「批判社會工作理論」重視改變社會，政策與服務的改變是其中一環。

另外，表 9-4 綜整臺灣、國際與其他 6 個國家倫理守則與「自我決策」相關之內容，從最左邊欄的倫理守則「類型與內容」各項看來，第 2 項關於支持決定和參與，以及第 3 項關於支持對社會負責，都能對應「充權理論」的「充權」策略。第 4 項關於「可及與尊重的溝通方式」，則與「批判社會工作理論」強調與服務對象之間應為尊

重與平等、對話的夥伴關係，以及「充權理論」強調合作夥伴相當類似。

關於社會工作理論中「充權理論」與「批判社會工作理論」的內涵，將於本章第二節中做較為詳細的介紹，在這裡只是先點出社會工作理論的內涵，其實是有社會工作理論觀點作為依據，因此，社會工作專業的知識、技巧與倫理三者，實為相輔相成的關係。

 ## 第二節　社會工作傳統與理論關於「社會正義」與「人權」

社會工作關於「社會正義」與「充權」的傳統：

一 睦鄰運動的社會改革與充權取向

誠如本章第一節所示，不論是在國內或國際與其他諸多國家，社會工作的使命、目標與策略，都反映著對於「人的需求」之關懷（Dubois & Miley, 1999; Woodcock, 2011）。社會工作起源於 19 世紀晚期，根源於「慈善會社」和「睦鄰運動」。慈善會社與社會個案工作的發展息息相關，而睦鄰運動則開啟了社會工作的另一個重要傳統：「充權服務對象」與「推動社會改革」。

睦鄰運動開始於 19 世紀後期的倫敦，最早是英國國教牧師Samuel Barnett 創立「湯恩比館」（Toynbee Hall），將他所服務的教區改造成「鄰里中心」，招募大學生住在中心並與附近的家庭一起工作。而 Stanton Coit 根據自己參與湯恩比館的經驗，建立了美國最早的睦鄰組織——「紐約市鄰里協會」，其後，Jane Addams（1860-1935）和 Ellen Starr（1859-1940）於 1889 年在芝加哥創辦「赫爾館」（Hull House）（Dubois & Miley, 1999）。赫爾館位於四周都是工人階級與移民的社區，一直到 1893 年，赫爾館組成了約 40 個俱樂部和其他活動，包含日間托育中心、健身房、藥房、遊戲場，其後更發展

畫廊、戲院、音樂學院等（Specht & Courtney, 1994）。

「睦鄰運動」的推動者與貧困者一起生活，分享喜怒哀樂，也分享生活中的奮鬥與辛勞。他們辦理兒少俱樂部、暑期體驗、成人課程。他們認為階級間的衝突，乃源於相互間的不了解，因此希望透過「睦鄰者」和貧困者間的互動，增進階級間的了解並化解衝突。然而，後來他們卻發現這樣做效果有限，他們意識到住宅與學校環境不佳、缺乏衛生設施、兒童遊戲空間不足、血汗工廠工作時間長、童工等「結構性問題」，才是更重要的問題根源。於是他們開始蒐集數據和社會研究，並據以推動大環境改革（Gitterman, Knight, & Germain, 2020）。

他們與婦女和工會聯盟結盟、支持有組織的勞工罷工，並且推動衛生、住宅改革、兒童遊樂場所和童工相關立法工作。Jane Addams也積極參與政治活動，她對社會改革的努力，於 1931 年獲得諾貝爾和平獎的肯定。睦鄰運動對社會工作的貢獻，不僅在於重視社會、經濟與政治力量對人造成的負面影響，並致力於結構改革。睦鄰運動更聲稱自己是「好鄰居」，而不是慈善事業，視貧困者為鄰居、是可敬與平等的社區成員，以「夥伴」的方式與貧困者一同工作（Gitterman, Knight, & Germain, 2020）。

Specht 和 Courtney（1994）主張，睦鄰運動積極推動社區工作的傳統應受重視，社會工作的使命應該是建立互相支持的社區，以及社區的意義、目的與責任感。儘管他們點出了睦鄰運動在社區工作方面的貢獻，然而，睦鄰運動對於「社會結構」與「政策變革」之主張，也成為社會工作「重要卻容易被忽略」的傳統。

二 社工理論關於結構變革與充權

從「慈善會社」時期，Mary Richmond（1861-1928）發展「社會診斷」取向，強調「評估個別需求」的社會個案工作傳統，至 1920、1930 年代開始的精神分析學派，甚至到 1960 年代的多種社會

工作理論，皆將工作焦點置於「個人」，環境層面僅被視為是影響個人的因素，而個人所處環境的「不平等」與「不正義」，卻不在關心的範疇。直到 1970 年代起，隨著社會變遷，充權理論、基變與批判社會工作、女性主義等理論觀點，轉而聚焦於「結構不平等」與「壓迫」的議題，理論的發展才重拾睦鄰運動關注「社會改革」的精神與取向。以下介紹「充權理論」與「批判社會工作」，這二個社會工作理論之內涵，對於「社會正義」、「人權」和「自主」的推動工作深具啟發性。

（一）充權（empowerment）觀點

自 Solomon（1976）提出充權理論之後，此理論蓬勃發展於 1980 年代和 1990 年代。Solomon 定義「充權」為：社會工作者和案主共同參與一系列的活動，目標是降低案主因為「社會標籤」而產生的「缺乏權能」（disempowerment）感覺（Maschi, Turner, & Kaye, 2022）。O'Melia、Dubois 和 Miley（1993）指出，傳統聚焦在「解決問題」的介入，由「專家」從「病理觀點」評估案主過去形成的「問題」，社會工作者的角色是提供案主服務的「專家」。相對地，以「充權」為基礎的社會工作則關注案主的優勢與未來，視問題為「挑戰」，社會工作者是與案主一同合作的「夥伴」（引自 Dubois & Miley, 1999）。

為什麼社會工作者的工作策略要採取「充權」取向？主要還是來自於社會工作專業對於「人的尊嚴與價值」之關懷。Dubois 和 Miley（1999: 164）指出「不正義」的型態與對人的影響有三種：(1)「壓迫」（oppression）：社會中「多數群體」與「少數群體」間權力的不平衡，剝奪了少數群體參與社會和取得資源的機會；(2)「去人性化」（dehumanization）：以冷漠、疏離對待他人遭遇的苦難，「去人性化」掩蓋了人格的內在價值和尊嚴；(3)「責難受害者」（victimization）：歸咎、責備受害者，使人產生無助、無力感和疏離感。社會工作者認為這些「挑戰」是有可能被克服的，這個過

程需要社會工作者與服務對象一同努力與共同決策。

以障礙者在社會中的處境來說，可以說是涵蓋了這三種「不正義」，社會漠視障礙者的差異需求，社會中的許多機會排除了障礙者，將障礙者被隔離與排除的處境，倒果為因地認定為是障礙者個人缺陷的問題，將問題「個人化」，責難受害者。因此，充權理論有助於社會工作者思考，該如何使處於「缺乏權能」的障礙者能夠「充權」。

充權理論將服務對象視為「夥伴」，那麼，社會工作者與服務對象該如何共同努力？Rees（1991）提出充權實務的 5 個重點：

1. 生命史：了解案主的經驗、世界觀，以更脈絡化地了解案主的困境與掙扎；協助案主探索生命史，有助於其辨認阻礙自己的因素及改變未來面對事件的方式。

2. 權力：權力有時是壓迫的，但是另方面也可以是解放的，可以用正向方式使用權力，例如運用權力獲取資源和解決衝突。此外，語言也透露權力關係。

3. 透過「政治性理解」（political understanding），了解機會與限制的權力關係來源（社會模式的觀點）。

4. 技巧的學習與使用，是解放的來源之一。

5. 充權的實務與充權的政策是相互促進的關係，政策倡議是重要的一環。

此外，Lee（1994）提出充權實務的三大要素：批判意識、自我效能、發展技巧和資源。「批判意識」（critical consciousness）是對於壓迫、權力、結構不平等的批判性檢視與覺察，分析政治、社會與經濟等結構如何形塑人的能力，並影響個人目標和角色的追求，這個概念與 Paulo Freire 所提出的「conscientization」（「發展批判意識」）概念意涵相近。而「自我效能」（self-effectiveness）則是相信自己可以改變並且達到目標，這使得案主能夠改變自己對社會環境的反應。最後，案主也需要發展技巧和資源，以改善自身處境。而 Gutierrez 等人（1998）則提出「充權為基礎的介入」之 4 大面向：(1)

透過案主與工作者間的關係，幫助案主滿足立即性的需求或解決眼前的問題；(2) 教育和技巧的發展；(3) 資源發展及取得方案和系統資源；(4) 社會行動和鉅視面變遷的知識與技巧。

Lee（2001）更進一步提出「充權原則」，包含：(1) 所有破壞生活的壓迫都應被挑戰；(2) 對於壓迫現象抱持全面的視野；(3) 協助案主自我充權；(4) 透過使共同處境者相互連結而達到充權；(5) 社會工作者應與案主建立互惠關係；(6) 鼓勵案主使用自己的語言；(7) 使案主成為勝利者而非視其為受難者；(8) 聚焦在社會改變。充權是「取得權力」的過程，而不是「被給予權力」，更不是能力的培養。

Payne（2022）也強調權力無法被給予，社會工作者必須幫助案主自己取得權力。因此，「充權」（empowerment）與「使能」（enablement）並不相同，國內近年來許多人談「培力」，如果「培力」所對應的英文概念是 empowerment，則不應僅著重於「能力」訓練或培養，而必須包含對於「權力」面向的分析，與對於社會變革的努力。若僅關注「個人能力的提升」，而缺乏對於「壓迫」和「不平等」現象的關切，僅能說是 enablement（使能），與「充權」的概念實無關聯。

Maschi、Turner 和 Kaye（2022）主張，「充權社會工作」（empowerment social work）是在「人權」與「社會正義」的架構下操作，充權的「心臟」（heart）與「靈魂」（soul）來自於 Frieire，強調進入「受壓迫者」的世界、同理，以了解其需求。Maschi、Turner 和 Kaye（2022）指出，Frieire（1973）是最早運用「充權理論」以檢視種族、族群、文化和階級的影響之人，Frieire 主張教育應與被邊緣化與歧視的學生之生活經驗連結。Frieire 認為「發展批判意識」（conscientization）是關鍵，也就是對「壓迫」的覺察。

Maschi、Turner 和 Kaye（2022）認為，充權的工作取向能使案主重新看待「權力」，將之視為改變的媒介，進而降低生活中「缺乏權能」的感覺。透過批判性的反思、心理上的轉換、團體及社區的參與、能力建構、獲取知識與技能等方式逐漸充權，進而更能影響自我

內在和外在世界。他們強調，充權不只是發展個人內在自我效能，還須有互動層次的充權，亦即，發展個人、家庭、團體，以及學校、鄰里和服務組織的能力，使他們能彼此連結，且以更有效的方式與當事人互動。此外，社區的改變則必須透過社區組織與合作、倡議、社會計畫與政策發展等方式。

綜上，充權理論告訴我們，在與缺乏權能的受壓迫群體一同工作時，工作方式及重點包含：(1) 從案主的生命史、經驗和世界觀，進入案主的生活世界，脈絡性地了解其需求；(2) 協助案主批判反思、發展批判意識，對於壓迫、不平等、社會標籤造成的機會與資源限制產生「覺察」和「政治性的理解」；(3) 協助案主發展知識與技巧、增進自我效能；(4) 促進案主與共同處境者產生相互連結；(5) 支持案主發展權利倡議和推動社會改變的知識與技巧，進而運用權力獲取資源和解決自身困境。

「權力共享」、「意識提升」，以及合作與信任的「夥伴關係」，是充權社會工作的重要方法；接受案主所界定的問題、建立在案主的優勢、積極促使案主參與改變過程（Breton, 1994; Ward, 2000; Bolton, Hall, & Lehmann, 2022; Maschi, Turner, & Kaye, 2022）。然而，這些原則付諸實踐時，卻可能因人而異。社會工作者以什麼樣的「姿態」與服務對象合作，和社會工作者本身所抱持的信念有關。Motter（2022）提醒，社會工作者難免也會受到社會主流意識型態的影響，在面對多元背景的案主時，在不知不覺中或出於善意的情況下，也可能會對案主產生「歧視」和「壓迫」的行為。因此，社會工作者應經常反思社會中態度、社會結構、標籤等對自己所抱持的信念造成的影響。更重要的是，社會工作者應「向受壓迫者學習」，運用社會工作知識與專業，與受壓迫者共同合作建立正義的社會（Breton, 1994）。

（二）批判社會工作

「壓迫」與「不平等」，是批判社會工作關懷的核心議題。「壓迫」是人們作為一個社會群體成員所經歷的系統性劣勢。承襲馬克思

主義的傳統，批判社會工作也強調，「意識覺醒」是從壓迫中解放出來的關鍵。「意識覺醒」是幫助受壓迫者對於造成其壓迫的社會結構，包含文化霸權，產生批判意識，從而知道自己所經歷的壓迫並非不可避免，透過參與「對話」（dialogue）與「實踐」（praxis），進而採取行動以降低無力感、增進推動社會改革的能力。批判社會工作強調社會工作者應採取「對話性實務」（dialogic practice），也就是以開放對話的方式與人工作，在平等的關係中，交換與討論對於社會情境的看法（Payne, 2022）。

受到「後現代主義」（post-modernism）與「後結構主義」（post-structuralism）思維的影響，批判社會工作反對「單一的」、「二分的」與「線性的」概念，並且重視語言和文化背後隱含的「權力關係」。批判社會工作認為，「語言」與「知識」乃社會建構而來，因此也反映著社會關係中的「權力」面向，所以是具有矛盾性、衝突性與複雜性的。此外，環境對人的影響也不是單向的，人與環境的互動過程中，人對環境的反應，其實也在參與環境對自己的影響。因此，若欲改變社會結構對人的支配，必須從「對話」著手，使受壓迫者透過對話而產生新的理解，了解主流論述背後的不平等權力關係，進而採取行動試圖改變（Fook, 2015）。

「批判性反思」（critical reflection）是批判社會工作實務的重要基礎。Fook（2015）指出，「知識」具有相當程度的「主觀性」，因為人的身體狀況、經驗與社會位置會影響資訊的選取與詮釋。此外，知識生產的工具與過程，也會影響知識的性質，例如透過「觀察」產生的知識，與透過「對話」而產生的知識，二者的性質並不相同。另外，知識也受歷史與結構脈絡影響。因此，「批判性反思」之目的，是反思自己的信念是如何地受到個人與環境脈絡所影響。

批判社會工作從 4 個角度反思社會工作實務（Fook, 2016）：

1. 知識：社會工作者的知識來源應是多樣的，包含透過與多元群體互動產生的認識。

2. 權力：權力並非簡單的「壓迫與被壓迫」的關係，每個人的認

知和行爲之間也都有可能產生不一致的情形，因此，「壓迫者」與「受壓迫者」，或許也不是絕對的二元區分。社會工作者應反思並且意識到誰擁有權力以及如何使用權力。

3. 對話、語言和敘說：知識隱含著主觀性和權力關係；語言反映著人的思想與知識，這二者都不是中性客觀的。而個人的敘說方式也往往是敘說者主觀選擇的結果。因此，「對話」是知識的來源之一，對於語言和敘說的詮釋，也須考量個別的脈絡與差異。

4. 認同和差異：批判理論挑戰關於「自我」與「認同」的決斷性判定，認爲每個人都是會改變的，也都可能有衝突矛盾和多樣性，因此，也沒有所謂的固定的「自我」與「認同」。

批判社會工作重視脈絡性，焦點不是在個體的行爲，而是家庭、社區與社會環境。「批判性反思」（critical reflection）的內容包含：(1) 解構（deconstruction）：點出主流論述的矛盾性，探討不同的觀點與詮釋；(2) 反抗（resistance）：拒絕接受造成權力不平等的主流論述；(3) 挑戰（challenge）：辨認與標示出不易被察覺的某些預設的或隱晦的主流壓迫論述；(4) 重構（reconstruction）：產生新的論述與建立新的結構（Fook, 2002, 2016）。

Fook（2015）提醒，批判社會工作若缺乏開放且不判斷的組織文化，將難以實踐。Dabby、Faisal、Holliman、Karliner、Pearl 和 Silverman（2008）便指出，雖然案主的「自我決策權」是社會工作專業所堅持的一項基本人權，然而弔詭的是，社會工作者更加地被期待對於官僚、法律、組織等的責信，有時這二者間會造成社會工作者的兩難。

此外，專業工作者推動障礙者「參與」，卻抗拒交出權力，讓障礙者有更多的參與，這也是常見的現象（European Platform for Rehabilitation, 2016）。Charlton（1998）也批判，社會工作者的工作角色其實可以「充權」障礙者，可惜卻往往因爲依循機構程序或因社會工作者個人的觀念，例如過度保護，而沒有發揮這樣的作用。Campbell（2002）更直言，社會似乎是希望障礙者消失、不要出現在

社會之中，她強調，若眞的有心讓障礙者的生命價值受到重視，我們每個人都須「面對自己心中的鬼」（confront our personal ghosts），應該讓障礙者參與、讓障礙者的聲音能夠被傾聽。

　　綜合上述，批判社會工作理論告訴社會工作者，我們必須了解自己的有限性，謙卑地透過與服務對象的對話，省思我們既有的許多「認識」是如何地受到主流論述的框架所限制。透過對話與傾聽，我們有了新的學習，也更加了解社會不平等關係中的權力如何運作與影響著受壓迫者的生活。在催化服務對象「意識覺醒」、鼓勵服務對象「參與」及使用自己的語言自我發聲的過程中，社會工作者也必須有足夠的道德勇氣，願意釋出自己所擁有的某些「權力」和機會。在放下權力的同時，我們的視野也更加開闊，對於專業位置所帶來的「權力」，也更能以「社會正義」爲依歸而做有價值的運用，回歸社會工作對於「人性尊嚴與價值」，以及「人權」、「社會正義」的信念與堅持。社會福利機構團體也必須有這層體認，透過創造開放、能夠批判性反思的組織文化，將能領導並成爲社會工作者的後盾，一同爲邁向平等與共融的社會而努力。

 ## 第三節　結語：用理念與實際行動實踐承諾

　　社會工作專業對於維護「人性尊嚴與價值」以及「人權」的承諾，是全球社會工作者的共識。而這樣的承諾，除了應有清楚的理念外，也需要具體的行動，才能眞的付諸實踐。社會工作早期的傳統「睦鄰運動」即發現，許多人所面臨的貧困處境，並非爲個人提供協助所能夠解決，「社會的改變」很多時候才是解決問題的根本之道。

　　而社會工作理論的發展，到 1970 年代重拾 19 世紀晚期「睦鄰運動」對於「社會結構改變」的重視，也給予社會工作者清楚的理念與具體行動藍圖。面對障礙者在社會中「受歧視與壓迫」的處境，充權理論和批判社會工作，這二個理論給予社會工作者很好的指引。而本

章整理國際與其他幾個國家的社會工作倫理守則內容，也可以看到這些內容其實與「充權理論」和「批判社會工作理論」相應，這些都是社會工作的「專業寶藏」，作爲專業工作者，必須努力運用這些「寶藏」實踐承諾，與服務對象共創「尊重人權」及符合「社會正義」的社會。

在助人領域，所謂的「專業」，來自於關懷、投入與適當的方法，而不是來自於「證照」。而關懷、投入與方法則來自於「看人的角度」，以及對「人與人之間關係」的洞見。人與人之間的關係，有「彼此連結」的面向，也有「權力」的面向，在彼此連結的前提下，「權力」可以成爲正向的影響力量。社會工作者在有了這層認識後，了解到爲了維護人的尊嚴與價值，社會工作必須對於「權力」具有敏感度，且須謹慎地運用自己所擁有的「權力」，創造讓服務對象可以獲得「權力」的環境。

「充權理論」和「批判社會工作理論」都主張社會工作者與服務對象之間的關係性質應爲「合作的夥伴」，而且社會工作者應協助服務對象「發展批判意識」，對自身經驗產生「政治性的理解」。批判社會工作理論對於「知識、權力與對話」提出深切的提醒，而充權理論則提醒社會工作者應協助服務對象「發展知識與技巧」，並且增進服務對象與共同處境者「相互連結」。這些理論觀點指引著社會工作者的視野與工作目標及策略，讓社會工作者不是只有關懷和投入，亦能有適當的方法，以實踐專業承諾。

障礙者主張「所有關於我們的事，都要有我們的參與」（Nothing About Us Without Us），這需要占有權力位置的人面對自己的不足，也體認到「共同參與是爲了共同創造美好的社會」，有這個道德勇氣與能力，致力於創造與維護障礙者參與的機會，並且支持障礙者發展「參與」所需的知識與技能，使障礙者能夠「充權」並取得平等參與的機會。而社會工作教育與實務也需要將「社會正義與平等」視爲工作的核心，才不會將「人」抽離其社會關係脈絡，做了許多爲了改變個人的事情，卻忘記深陷於「缺乏權能」的密網中之個體，最需要的其實是找到掙脫這個密網的力量與方法。

第十章

社會政策、社會工作與
障礙者人權保障

「社會工作」的目的，是讓人活得有尊嚴。但是，什麼叫做「活得有尊嚴」？聯合國有許多「人權」文件與法規都在告訴我們，人生而平等，每個人的「固有人權與尊嚴」都是一樣的。這樣的理念或理想，該透過什麼樣的政策與工作方法，才能付諸實踐？而社會工作者在這當中，又扮演著什麼角色？如果「障礙者的人權與尊嚴保障」是障礙領域社會工作者的終極關懷，那麼，這個領域的社會工作者需要做好哪些準備？

　　臺灣自從《社會工作師法》於 1997 年制定公布後，社會工作「專業」逐漸走向證照化，社工系畢業的學生，被期待考取社會工作師證照，其「專業」才算獲得認證。此外並有「專科社會工作師」考試與認證，5 大專科包含「醫務」、「心理衛生」、「兒童、少年、婦女及家庭」、「老人」以及「身心障礙」。全國所有大學社會工作科系為了讓畢業生具有社工師考試應考資格，也因應社工師考試應考資格所規定須修畢之課程與學分數進行課程架構調整。因此，大學教育也被賦予了確保畢業生能順利考上社工師的期待。良好的社工師證照考取率，也成了校系招生的重要文宣。

　　然而，常聽到實務界夥伴感嘆「會考試的不會做事」、「會做事的不會考試」。實務界普遍認為「證照不等於實力」，畢竟助人專業需要熱忱，而熱忱並非考試所能測量。如果證照不代表專業，那麼，什麼樣的專業內涵，才能裝備好障礙領域的社會工作者，使其能發揮專業，不負專業使命？以下分成幾個方面，進行分析與討論。

● 一 認識與尊重「差異」、讓「差異」發揮力量

　　社會工作者本身如何看待「服務對象」與「服務對象的需求」，將影響著工作的方向和重點，也影響著所建構出來的助人關係性質。障礙領域的社會工作者必須了解：「障礙」是社會現象，而不是身體現象；「障礙」是人權議題，而不是個人問題。

本書第一章首先介紹「人權」的概念，進而討論看待「障礙」的觀點，第二章介紹「障礙歧視」的概念，目的即在於使讀者對於障礙者在社會中的處境有更深刻的認識。第二章也描繪在照顧關係中，障礙者的「自我」如何被放棄與被迫自行放棄，以及障礙者的差異如何地被社會所貶抑。這些都是活生生的人在社會中血淋淋的生活處境，社會工作者不能沒有這些「看見」，更不可「視而不見」。如果對於服務對象所經歷的苦難沒有感覺，那便無法做社會工作。而障礙者所經歷的苦難，許多是來自於社會結構包含價值與意識型態的壓迫，社會工作者對於這點也必須有所省思，並且付諸行動改變社會。

　　障礙者擁有與「非障礙者」非常不同的生命經驗，包含因為不同的身心狀況與對環境的需求型態，以及因為社會賦予「障礙者」和「非障礙者」不同的價值認定和機會，而產生的不同生命經驗累積；而這二者便構成了「障礙經驗」的獨特性，也是障礙領域的社會工作者所必須了解與尊重的「差異」。每個人在生命經驗中，逐漸會累積一些智慧，障礙者亦然，因此，「障礙經驗」也包含著許多解決問題的方法與生活的智慧，可以對於類似處境或經驗者產生助人的影響力，並且提供社會更為多元的認識與反思，有助於社會走向更為尊重多元與差異、確保人權的方向。社會工作者習慣運用個案工作的方法提供服務對象協助，常思考自己可以做什麼，卻忽略了「具有類似經驗的同儕」，其實能夠發揮無比的力量，而這樣的力量並非社會工作者所能夠取代。本書第七章介紹「同儕支持」，期望能使障礙領域的社會工作者更加認識「同儕支持」，進而在工作中，成為同儕支持者的「夥伴」，在團隊中共同努力，以提供服務對象最適切的支持。

　　此外，社會工作者在提供服務的過程中，也必須考量障礙者的差異性，注意服務的「可及性」並提供「合理調整」，因此，在第一和第二章中，也介紹了這二個重要的概念。社會工作者必須時常問自己：我對服務對象有足夠的認識與了解嗎？我有尊重服務對象的差異嗎？不斷的自我省思與覺察調整，是社會工作過程必要的元素。

二 找回熱情，創造彈性的專業關係

從 19 世紀晚期「慈善會社」與「睦鄰運動」，以及其後各種社會工作理論的發展，社會工作者所關心的主題，都是「如何讓人活得有尊嚴」，焦點都是服務對象，而不是自己。社會工作者所追求的終極目標，是對於「人性尊嚴」與「人權」的關懷。社工師證照或許能讓社會工作者得到某些人的肯定，也或許可以在職場中獲取某些工作機會和加薪，但是證照本身只是「工具」，若被當成「目的」，人會迷失自我，社會工作就不再是「社會工作」。

王增勇、陶蕃瀛（2006：214）認為，「社會對於專業的追求，以『專業與否』的類別來界定別人與自己之間的關係，這種區分的欲望讓我們無法尊重彼此之間知識的差異。」他們主張，我們應「尊重與欣賞不同的社工實踐」，期許社會工作者成為「全人投入」的社工。他們並主張「生命的熱情與召喚」，以及對自我生命的期許，才應是社工倫理的起點。汪淑媛（2013：2）也強調「社會工作需要能觸動人心、喚起情感，才能引發個體與社會的改變動力。」這需要社會工作者不僅是技術性的理性操作，更需要社會工作者投入熱情、用生命影響生命。

因此，社會工作者必須釐清社會工作價值與終極目標，並且讓自己的心「向內看」，喚回自己的熱情與自我期許，明瞭達成目標所需的工作方法，並且承認自己的不足、虛心向服務對象學習，如此才能踏實地實踐「維護人性尊嚴」與「社會正義」的使命，也才能安定自己的心，進而以安定的心發揮無窮的影響力。

三 只有理念不夠，需要具體的方法

自從聯合國於 1948 年訂定公布《世界人權宣言》以來，關於「人權」的概念從發展「普世人權」，進而關注這些普世人權如何落實於社會中容易被排除的群體，例如婦女、兒童、障礙者。此外，世界各

國也逐漸將「人權」法制化。而社會工作自 19 世紀晚期奠基，隨著時代的變遷，社會工作者的角色與社會工作倫理也不斷調整，從為弱勢者的「最佳利益」倡議，轉變為支持服務對象「自我發聲」、重視當事人的「意願與偏好」。儘管如此，不變的是社會工作對於「人性尊嚴與價值」的重視，以及對於「社會正義」的信念和使命（Reamer, 1995a, 1995b）。

從我國的社會工作倫理守則看來，我們對於上述這些理念已有共識，但是較缺乏具體的實踐方法。關於尊重人性尊嚴和價值，以及維護人權與社會正義，本書第九章彙整了其他幾個國家的倫理守則文件，有許多明確的作法可以參考。首先，在態度上，社會工作者應「肯認案主是專家」；而在服務型態上，應提供「人性化」、「參與式」和「使用者導向」的服務，服務應著重在服務對象的「充權」，並促使資源公平分配、增進人與人的互賴互惠和團體認同，並且採取積極歧視措施、提供倡導服務；在與服務對象的關係方面，是一同挑戰結構、倡導人權、改變社會、建立融合社會的夥伴；在面對自我的部分，須經常反思與修正自我。

社會工作理論當中，「充權理論」與「批判社會工作理論」都強調，社會工作者與服務對象之間是「夥伴關係」，且社會工作者有責任支持受壓迫的服務對象，產生對於自己問題或困境的「結構成因」之意識，Rees（1991）稱為「政治性理解」，Lee（1994）稱為「批判意識」。而其他國家的社會工作倫理守則也指出，社會工作者應與服務對象一同挑戰結構，並且促進人與人之間的互賴與互惠關係、共創融合社會。障礙領域的社會工作者必須學習並且抱持「社會模式」與「人權模式」的觀點理解障礙現象，在工作中努力促使障礙者「意識覺醒」，並且與其他障礙者間產生「相互連結與支持」，才能在平等與共融中，共創融合的社會。

四 專業關係的型態是關鍵

張英陣（2016）認為，「社會工作是倫理學」，他主張「關係」是社會工作實務的核心議題。許雅惠（2019）進一步主張，專業關係不應為「本質性的」，而「實踐的智慧」是「知識」也是「德性」，是社會工作者在特定脈絡下，運用理性、技術與知識判斷，並且彈性採取實際行動促進人類的福祉。現今的社會工作，著重與服務對象間彈性的「夥伴關係」。而社會工作重視「充權服務對象」與「推動社會改革」的傳統，自睦鄰運動即開始，和服務對象之間的「夥伴」關係，也是睦鄰運動所強調（Gitterman, Knight, & Germain, 2020）。

在障礙領域，若社會工作者本身抱持著「個人化」與「醫療化」觀點看待「障礙」，則社會工作者壓根就不會相信障礙者能夠自我決定，更遑論「肯認案主是專家」。肯認案主是專家，首先必須如 Frieire 所強調，具備能夠進入「受壓迫者」的世界、同理與了解其需求的能力與行動，並且「向受壓迫者學習」（Breton, 1994）。社會工作者第一個關卡須突破的，是檢視自己如何看待障礙者，也就是 Campbell（2002）說的「面對自己心中的鬼」。人本主義學者 Carl Rogers 強調助人工作者應「真誠」、「內外一致」，才能給予服務對象「無條件的積極關注」和「同理」。專業關係必須建立在社會工作者的「真誠」與「內外一致」之上，首先，社會工作者須真誠地面對自己。

在障礙領域工作，很容易落入傳統觀念下的對於障礙者「過度保護」的心態，再加上過度保護的家屬對服務提供者施壓，社會工作者也會擔心萬一障礙者「出事」誰負責的問題。因此，障礙領域的社會工作者不僅要和服務對象一起工作，也要「和家屬一起工作」。本書第二章提到障礙者在「照顧關係」中經常面臨的困境，第三章則談到人與人之間其實是「相互依賴」甚至是「巢狀依賴」的關係，社會工作者在與家人一起工作時，一方面要讓家屬了解到障礙者與他人一樣，具有「承擔風險的尊嚴」，另方面，專業人員以及照顧者，也都

具有「關注的責任」，而這二者之間的重要橋梁，便是與服務對象一同進行「風險評估」，找出可能的因應策略，這也是「支持決定」的重點。

五 重視障礙者的自主和參與

障礙者的人性尊嚴，往往因爲「自主權」受限而被漠視，因此，本書第三章試圖釐清「自主」、「自立」與「自我決策」等概念，並點出必須從「關係中的自主」角度理解障礙者的處境與自主權實踐，而這又與社會如何看待「差異」息息相關，因此第三章也討論「融合平等」與「差異政治」的概念。第四章介紹「自我主導的支持」，凸顯許多重度障礙者如果沒有人力協助，生活很難自主；而第五章談到精神健康危機期是精障者自主性最受到侵犯的時期，精障服務應以「復元」爲導向，以增進精障者的自主權；第六章談到的自我倡導運動，則點出智能障礙者的自主性需要在團體中逐漸培養。

不論是第五章談到的精障者的互助團體、第六章談到的自立生活運動、自我倡導運動與精障者自主運動、第七章關於同儕支持，以及第八章關於障礙運動如何影響政策的發展，都再再強調，障礙者彼此間的相互連結能夠產生無比的力量，不僅可以改變個別障礙者的生活，也能改變社會，讓政策、服務與生活各層面更能考量障礙者的差異性，並給予適當的回應。障礙者參與，是重視「人權」的社會必然的部分。我們不能無視於障礙者其實透過許多自助互助組織，以及透過社會運動，一直都很艱辛地在參與。社會工作者必須積極促使障礙者能以正式管道，持續性參與和障礙者切身相關的事務，創造「充權」的環境條件，以實踐障礙者所高喊的「所有關於我們的事，都要有我們的參與。」

Young（1998）主張，「公民權」的一個重要部分是「公共生活」與「民主過程的融入」和「參與」。本書第八章對於如何確保障礙者實質而非僅有形式的「參與」有較多的討論，希望社會工作者不要只

是便宜行事，將障礙者參與視為「酬庸」或是「交代了事」，而是站在「尊重障礙者的專業與尊嚴」的前提下，成為和障礙者一同創造美好社會的「夥伴」。

此外，第八章也介紹了其他國家對於所謂「障礙者的組織」（DPO）以及「代表性」的認定方式與作法供參考。在障礙領域，常見同樣一批人成立了好幾個協會，表面上是好幾個組織在發聲，其實是同一小撮人，以不同的組織名義在發言。也常見擔任了政府委員會委員，名義上是某障礙協會的理事長或是單位主管，實質上卻缺乏經常性蒐集與彙整障礙社群的意見，據以代表發聲的實際作為。此外，有障礙團體認為只有障礙者主導的組織才能稱為「障礙者的組織」，但是本書第八章提到，聯合國認為所謂「障礙者的組織」，也包含「以家庭為基礎，倡導嚴重智能與多重障礙者的人權」之組織。前述種種，都透露著一件事：我們需要更多關於什麼叫做「障礙者的組織」、「障礙者參與」的社會辯論與共識。

六 「權力」敏感度

社會工作者必須致力於創造障礙者「被平等對待」的社會條件，才能順水推舟地推行政策。首先，社會工作者對於「權力」必須具備敏感度，這包含敏感於「語言」與「知識」所反映的「權力」關係，也包含 Fook（2015）所謂的「批判性反思」，亦即反思個人與環境脈絡如何影響自身信念，並且小心運用「權力」，使服務對象也能「充權」和「參與」。傳統模式的社會工作者習慣主導與掌控整個服務過程，然而，作為「經驗專家」的同儕，能夠促使當事人意識覺醒，也協助當事人自立，透過類似經驗者的聚集、分享經驗、不做判斷，障礙者從中獲得「充權」和自立生活。

Gagne（2010）提醒，專業人員應放下「菁英主義」下自己擁有的「權力」與「優勢地位」，尊重「經驗專業」。而經驗專業要能被認為是「專業」，首先必須放棄個人化、醫療化模式與標籤化、汙名

化的觀點，肯認障礙者的「多元差異」與「平等權利」，視障礙者為「公民」而不是「病人」。

此外，也需要專業人員有「共享權力」的道德勇氣與決心，而這就是為什麼先前提到社會工作需要熱情，這也呼應了張英陣（2016）強調「社會工作是倫理學」的觀點。若欲突破障礙者的自主困境，必須先改變社會看待「障礙」的觀點，了解障礙者是「權力弱勢」，而不是「能力弱勢」（Young, 1998）。Ellis（2000）提醒我們，「充權」不是「技術活動」而是「政治活動」，涉及「權力」與「控制」的爭取。

社會工作者必須致力於創造障礙者「自我發聲」的機會，以及能發揮「經驗專業」的機會，在夥伴關係中，對於自己和障礙者間的「權力」關係，也必須經常敏感、察覺和調整，而這也是社會工作專業最為迷人之處：在實踐與推動人權保障的過程中，不斷自我反思與調整，讓自己成為更好的人。

「批判社會工作理論」主張透過「對話」與「實踐」進而採取行動，以降低無力感、增進推動社會改革的能力。障礙領域的社會工作者除了自身應透過與服務對象「對話」而支持服務對象，也應促進障礙者彼此間的對話。讓服務對象能藉由「對話」和「經驗分享」，建立自我認同與「障礙驕傲」，並且產生集體認同，藉由行動，改變過去服務系統中，障礙者被認為無法自我發聲、表達想法的「被動依賴者」之處境。因此，社會工作者必須具備與人對話的能力，也就是「互為主體」的能力，使受壓迫者透過對話而產生新的理解，了解主流論述背後的不平等權力關係，進而採取行動試圖改變（Fook, 2015）。

七 社會政策必須具有理想性、公平性和永續性

社會中不同群體的立場差異下，往往對於政策的期待與要求也不相同。在障礙領域尤其常見服務使用者與服務提供者、政府部門人員之間，因為對於政策的期待落差，而產生的爭議甚至摩擦。服務使用

者作為當事人，表達需求與為自己爭取福利自是無可厚非，而政府部門確實也在既有政治與官僚系統中有其實質的難處。一個成熟的民主社會，社會政策的形成與修訂，自不應以叫價方式草率形成，而應在審慎評估與利害關係人的參與下，透過對話，增進相互的溝通與了解，進而透過協商產生共識。

為了確保人民的自由、尊嚴與人權，民主國家在人民的託付下，對於人民的福祉負有責任，且應考量所有群體。例如障礙政策必須考量不同區域、障別、性別，甚至是世代等多元群體間的公平性，以及政策的永續性。社會政策的制定所要考量的因素非常多，因此，政策形成過程中，從多方角度的評估，和多元群體的參與，才是負責任的政策形成過程。所有的社會工作者都必須有這層認識，不應人云亦云。社會工作者不應忘記這個專業角色對所有的服務對象、潛在服務對象，以及整體社會的「責信」（accountability）責任。

另外，所有的社會政策都是社會價值選擇的結果，因此，社會辯論與社會大眾觀念的建立，會影響政策得到認可的程度。而這也是為什麼儘管聯合國的許多人權公約文件，在權利的類型上屬於公民權、政治權者，規定締約國必須立即實施，而屬於經濟、社會與文化權者，則仍須考量各國政治、經濟、社會各方面條件，僅能要求各國必須有計畫性地在明確的時間與資源投入規劃中，逐步推動。不論是行政部門或民間部門的社會工作者都必須有這層認識，在推動政策的過程中，才能對多樣的群體負責，也對自己的專業負責。

八 「關懷倫理」、「差異政治」與「人權模式」是邁向共融社會的途徑

障礙者在社會中之所以無法融入社會，原因之一是社會環境阻礙，包含各種各樣的社會歧視，另一個重要因素是得不到所需的適當支持。Kittay（1999, 2011）主張，社會是一個「巢狀的相互依賴與連結的關係網絡」（nested dependencies），被照顧以及照顧他人，都

身心障礙者人權議題——自主、倡議與社會工作使命

是需要被支持的。而這種強調人與人間互賴關係的「關懷倫理」價值，以及「差異政治」所強調的對於差異的肯認，需要成為社會的共識（詳見本書第三章）。這樣的共識建立，將影響著國家整體資源的分配。「人權模式」強調尊重個人固有價值與尊嚴、「差異政治」強調差異應受肯認而不是被貶抑、「關懷倫理」強調人與人相互依賴與支持的事實，這三者都是社會投注資源支持重度障礙者所需依據的重要意識型態和價值。社會工作者不應僅專注於服務輸送的細節，更應關心政策背後的意識型態與價值，以及整體社會的改變。

唯有當社會體認到人與人之間的差異是必然且值得欣賞與慶祝的、人與人之間是相互學習與支持的，彼此才能在夥伴關係中共同成長，也才能真正建立共融的社會，障礙者的人權也才能獲得保障。我們一方面要打破社會的「健全主義」觀點，另方面也要打破「自立 vs. 依賴」的二分概念。社會工作者在工作中應更加努力支持障礙者自主性的發展、表達、充權與倡導，也支持障礙社群網絡的建構與維繫，障礙者才能逐步產生與擴大集體力量，一同建立共融的社會。

參考文獻

一、中文部分

ETtoday 財經雲（2021）。歧視、拒保身障者！金管會已開出 **420** 萬罰金 **7** 壽險受罰。取自：https://finance.ettoday.net/news/1905718

ETtoday 新聞雲（2020）。台南鹽水區公所整修！身障女職員被迫走不平路向主管反應竟遭嗆「去檢舉」！取自：https://www.ettoday.net/news/20200417/1694293.htm#ixzz79uab9NeO

Goffman, E. (2012)。精神病院：論精神病患與其他被收容者的社會處境（*Asylums*）（群學翻譯工作室）。臺北市：群學。（原著出版於 1961 年）。

NPOst 公益交流站（2014）。「看見差異而不迴避」的身心障礙文化工作，陳秋慧（臺灣大學社會工作研究所研究生）| 2014「創新吧！公益」公益科技創新影響力論壇。取自：https://www.youtube.com/watch?v=aQigDN_2UM4&t=531s

人權公約施行監督聯盟（2019）。**CRPD 個人申訴 #8 ——** 障礙者一定要「經濟自立」，才能享有與家人團聚的權利嗎？取自：https://covenantswatch.org.tw/2019/07/01/crpd_communication_8/

中央社（2020）。身障生 **15** 分鐘連遭 **3** 公車拒載 中市府：追究責任。取自：https://www.cna.com.tw/news/aloc/202010280250.aspx

中央社（2021）。服務聽障弱勢 立院院會議事直播提供即時字幕。取自：https://www.cna.com.tw/news/aipl/202109170163.aspx?fbclid=IwAR0hHGPb_eLOYyXB1vaxTbIY27qqZC8Oqo_69c53yHEhifYoAy-7JZSrrYo

中華心理衛生協會（2022）。〔接受補助〕翻轉烙印、啟動復元 —— 發展精神障礙者同儕工作計畫。取自：https://www.mhat.org.tw/news2_cont.aspx?id=7qYaDel9Tfc=

中華民國智障者家長總會（2016）。悼！我們和日本一同悲傷，我們堅信理解、包容是預防悲劇的唯一解答 —— 有關日本神奈川縣津久井山百合園殺人事件的聲明。推波引水，**76** (2016. 12)，4-6。

方信翔（2009）。**2009 Asia Try in Taiwan** 心得。取自：http://www.ciltp.artcom.tw/ap/news_view.aspx?bid=2052&sn=9de630e3-b76a-40be-949b-9f8349c708b5

王育瑜（2004）。障礙者與社區照顧：議題與觀點。社區發展季刊，**106**，230-236。

王育瑜（2016）。心智障礙者自我倡導團體的發展 —— 八個單位比較。東吳社會工作學報，**31**，77-115。

王育瑜、林惠芳（2019 年 11 月）。自我倡導。王國羽、林昭吟、張恆豪主編，障礙研究與社會政策。頁 185-208。高雄市：巨流。

王品（2015）。德國長期照顧保險效應分析：1995-2013。人文及社會科學集刊，**27**(1)，135-203。

王國羽（2019）。障礙模型發展與核心概念。王國羽、林昭吟、張恆豪主編，障礙研究與社會政策，頁 53-84。高雄市：巨流。

王鼎域（2014）。淺論身心障礙者社會運動的發展與展望。取自：http://www.sunable.net/node/14521

王增勇、陶蕃瀛（2006）。專業化＝證照＝專業自主？應用心理研究，**30**，201-224。

王毅峯（2020）。聽障與我──慣用口語的聽覺障礙者之障礙經驗探討。國立暨南國際大學社會政策與社會工作學系所碩士論文。

台灣好新聞（2021）。**身障者乘公車受辱 南市議員批交通局督導無方**。取自：https://www.taiwanhot.net/news/973236/%E8%BA%AB%E9%9A%9C%E8%80%85%E4%B9%98%E5%85%AC%E8%BB%8A%E5%8F%97%E8%BE%B1+%E5%8D%97%E5%B8%82%E8%AD%B0%E5%93%A1%E6%89%B9%E4%BA%A4%E9%80%9A%E5%B1%80%E7%9D%A3%E5%B0%8E%E7%84%A1%E6%96%B9

台灣身心障礙藝術發展協會（2021）。宗旨理念。取自：http://www.lumin-art.org.tw/?page_id=1912

左邊女孩（2022）。「長那麼漂亮可惜坐輪椅」、「有補助可拿真好」，**10** 個可能讓你陷入微歧視的意外 **POINTS**。取自：https://rightplus.org/2022/06/21/10-points/?fbclid=IwAR0CSol-esATyUPO8Jk6mq5IPMlgXRFUaN0DYY7G1pLcz5wI2EnDYqTXWuQ

生命力新聞（2020）。**母職大不易 身障女性的困境之路**。取自：https://vita.tw/%E6%AF%8D%E8%81%B7%E5%A4%A7%E4%B8%8D%E6%98%93-%E8%BA%AB%E9%9A%9C%E5%A5%B3%E6%80%A7%E7%9A%84%E5%9B%B0%E5%A2%83%E4%B9%8B%E8%B7%AF-2b8c3e42462e

自由時報（2009）。**Asia Try** 鼓勵身障者自立生活。取自：https://news.ltn.com.tw/news/life/paper/272978

自由時報（2021）。中秋「不快樂」！台南淺草商圈無障礙坡道「封鎖」身障人士。取自：https://news.ltn.com.tw/news/Tainan/breakingnews/3679143

自由時報（2022）。捷運士林站封身障通道 北市議員：太離譜。2022/06/18。取自：

https://news.ltn.com.tw/news/life/paper/1523579?fbclid=IwAR3s0baaw_HpRV5J9Zq
KlIa02yuIBsaaqQOExDoRRkp4eaItp6kjPGFXVos

行政院（2021）。強化社會安全網 第二期計畫——找出需要幫助的人。取自：https://
www.ey.gov.tw/Page/5A8A0CB5B41DA11E/9be4fd7e-3ee5-48d9-b1fa-50c6973e0e98

余秀芷（2019）。輪椅上的金鐘感言：這世界沒有障礙的人，只有障礙的環境。獨
立評論。2019 年 10 月 9 日。取自：https://opinion.cw.com.tw/blog/profile/410/
article/8589

余虹儀（2019）。說到底，什麼是通用設計？獨立評論 @ 天下。網址：https://
opinion.cw.com.tw/blog/profile/428/article/8446

吳秀瑾（2005）。依靠與平等：論 Kittay 愛的勞動。女學學誌：婦女與性別研究，
19，157-183。

呂又慧、戴雅君（2011）。社區精神復健的另類服務：以新北市慈芳關懷中心的「會
所模式」為例。社區發展季刊，**136**，308-330。

呂思嫻（2015）。女性障礙者的生育經驗與母職實踐。社區發展季刊，**150**，235-
245。

宋麗玉（2005）。精神障礙者之復健與復元——一個積極正向的觀點。中華心理衛生
學刊，**18**(4)，1-29。

宋麗玉、徐淑婷（2012）。精神障礙者復元統合模式之驗證——復元階段量表發展與
優勢觀點（第 3 年）研究成果報告（完整版）。行政院國家科學委員會專題研究
計畫成果報告。取自：https://9lib.co/document/wyew7vry-%E7%B2%BE%E7%A5
%9E%E9%9A%9C%E7%A4%99%E8%80%85%E5%BE%A9%E5%85%83%E7%B
5%B1%E5%90%88%E6%A8%A1%E5%BC%8F%E4%B9%8B%E9%A9%97%E8%
AD%89%E5%BE%A9%E5%85%83%E9%9A%8E%E6%AE%B5%E9%87%8F%E8
%A1%A8%E7%99%BC%E5%B1%95%E8%88%87%E5%84%AA%E5%8B%A2%E
8%A7%80%E9%BB%9EIII.html

李孟達、毛慧芬、呂淑貞、林克忠（2015）。臺灣精神康復之家發展現況之探討：文
獻回顧。臺灣職能治療研究與實務，**11**(1)，33-49。

汪淑媛（2013）。藝術與社會工作實務。臺大社工學刊，**28**，1-46。

周月清、張家寧、陳毅、呂又慧主編（2019）。我要我的自立生活。臺北市：松慧。

周怡君（2017）。歐洲國家身心障礙個人預算政策比較分析：以英國、荷蘭、德國為
例。社會科學學報，**25**，57-74。

周耕妃（2017）。排除環境的萬難 沒有障礙的人，只有障礙的環境。心路基金會雙

月刊，**146**。網址：https://syinlu.org.tw/story/magazine_articles_detail/168

奈良崎真弓（2016）。現在我覺得，身為障礙者，很好！森本美紀訪問（高雅郁譯）。推波引水，**76**，9-11。

易君珊（2016）。障礙文化與社會正義：博物館無障礙可及性服務的實踐與服務關係中的權力議題。博物館與文化，**12**，5-42。

林君潔（2015）。無法生存，何來生活？人權基礎下障礙者自立生活之推動。社區發展季刊，**150**，208-215。

林君潔（2021）。崎嶇顛簸的法院路。法扶報報。取自：https://www.laf.org.tw/index.php?action=LAFBaoBao-detail&tag=242&id=281

林昭吟、張恆豪、蘇峰山（2019）。障礙立法發展與法律權益。王國羽、林昭吟、張恆豪主編，障礙研究與社會政策，頁99-120。高雄市：巨流。

果明珠（2019）。繭居、精障者勞動條件與開放對話：芬蘭、日本與台灣經驗的對話。https://www.openbook.org.tw/article/p-62702

社團法人台北市新活力自立生活協會（2007）。本會文字報導。玻璃娃娃林君潔跨海引進日本資源 成立台灣第一個障礙者自立生活組織。取自：http://www.ciltp.artcom.tw/ap/news_view.aspx?bid=2062&sn=1c2abda6-46e0-4ee9-aa7b-593df685a1bf

社團法人台北市新活力自立生活協會（2009）。本會文字報導：**Asia Try** 首度登台 身心障礙者感受后里濃厚人情。取自 http://www.ciltp.artcom.tw/ap/news_view.aspx?bid=2062&sn=32bf280a-b4f6-426d-ac4c-9e0ccafd3751

社團法人台北市新活力自立生活協會（2011）。培訓活動、課程資訊。第一屆自立生活運動種子培訓營。取自：http://www.ciltp.artcom.tw/ap/news_view.aspx?bid=2061&sn=536a0d0e-44f4-4f16-b416-8a9965fe1799

社團法人台北市新活力自立生活協會（2022a）。個人助理服務。取自：http://www.ciltp.artcom.tw/ap/cust_view.aspx?bid=45

社團法人台北市新活力自立生活協會（2022b）。宗旨 & 任務。取自：http://www.ciltp.artcom.tw/ap/cust_view.aspx?bid=18

社團法人台北市新活力自立生活協會（2022c）。身心障礙者──同儕支持服務。取自：http://www.ciltp.artcom.tw/ap/cust_view.aspx?bid=2086

社團法人台北市新活力自立生活協會（2022d）。社團法人台北市新活力自立生活協會緣起與發展。取自：http://www.ciltp.artcom.tw/ap/cust_view.aspx?bid=15

邱大昕（2018）。「慈善」與「權利」之間──身心障礙者車船半價優待的爭取過程（1950-1980）。臺灣社會學，**36**，167-188。

邱大昕（2012）。為什麼需要女性主義身心障礙研究？婦研縱橫，**96**，16-24。

邱大昕（2016）。觸覺的轉向：広瀨浩二郎的展覽理念。博物館與文化，**12**，141-156。

邱大昕（2017）。CRPD 與合理調整。社區發展季刊，**157**，236-240。

唐宜禎、吳慧菁、陳心怡、張莉馨（2011）。省思嚴重精神疾患強制治療概念──以人權為主軸。身心障礙研究，**9**(1)，1-16。

財團法人台北市康復之友協會（2015）。新北市慈芳關懷中心。取自：https://www.tpmra.org.tw/node/75

財團法人伊甸社會福利基金會（2017）。活泉之家。取自：https://www.eden.org.tw/branches_detail.php?detailId=JCUxOCMh&rePageUrl=L2JyYW5jaGVzLnBocD8mcGFnZT00

郝天行（2020）。精神障礙同儕支持服務，誰才有資格做？切勿從上到下急躁移植、專業主導。取自：https://rightplus.org/2020/11/30/peer_support/

國家發展委員會（2022）。中華民國人口推估（2022 年至 2070 年）。臺北：國家發展委員會。

張恆豪（2015）。障礙者的公民運動：權利論述和社會模式的在地實踐。思與言，**53**(2)，89-136。

張恆豪、蘇峰山（2019）。西方社會障礙歷史與文化。王國羽、林昭吟、張恆豪主編，障礙研究與社會政策，頁 1-26。高雄市：巨流。

張恆豪、周月清、陳俊賢、陳重安（2020）。誰代表障礙者？障礙者代表的政府參與及其在公民權上的意義。臺灣民主季刊，**17**(2)，95-136。

張恆豪、游鯉綺、許朝富（2018）。台灣社會福利運動與政策效應：新一代障權運動團體如何開展新的風貌？取自：https://www.thenewslens.com/article/107766

張英陣（2016）。愛與正義：社會工作教育實踐社會工作價值的挑戰。社區發展季刊，**155**，51-61。

張復舜（2019）。對精神藥物的合理期待──談精神藥物的能與不能（從憂鬱症談起）。取自：http://dep110.pixnet.net/blog/post/224094414

張傳佳（2014）。知識：沒有天上掉下來的權利，看 **1977** 年美國身障者 **504** 條款佔領活動。取自：https://npost.tw/archives/5692

莊棋銘（2009）。我的「自立生活」。Kimi 個人網頁（Kimi 的夢世界）。2009/04/05。取自：http://blog.sina.com.tw/11829/index.php?pbgid=11829

許宗力、孫迺翊（2017）。平等權與禁止歧視原則。孫迺翊、廖福特主編，身心障礙

者權利公約，頁 57-82。臺北：新學林。

許雅惠（2019）。我們能做朋友嗎？反思保護性社會工作的專業關係。**臺灣社會福利學刊，15**(2)，57-108。

郭銘禮（2017）。國家義務。孫迺翊、廖福特主編，身心障礙者權利公約，頁 83-116。臺北：新學林。

陳巧珊（2014）。社區復健模式對精神分裂症患者再入院風險影響。**澄清醫護管理雜誌，10**(1)，26-33。

陳伯偉、周月清、陳俊賢、張恆豪（2018）。智能障礙、性／別歧視以及隔離式**機構共謀下的集體性侵**。巷仔口社會學。2018 年 7 月 10 日。取自：https://twstreetcorner.org/2018/07/10/chenchouchenchang/?fbclid=IwAR2FRMmkHg9crmWbYTDnzeDLGAO2h8-YNmGQStJONeXQ8LQuAE0x_6Z2SB4

陳美琪（2021）。**被推上公車輪椅倒人噴飛 司機竟飆粗口！障礙者：我們只盼不再恐懼，身心都是**。取自蘋果新聞網。https://tw.appledaily.com/forum/20211005/OVHJHWQ2CRFWLE7VN2QCIHUKXE/

彭美琪、許銘能（2006）。建構社區精神病患照護網絡──以台北縣為例。**長期照護雜誌，10**(4)，323-332。

曾淑欣（2012）。會所模式下精障者邁向獨立生活的歷程──以伊甸活泉之家為例。國立臺灣師範大學社會工作學研究所碩士論文

游政諺、陳孝平（2015）。就醫路關卡多：成年聽覺障礙者就醫經驗之研究。**臺灣社會福利學刊，12**(2)，145-184。

黃怡碧、黃嵩立（2020）。**身心障礙者在監：服刑更辛苦、教化更難得**。取自：人權公約施行監督聯盟。https://covenantswatch.org.tw/2020/01/08/%E8%BA%AB%E5%BF%83%E9%9A%9C%E7%A4%99%E8%80%85%E5%9C%A8%E7%9B%A3%EF%BC%9A%E6%9C%8D%E5%88%91%E6%9B%B4%E8%BE%9B%E8%8B%A6%E3%80%81%E6%95%99%E5%8C%96%E6%9B%B4%E9%9B%A3%E5%BE%97/

楊延光（2005）。**杜鵑窩的春天**。張老師文化。

廖福特（2017）。歷史發展及權利內涵。孫迺翊、廖福特編，身心障礙者權利公約，臺北：台灣新世紀文教基金會、台灣聯合國研究中心。

廖福源（2022）。論心理社會障礙者同儕支持之困境：以自立生活同儕支持方案為例。**社區發展季刊，178**，29-41。

監察院（2020）。**監察委員新聞稿：大學入學考試未依身心障礙學生個別需求進行考試時間之合理調整 一律以延長 20 分鐘為限 影響考生公平應考權利 監**

身心障礙者人權議題──自主、倡議與社會工作使命

察院請教育部應盡速檢討改進。取自：https://www.cy.gov.tw/News_Content.aspx?n=125&s=16354

臺灣障礙研究學會（2021）。手語即人權聲明稿。網址：https://sdstaiwan.com/2021/09/28/%e8%87%ba%e7%81%a3%e9%9a%9c%e7%a4%99%e7%a0%94%e7%a9%b6%e5%ad%b8%e6%9c%83-%e6%89%8b%e8%aa%9e%e5%8d%b3%e4%ba%ba%e6%ac%8a%e8%81%b2%e6%98%8e%e7%a8%bf/

劉蓉台（2007）。精障個案社區整合照顧模式。護理雜誌，**54**(5)，11-17。

蔡英文（2015）。蔡英文：沒有障礙的環境，只有障礙的人。2016 總統蔡英文新北市競選總部。網址：https://sites.google.com/site/newtaipeicampaignheadquarters/zheng-ce-tan-hua/cai-ying-wen-zhi-you-zhang-ai-de-huan-jing-mei-you-zhang-ai-de-ren

衛生福利部（2022）。**112 年精神障礙者協作模式服務據點計畫**。取自：https://topics.mohw.gov.tw/SS/sp-GS-204.html?Query=%E7%B2%BE%E7%A5%9E%E9%9A%9C%E7%A4%99%E8%80%85%E5%8D%94%E4%BD%9C%E6%A8%A1%E5%BC%8F%E8%A8%88%E7%95%AB#gsc.tab=0&gsc.q=%E7%B2%BE%E7%A5%9E%E9%9A%9C%E7%A4%99%E8%80%85%E5%8D%94%E4%BD%9C%E6%A8%A1%E5%BC%8F%E8%A8%88%E7%95%AB&gsc.sort=

衛生福利部心理及口腔健康司（2021）。公告徵求 111 年度「精神衛生機構團體獎勵計畫」案。取自：https://dep.mohw.gov.tw/domhaoh/cp-5010-63025-107.html

聯合報系願景工程（2021）。臉部平權 履歷選才何須照片？取自：https://today.line.me/tw/v2/article/2KnW8z

聯合新聞網（2021a）。女坐輪椅台南公車拋飛摔路上 司機遭爆已有 **2** 前例。取自：https://udn.com/news/story/7266/5796975%EF%BC%9Ffbclid=IwAR0SZwAteFw-9dqoinrY7lTpEd8pQ52sCaKxziyuTvbv1hAOav2v5z7eWeo

聯合新聞網（2021b）。防疫措施忽略身心障礙者 人權會專章直指缺失。取自：https://udn.com/news/story/6656/5748099

謝東儒、張嘉玲、黃珉蓉（2005）。殘障聯盟發展史。社區發展季刊，**109**，300-309。

謝詩華（2018）。精神障礙者自立支持在臺灣的實踐經驗。社區發展季刊，**164**，67-77。

蘋果日報（2019）。踢爆網銀 **APP** 假保護，**5** 萬視障者被迫用「閹割版」。2019 年 11 月 21 日。取自：https://tw.appledaily.com/headline/20191121/P34XTLT3TH6TOE

TYT5W4VLKDMU/

蘋果新聞網（2021）。獨家｜自閉兒疑遭霸凌自拔肛毛　校方拒直升國中！父控剝奪
　　受教權。取自：https://tw.appledaily.com/local/20210723/BIF5CHD6GNEIPOWCNV
　　MGWPLMUU/

二、日文部分

NPO 法人自立生活センターさっぽろ PA サポートセンター（2016）。札幌の自立生
　　活運動の現状と障害者の介助保障運動について。檢索日期：2018 年 9 月 25 日。
　　網址：http：//www.f.waseda.jp/k_okabe/forum/161015cil_sapporo_1.pdf

NPO 法人船橋障害者自立生活センター（2017）。開始同僚輔導出差。檢索日期：
　　2018 年 9 月 8 日。網址：http://www.cil-funabashi.org/osirase.html

ウィキペディア（2018）。障害者の日常生活及び社会生活を総合的に支援するため
　　の法律。檢索日期：2018 年 11 月 16 日。網址：https：//ja.wikipedia.org/wiki/%E
　　9%9A%9C%E5%AE%B3%E8%80%85%E3%81%AE%E6%97%A5%E5%B8%B8%
　　E7%94%9F%E6%B4%BB%E5%8F%8A%E3%81%B3%E7%A4%BE%E4%BC%9A
　　%E7%94%9F%E6%B4%BB%E3%82%92%E7%B7%8F%E5%90%88%E7%9A%84
　　%E3%81%AB%E6%94%AF%E6%8F%B4%E3%81%99%E3%82%8B%E3%81%9F
　　%E3%82%81%E3%81%AE%E6%B3%95%E5%BE%8B

きらッコノート（2016）。介護者と介助者、どう違うの？檢索日期：2018 年 9 月 4
　　日。網址：https://job.kiracare.jp

ヒューマンケア協会（2009）。ヒューマンケア協会とは。檢索日期：2018 年 9 月 4
　　日。網址：http：//www.humancare1986.jp/

中西正司（2003）。自立生活の基本理念とその歴史。檢索日期：2018 年 9 月 4 日。
　　網址：https：//www.mhlw.go.jp/shingi/2003/06/s0609-5c5.html

内閣府（2018）。平成 30 年版障礙者白書參考資料：障害者施策の主な歩み。檢
　　索日期：2018 年 9 月 3 日。網址：http：//www8.cao.go.jp/shougai/whitepaper/
　　h30hakusho/zenbun/pdf/ref1.pdf

札幌市（2015）。パーソナルアシスタント制度について。檢索日期：2018 年 9 月
　　4 日。網址：http：//www.city.sapporo.jp/shogaifukushi/jiritsushien/1-4-1_pagaiyou.
　　html

札幌市（2016）。札幌市パーソナルアシスタンス制度案内（介助者登録用）（2010
　　年 4 月）。檢索日期：2018 年 10 月 8 日。網址：http：//www.city.sapporo.jp/

shogaifukushi/jiritsushien/documents/kaijoshatoroku.pdf

札幌市（2018a）。PA 制度概要説明資料。檢索日期：2018 年 9 月 4 日。網址：
　　http：//www.city.sapporo.jp/shogaifukushi/jiritsushien/documents/pagaiyou.pdf

札幌市（2018b）。2018 障礙者福祉手冊。頁 15、29。檢索日期：2018 年 9 月 4 日。
　　網址：http：//www.city.sapporo.jp/shogaifukushi/guide/documents/guide_00ikkatu.
　　pdf

札幌市公所障礙福祉課（2016）。札幌市パーソナルアシスタンス制度 につい
　　て。檢索日期：2018 年 9 月 4 日。網址：http：//www.f.waseda.jp/k_okabe/
　　forum/161015sapporo_city.pdf

全國自立生活協議會（2001）。自立生活運動と障害文化——当事者から
　　の福祉論。東京都：現代書館。檢索日期：2018 年 11 月 26 日。網址：http：//
　　www.gendaishokan.co.jp/goods/ISBN4-7684-3426-6.htm

全國障害者介護制度情報（2003）。生活保護他人介護料の方針は今後も変更なし。
　　檢索日期：2018 年 10 月 24 日。網址：http：//www.kaigoseido.net/seiho/seiho_
　　document/03taninkaigo.htm

東京都福祉保健局（2018）。2018 東京都社會福祉手冊，障害者総合支援法。檢索
　　日期：2018 年 9 月 3 日。網址：http：//www.fukushihoken.metro.tokyo.jp/joho/
　　koho/publications/tebiki.files/2018tebiki03.pdf

厚生労働省（2014）。精神障害者に対する支援について。檢索日期：2018
　　年 9 月 20 日。網址：https：//www.mhlw.go.jp/file/05-Shingikai-12601000-
　　Seisakutoukatsukan-Sanjikanshitsu_Shakaihoshoutantou/0000098140.pdf

厚生労働省（2015）。現状・課題と檢討の方向性。檢索日期：2018 年 9 月 28 日。
　　網址：https：//www.mhlw.go.jp/file/05-Shingikai-12601000-Seisakutoukatsukan-
　　Sanjikanshitsu_Shakaihoshoutantou/0000101662.pdf

厚生労働省（2017）。障害福祉サービス等報酬改定檢討チーム（平成 30 年度報酬
　　改定）第 11 回議題：平成 30 年度障害福祉サービス等報酬改定に向けて（居宅
　　介護、重度訪問介護、同行援護、行動援護、重度障害者等包括支援、施設入所
　　支援）（資料 2）重度訪問介護に係る報酬・基準について。檢索日期：2018 年
　　9 月 18 日。網址：https：//www.mhlw.go.jp/file/05-Shingikai-12201000-Shakaiengo
　　kyokushougaihokenfukushibu-Kikakuka/0000179941.pdf

厚生労働省（2018）。雇用管理改善 35. 精神障害者雇用安定奨励金（ピアサポート
　　体制整備奨励金）。檢索日期：2018 年 9 月 20 日。網址：https：//www.mhlw.

go.jp/general/seido/josei/kyufukin/dl/gaiyo_32_35.pdf

電子政府の総合窓口（2013）。障害者基本法。檢索日期：2018 年 10 月 17 日。網址：
http：//elaws.e-gov.go.jp/search/elawsSearch/elaws_search/lsg0500/detail?lawId=345
AC1000000084&openerCode=1

電子政府の総合窓口（2017）。障害者の日常生活及び社会生活を総合的に支援す
るための法律。檢索日期：2018 年 9 月 3 日。網址：http：//elaws.e-gov.go.jp/
search/elawsSearch/elaws_search/lsg0500/detail?lawId=417AC0000000123&openerC
ode=1

三、韓文部分

국가법령정보센터（2018）。장애인복지법。檢索日期：2018 年 10 月 17 日。網址：
http：//www.law.go.kr/ 법령 / 장애인복지법 /（15646, 20180612）

김동범（2011）。〈자립생활운동의 성과와 과제〉。한국장애인단체총연맹。《장
애인자립생활운동의 향후 과제와 방향 모색을 위한 토론회》。檢索日期：2018
年 10 月 17 日。網址：http：//kodaf.or.kr/bbs/board.php?bo_table=B21&wr_id=263

도봉노적성해장애인자립생활센터（2015）。〈동료상담 운영 매뉴얼 2015 년 개정
판 _ 한자연 동료상담위원회〉。檢索日期：2019 年 3 月 18 日。網址：http：//
www.dew2sea.com/bbs/board.php?bo_table=B35&wr_id=14

동료상담위원회（2015）。《동료상담 운영 매뉴얼》，10-11。

보건복지부 장애인정책국 장애인서비스과（2018）。〈2018 장애인활동지원사업
안내〉。檢索日期：2018 年 10 月 17 日。網址：http：//www.socialservice.or.kr/
user/htmlEditor/view2.do?p_sn=6

보건복지부사회보장정보원（2018）。〈장애인활동지원소비스〉。檢索日期：2019
年 3 月 18 日。網址：http：//www.socialservice.or.kr/user/htmlEditor/view2.do?p_
sn=6

서울특별시도시경영연구원（2018）。〈2018 중증장애인 자립생활센터 지원사
업 평가지표 및 평가안내서〉。檢索日期：2019 年 3 月 18 日。網址：https：//
opengov.seoul.go.kr/sanction/15504156?fileIdx=1#pdfview

장애인활동지원（2018a）。제도소개 – 추진경과。檢索日期：2018 年 10 月 17 日。
網址：http：//www.ableservice.or.kr/PageControl.action

장애인활동지원（2018b）。제도소개 – 활동보조사업과의 비교。檢索日期：2018
年 10 月 17 日。網址：http：//www.ableservice.or.kr/PageControl.action

四、英文部分

Aagaard, J., Tuszewski, B., & Kølbæk, P. (2017). Does assertive community treatment reduce the use of compulsory admissions? *Archives of Psychiatric Nursing*, *31*, 641-646.

Aboutface (2020). *The campaign for 'face equality', 2008-2020: Origins and highlights.* Available at: https://aboutfaceyork.com/2020/05/the-campaign-for-face-equality/

Adams, J., & Rice, K. (2006). Crisis intervention for people with severe mental illnesses. *Cochrane Database of Systematic Reviews,* Issue 4, Art. No.: CD001087. Retrieved from: http://intensivehometreatment.com/wp-content/uploads/2010/09/Cochrane-review-of-crisis-intervention-Joy-Adams-Rice-edition-2.pdf

Administration for Community Living (2021). *The developmental disabilities assistance and bill of rights act of 2000.* Available at: https://acl.gov/about-acl/authorizing-statutes/developmental-disabilities-assistance-and-bill-rights-act-2000

Administration for Community Living (2022). *Centers for independent living.* Available at: https://acl.gov/programs/aging-and-disability-networks/centers-independent-living

Anderberg, P. (2009). *Sweden. Academic Network of European Disability experts country report on the implementation of policies supporting independent living for disabled people.* Leeds: University of Leeds.

Antaki, C., Finlay, W. M. L., Sheridan, E., Jingree, T. & Walton, C. (2006). Producing decisions in service-user groups for people with an intellectual disability: Two contrasting facilitator styles. *Mental Retardation*, *44*, 322-343.

Anthony, W. A. (1993). Recovery from mental illness: the guiding vision of the mental health service system in the 1990s. *Psychosocial Rehabilitation Journal*, *16*, 11-23.

Appelbaum, P. S., & Grisso, T. (1995). The MacArthur treatment competence study. I: Mental illness and competence to consent to treatment. *Law and Human Behavior, 19*(2) (Apr., 1995), 105-126.

Arnstein, S. R. (1969). A ladder of citizen participation. *Journal of the American Planning Association*, *35*(4), 216-224.

Askheim, O. P. (2003). Personal assistance for people with intellectual impairments: Experiences and dilemmas. *Disability & Society*, *18*(3), 325-329.

Association for Community Living (2019). *Why disability pride?* Available at: https://www.

aclboulder.org/blog/2019/3/19/why-disability-pride

Australian Association of Social Workers (2020). *Australian Association of Social Workers Code of Ethics 2020*. Available at: https://www.aasw.asn.au/document/item/1201

Australian Association of Social Workers (2022). *Phase 2: Understand the purpose of social work*. Available at: https://www.aasw.asn.au/careers-study/plan-your-career/understand-the-purpose

Baker, J., Sanderson, A., & Challen, K. (2014). Acute inpatient care in the UK. Part 2: managing risk. *Mental Health Practice, 18*(1) (Sep. 2014), 21-27.

Balcazar, F. E., Seckins, T., Fawcett, S. B., & Hopkins, B. L. (1990). Empowering people with physical disabilities through advocacy skills training. *American Journal of Community Psychology, 18*, 281-296.

Barbuto, R., Biggeri, M., & Griffo, G. (2011). Life project, peer counselling and self-help groups as tools to expand capabilities, agency and human rights. *ALTER, European Journal of Disability Research, 5*, 192-205.

Barksby, J., & Harper, L. (2011). *Duty of care for learning disability workers.* Exeter: Learning Matters/BILD.

Barnes, C., & Mercer, G. (eds.) (2004). *Implementing the social model of disability: Theory and research.* Leeds: The Disability Press.

Barnes, C. (ed.) (1993) *Making our own choices: Independent living, personal assistance and disabled people. Report of the BCODP Seminar on Independent Living and Personal Assistance*. Coventry, August 7-9, 1992. London: BCODP and Colin Barnes.

Barnes, C., McCarthy, M., & Comerford, S. (eds.) (1995). *Assessment, accountability and independent living*. Confirmation and Clarification of a Disabled Living Perspective Conference. Coombes Abbey, 23-4th May.

Barnes, H. (2000). *Working for a living? Employment, benefits and the living standards of disabled people.* Bristol: The Policy Press.

Barnes, M. (2006). *Caring and Social Justice*. N.Y.: Palgrave Macmillan.

Barron, K. (2001). Autonomy in everyday life, for whom? *Disability & Society, 16*(3), 431-447.

Barry, J. (1995). Care-need and Care-receivers: Views from the Margins. *Women's Studies International Forum, 18*(3), 361-374.

Barton, L. (1990). Introduction. In Barton, L. (ed.), *Disability and dependency*. London:

Routledge.

Basset, T., Faulkner, A., Repper, J., & Stamou, E. (2010). Lived experience leading the way peer support in mental health. Available at: https://www.together-uk.org/wp-content/uploads/downloads/2011/11/livedexperiencereport.pdf

Beresford, P. (1993). A programme for change: Current issues in user involvement and empowerment. In P. Beresford & T. Harding (eds.), *A challenge to change: Practical experiences of building user-led services.* Londong: NISW.

Beresford, P., & Croft, S. (1993). *Citizen involvement: A practical guide for change.* London: Macmillan.

Beresford, P., & Croft, S. (1995). Whose empowerment? Equalising the competing discourses in community care? In R. Jack (ed.), *Empowerment in Community Care.* London: Chapman Hall.

Beresford, P., Croft, S., Evans, C., & Harding, T. (2000). Quality in personal social services: The developing role of user involvement in the UK. In Davies, C., Finlay, L., & Bullman, A. (eds.), *Changing practice in health and social care* (pp. 189-197). London: The Open University.

Bigby, C., & Frawley, P. (2010). *Social work practice and intellectual disability.* Hampshire: Palgrave Macmillan.

Bigwood S., & Crowe M. (2008). It's part of the job, but it spoils the job: A phenomenological study of physical restraint. *International Journal of Mental Health Nursing, 17*(3), 215-222.

BILD (2011a). *Personal development for learning disability workers.* Exeter, Worcestershire: Learning Matters Ltd.

BILD (2011b). *Equality and Inclusion for learning disability workers.* Kidderminster, Worcestershire: BILD.

Birrell, D., & Gray, A. M. (2017). *Delivering social welfare: Governance and service provision in the UK.* Bristol, UK: Policy Press.

Bittle, R. G. (1986). Acute Care Treatment (ACTS): A model program for providing acute psychiatric services in a homelike environment in an institutional setting. *Behavioral Residential Treatment, 1*(4), 275-288.

Bland, R., Renouf, N., & Tullgren, A. (2009). *Social work practice in mental health.* Allen & Unwin, Sydney.

Bledsoe, S. E., Lukens, E., Onken, S., Bellamy, J. L., & Cardillo-Geller, L. (2008). Mental illness, evidence-based practice, and recovery: Is there compatibility between service-user-identified recovery-facilitating and hindering factors and empirically supported interventions? *Best Practice In Mental Health*, *4*(2), 34-58.

Blomqvist, C. (2013). *A voucher system of personal assistance*. ESN (European Social Network). Spring Seminar 2013. Available at: http://www.esn-eu.org/news/tag-10/200/index.html

Bochel, C., Bochel, H., Somerville, P., & Worley, C. (2008). Marginalised or enabled voices? User participation in policy and practice. *Social Policy and Society*, *7*(2), 201-10.

Bolton, K. W., Hall, J. C., & Lehmann, P. (2022). An overview of and rationale for a generalist-eclectic approach to direct social work practice. In Bolton, K. W., Hall, J. C., & Lehmann, P. (eds.) (2022), *Theoretical perspectives for direct social work practice: A generalist-eclectic approach* (4th ed.) (pp. 3-28). N.Y.: Springer Publishing Company, LLC.

Bond, G. R., & Campbell, K. (2008). Evidence-based practices for individuals with severe mental illness. *Journal of Rehabilitation*, *74*(2), 33-44.

Bond, G. R., & Drake, R. E. (2015). The critical ingredients of assertive community treatment. *World Psychiatry*, *14*(2), 240-242.

Booth, K. (2008). Three tyrannies. In Falk, R., Elver, H., & Hajjar, L. (eds.), *Human rights: Critical concepts in political science* (pp. 105-140). London: Routledge.

Borg, M., & Kristiansen, K. (2004). Recovery-oriented professionals: Helping relationships in mental health services. *Journal of Mental Health, 13*, 493-505.

Borsay, A. (1990). Disability and attitudes to family care in Britain: Towards a sociological perspective. *Disability, Handicap and Society*, *5*(2), 107-122.

Boschen, K. A., & Gargaro, J. (1997). Issues in the measurement of independent living. *Canadian Journal of Rehabilitation, 10*(2), 125-135.

Bowers L., Simpson A., Alexander J., et al. (2005). The nature and purpose of acute psychiatric wards: The Tompkins Acute Ward Study. *Journal of Mental Health, 14*(6), 625-635.

Bowers, L. (1998). *The social nature of mental illness*. London: Routledge.

Bracking, S. (1993). An introduction to the idea of independent integrated living: A brief review. In Barnes, C. (ed.), *Making our own choices: Independent living, personal assistance and disabled people* (pp. 11-14). Report of the BCODP Seminar on Independent Living and Personal Assistance. Coventry, August 7-9, 1992. London: BCODP and Colin Barnes.

Brandon, T., & Elliot, A. (2008). The art of affirming identity. In Swain & French (eds.), *Disability on equal term* (pp. 90-103). London, England: Sage Publications, Ltd.

Braye, S., & Preston-Shoot, M. (1995). *Empowering practice in social care.* Bristol: Open University Press.

Breton, M. (1994). On the meaning of empowerment and empowerment-oriented social work practice. *Social Work with Groups, 17*(3), 23-37.

Brisenden, S. (1986). Independent living and the medical model of disability. *Disability, Handicap and Society, 1*(2), 173-8. https://disability-studies.leeds.ac.uk/wp-content/uploads/sites/40/library/brisenden-brisenden.pdf

British Association of Social Workers (2021). *The BASW code of ethics for social work.* Available at: https://www.basw.co.uk/resources/basw-code-ethics-social-work-0

British Council of Organisations of Disabled People (BCODP) (1987). *Comment on the report of the audit commission.* London, England: BCODP.

Brown G., Hemsley M., & St. John Winsome (2008). Consumer perspectives on recovery: A focus on housing following discharge from hospital. *International Journal of Mental Health Nursing, 17*(6), 402-409.

Browna, P., & Calnanb, M. (2013). Trust as a means of bridging the management of risk and the meeting of need: A case study in mental health service provision. *Social Policy & Administration, 47*(3) (June 2013), 242-261. DOI: 10.1111/j.1467-9515.2012.00865.x

Bruce, A., Quinn, G., & Kenna, P. (2002). Chapter 5 Disability and social justice: The international covenant on economic, social and cultural rights. In Quinn, G., Degener, T., Bruce, A., Burke, C., Castellino, J., Kenna, P., Kilkelly, U., & Quinlivan, S. (eds.), *The current use and future potential of United Nations human rights instruments in the context of disability* (pp. 79-132). Geneva: United Nations.

Brynard, S. T. (2014). Self-advocacy: Enhancing the education of down syndrome learners. *Mediterranean Journal of Social Sciences, 5*(27), 576-584.

Buchanan, B. (1990). Justice as reciprocity versus subject-centered justice. *Philosophy and Public Affairs, 19*(3), 227-252.

Bumbalo, J. A., & Young, D. E. (1973). The self-help phenomenon. *The American Journal of Nursing, 73*(9) (Sep. 1973), 1588-1591.

Caldwell, J. (2011). Disability identity of leaders in the self-advocacy movement. *Intellectual and Developmental Disabilities, 49*(5), 315-326.

Callus, A-M., & Camilleri-Zahra (2017). *Nothing about us without us: Disabled people determining their human rights through the UNCRPD.* Available at: https://core.ac.uk/download/pdf/160652183.pdf

Cameron, C. (2013). Care. In Cameron, C. (ed.), *Disability studies: A student's guide* (pp. 20-22). London: Sage Publications.

Camilleri, J. M. (1999). Disability: A personal odyssey. *Disability & Society, 14*(6), 845-853.

Campbell, J. (2002). Valuing diversity: The disability agenda: we've only just begun. *Disability & Society, 17*(4), 471-478.

Campbell, J., & Oliver, M. (1996). *Understanding our past, changing our future.* London: Routledge.

Campbell, P. (2005). From little acorns: The mental health service user movement. In A. Bell & P. Lindley (eds.), *Beyond the Water Towers: The unfinished revolution in mental health services 1985-2005.* London: Sainsbury Centre for Mental Health.

Cardol, M., DeJong, B. A., & Ward, C. D. (2002). Clinical commentary: On autonomy and participation in rehabilitation. *Disability and Rehabilitation, 24*(18), 970-974.

Carlson, L. (2005). Docile bodies, docile minds: Fucauldian Reflections on mental retardation. In Shelly Tremain (ed.), *Foucault and the government of disability* (p. 133-152). Ann Arbor: The University of Michigan Press.

Carmel, J. (2020). *Nothing About Us Without Us: 16 moments in the fight for disability rights.* Available at: https://www.nytimes.com/2020/07/22/us/ada-disabilities-act-history.html

Carmichael, Angie, & Brown, Louise (2002). The future challenge for direct payments. *Disability & Society, 17*(7), 797-808.

Carpenter, J. (2012). *Disabled children's voices: The nature and role of future empirical enquiry* (pp. 251-261). DOI: 10.1111/j.1099-0860.2012.00438.x

Carter, T. D. (2000). *Peer counseling: Roles, functions, boundaries.* Houston: ILRU (Independent Living Research Utilization).

Cascardi, M., Poythress, N., & Hall, A. (2000). Procedural justice in the context of civil commitment: An analogue study. *Behavioral Science and the Law, 18*, 731-740. http://dx.doi.org/10.1002/bsl.421.

CDC (Centers for Disease Control and Prevention) (2022). *Facts about Developmental Disabilities.* Available at: https://www.cdc.gov/ncbddd/developmentaldisabilities/facts.html

Center for Independent Living in Toronto (2020). *Peer Support FAQs.* https://www.cilt.ca/programs-and-services/peer-support/peer-support-faq/. Accessed 2020/1/10

Chamberlain, J. (1990). The ex-patient's movement: Where we've been and where we're going. *Journal of Mind and Behavior, 11*(3-4), 323-336.

Chan, J., LeBel, J., & Webber, L. (2012). The dollars and sense of restraints and seclusion. *Journal of Law and Medicine, 20*, 73-81.

Chan, R. C. K. (2002). Active participation and autonomy: An ultimate target for rehabilitation. *Disability and Rehabilitation, 24*(18), 983-984.

Chapman, R. (2014). An exploration of the self-advocacy support role through collaborative research: 'There Should Never be a Them and Us'. *Journal of Applied Research in Intellectual Disabilities, 27*, 44-53.

Chapman, S. A., Blash, L. K., Mayer, K., & Spetz, J. (2018). Emerging roles for peer providers in mental health and substance use disorders. *American Journal of Preventive Medicine, 54*(6S3), S267-S274

Charlton, J. I. (1998). *Nothing About Us Without Us: Disability oppression and empowerment.* Berkeley: University of California Press.

Chen Yang (2014). Being independent from whom? Analysing two interpretations in the paradigm of 'independent living'. *Disability & Society, 29*(5). 671-684. DOI: 10.1080/09687599.2013.844098

Chinman, M., George, P., Dougherty, R. H., Daniels, A. S., Ghose, S. S., Swift, A., & Delphin-Rittmon, M. E. (2014). Peer support services for individuals with serious mental illnesses: Assessing the evidence. *Psychiatric Services, 65*(4), 429-441.

Christensen, K. (2012). Towards sustainable hybrid relationships in cash-for-care systems. *Disability & Society, 27*(3), 399-412. DOI: https://doi.org/10.1080/09687599.2012.654990

Collopy, B., Dubler, N., Zuckerman, C., Crigger, B-J., & Campbell, C. S. (1990). The ethics of home care: Autonomy and accommodation. *The Hastings Center Report, 20*(2) (Mar. -Apr., 1990), 1-16.

Condeluci, A. (1999). *The essence of interdependence.* Boca Raton, FL: CRC Press.

Cone, A. A. (1999). Profile of advisors to self-advocacy groups for people with mental retardation. *Mental Retardation, 37*, 308-318.

Cook, J. A., & Jonikas, J. A. (2002). Self-determination among mental health consumers/ survivors: Using lessons from the past to guide the future. *Journal of Disability Policy Studies, 13*(2), 87-95.

Council of Europe (2019). *Code of good practice for civil participation in the decision-making process revised.* Available at: https://rm.coe.int/code-of-good-practice-civil-participation-revised-301019-en/168098b0e2

Crossley, N. (2004). Not being mentally ill: Social movements, system survivors and the oppositional habitus. *Anthropology & Medicine, 11*(2), 161-180. http://dx.doi.org/10.10 80/13648470410001678668

Crowe, A., & Averett, P. (2015). Attitudes of mental health professionals toward mental illness: A deeper understanding. *Journal of Mental Health Counseling, 37*(1), 47-62.

D'Aubin, A. (1992). *Power to the people.* Coalition of Provincial Organizations of the Handicapped (COPOH). Available at: https://www.independentliving.org/toolsforpower/tools3a.html

Dabby, M., Faisal, H., Holliman, D., Karliner, S., Pearl, D., & Silverman, B. (2008). Ethics as activity: Building collaborative, expansive and just social work. *Journal of Social Work Values and Ethics, 5*(2), 58-74.

Daly, G., & Woolham, J. (2010). *Do personal budgets lead to personalization and what can their promotion tell us about the nature of citizenship and public accountability in relation to social care? Reflections from a study of the impact of self-directed support and personal budgets.* Available at: http://www.social-policy.org.uk/lincoln/Daly%20 &%20Woolham.pdf. Accessed 3/27/2017

Davar, B. (2018). *From 'user survivor' to 'person with psychosocial disability': Why we are 'TCI Asia'.* Available at: https://madinasia.org/2018/07/from-user-survivor-to-person-with-psychosocial-disability-why-we-are-tci-asia/.Accessed 2022/2/10

Davar, B. (2021). *Transforming communities for inclusion.* Statement at OHCHR: Human Rights Council Intersessional Consultation 15 November 2021. Available at: https://

www.ohchr.org/EN/Issues/ESCR/Pages/MentalHealth.aspx

Davey, V., Snell, T., Fernandez, J., et al. (2007). *Schemes providing support to people using direct payments: A UK survey.* London: Personal Social Services Research Unit. London School of Economics and Political Science.

Davidson, L., & Roe, D. (2007). Recovery from versus recovery in serious mental illness: One strategy for lessening confusion plaguing recovery. *Journal of Mental Health, 16,* 459-470.

Davidson, L., Bellamy, C., Guy, K., & Miller, R. (2012). Peer support among persons with severe mental illnesses: A review of evidence and experience. *World Psychiatry, 11*(2), 123-128. http://dx.doi.org/ 10.1016/j.wpsyc.2012.05.009

Davidson, L., Chinman, M., Kloos, B., Weingarten, R., Stayner, D., & Tebes, J. K. (1999). Peer support among individuals with severe mental illness: A review of the evidence. *Clinical Psychology: Science and Practice, 6*(2), 165-187.

Davidson, L., Chinman, M., Sells, D., & Rowe, M. (2006). Peer support among adults with serious mental illness: A report from the field. *Schizophrenia Bulletin, 32*(3), 443-450.

Davidson, L., Rakfeldt, J., & Strauss, J. (2010). *The roots of the recovery movement in psychiatry.* Blackwell: Lessons learned. Wiley.

de Mooij, L. D., Kikkert, M., Lommerse, N. M., Theunissen, J., de Koning, M. B., de Haan, L., Beekman, A. T. F., Duurkoop, P. W. R. A., & Dekker, J. J. M. (2016). Homesick: Residential and care patterns in patients with severe mental illness. *BMC Psychiatry, 16,* 431.

Deegan, P. (1988). Recovery: The lived experience of rehabilitation. *Psychosocial Rehabilitation Journal, 11*(4), 11-19. Available at: https://toronto.cmha.ca/wp-content/ uploads/2016/07/Deegan1998-Recovery-The-Lived-Experience1.pdf

Deegan, P. (1992). The Independent Living Movement and people with psychiatric disabilities: Taking back control over our own lives. *Psychosocial Rehabilitation Journal, 15*(3), 3-19. https://doi.org/10.1037/h0095769

Deegan, P. (2002). Recovery as a self-directed process of healing and transformation. *Occupational Therapy in Mental Health, 17*(3/4), 5-22.

Deegan, P. (2014). *Pat Deegan: Personal medicine, power statements, and other disruptive innovations.* Hogg Foundation for Mental Health. Available at: https://www.youtube. com/watch?v=hz7rv4s8ZTI

Deegan, P. (2017). *Living with mental illness*. Dr. Pat Deegan, Keynote Speaker. Available at: https://www.youtube.com/watch?v=ZPkE6dKPbgc&t=2244s

Deegan, P. (2020). *Personal medicine.* Available at: https://www.youtube.com/watch?v=QxG6qHBjzZM

Deegan, P., & Drake, R. (2006). Shared decision making and medication management in the recovery process. *Psychiatric Services, 57*, 1636-1639.

Degener, T. (2014). *A human rights model of disability.* Available at: https://www.researchgate.net/publication/283713863_A_human_rights_model_of_disability

Degener, T. (2016). Disability in a human rights context. *Disability Human Rights Law, 5*(3). Available at: https://pdfs.semanticscholar.org/3aa1/a24b17619d10035aeebabbb16ca13d406001.pdf

DeJong, G. (1979). *Independent living: From social movement to analytic paradigm.* Available at: https://citeseerx.ist.psu.edu/viewdoc/download?doi=10.1.1.879.20&rep=rep1&type=pdf

DeJong, G. (1984). Independent living: From social movement to analytic paradigm. In P. Marinelli & A. Dell Orto (eds.), *The psychological and social impacts of physical disability* (p. 43). Springer Publishing Co., New York.

DeJong, G. (1985). *Economics and independent living.* Lawrence, KS: Research and Training Center on Independent Living, University of Kansas.

Dempsey, C. (2017). Beating mental illness: Crisis intervention team training and law enforcement response trends. *Southern California Interdisciplinary Law Journal, 26*, 323

Department of Health and Concordat signatories (2014). *Mental health crisis care concordat-Improving outcomes for people experiencing mental health crisis.* Available at: www.gov.uk/dh

Derksen, J. (1980). *The Disabled Consumer Movement: Policy implications for rehabilitation service provision.* Winnipeg: Coalition of Provincial Organizations of the Handicapped (COPOH). Available at: https://www.independentliving.org/docs6/derksen1980.html

Disability Rights UK (2015). *Assessment, eligibility and support planning.* Available at: https://www.disabilityrightsuk.org/assessment-eligibility-and-support-planning. Accessed 3/27/2017

Disability Rights UK (2016a). *How much do I pay my personal assistant?* Available
at: https://www.disabilityrightsuk.org/how-much-do-i-pay-my-personal-assistant.
Accessed 3/26/2017

Disability Rights UK (2016b). *Being in control: Getting personal assistants (PAs).* Available
at: https://www.disabilityrightsuk.org/being-control-getting-personal-assistants-pas.
Accessed 3/26/2017

Disability Rights UK (2016c). *Independent living fund replacement schemes.* Available at:
https://www.disabilityrightsuk.org/independent-living-fund. Accessed 3/27/2017

Donald Berman UP House (2022). History of the Clubhouse Movement. Available at: http://
www.uphouse.org/who-we-are/history-clubhouse-movement/

Doren, B., Lombardi, A. R., Clark, J., & Lindstrom, L. (2013). Addressing career barriers for
high risk adolescent girls: The PATHS curriculum intervention. *Journal of Adolescence,
36*, 1083-1092.

Dowling, S., Manthorpe, J., & Cowley, S. (2007). Working on person-centred planning:
From amber to green light? *Journal of Intellectual Disabilities, 11*(1), 65-82.

Dowling, S., Manthorpe, J., Cowley, S., King, S., Raymond, V., Perez, W., & Weinstein
P. (2006). *Person-centred planning in social care: A scoping review.* York: York
Publishing Services, Ltd., Commissioned Report.

Dubois, B., & Miley, K. K. (1999). *Social work: An empowering profession* (3rd ed.).
Boston: Allyn & Bacon.

Duffy, R. M., & Kelly, B. D. (2017). Rights, laws and tensions: A comparative analysis of
the Convention on the Rights of Persons with Disabilities and the WHO Resource Book
on Mental Health, Human Rights and Legislation. *International Journal of Law and
Psychiatry, 54*, 26-35.

Duffy, S. (2003). *Keys to citizenship: A guide to getting good support for people with
learning disabilities.* Birkenhead: Paradigm.

Duffy, S. (2006). *Keys to citizenship: A guide to getting good support for people with
learning disabilities* (2nd ed.). Birkenhead: Paradigm.

Duncan, B., & Geagan, J. (2004). *Independent living and self-help in 2003: A global
snapshot of a social change movement.* Berkeley: World Institute on Disability.

Dwyer, P. (2004). *Understanding social citizenship: Themes and perspectives for policy and
practice.* Bristol: The Policy Press.

ECIL & ENIL (2010). *Conference: Independent living through direct payments. Panel discussion 'Direct payments in Belgium, the Netherlands and Sweden'.* Available at: http://www.kcco.nl/doc/5%20Panel%20discussion.pdf. Accessed 3/29/2017

Ellis, K. (2000). User involvement, community care and disability research. In Kemshall, H. & Littlechild, R. (eds.), *User involvement and participation in social care: Research informing practice* (pp. 215-232). London: Jessica Kingsley Publishers.

Ells, C. (2001). Lessons about autonomy from the experience of disability. *Social Theory and Practice, 27*(4), 599-615.

ENIL (European Network on Independent Living) (1990). *Principles of independent living.* Available at: https://enil.eu/wp-content/uploads/2022/06/Principles-of-Independent-Living.pdf

ENIL (2013). *Personal assistance services in Europe.* Available at: http://www.enil.eu. Accessed 24/02/2017

ENIL (2014). *Comparing the cost of independent living and residential care: A survey by the European Network on Independent Living.* Available at: http://www.enil.eu/wp-content/uploads/2012/06/Cost-survey_FINAL.pdf. Accessed 2/26/2017

ENIL (2015). *Personal assistance tables.* Available at: http://enil.eu/policy/personal-assistance-tables. Accessed 2018/11/10

ENIL (2016). *Peer support survey: Summary of the findings and recommendations.* Available at: http://enil.eu/wp-content/uploads/2016/06/Peer-Support-Survey-Report-2016.pdf. Accessed 2/28/2017

ENIL (2020). *Definitions.* https://enil.eu/independent-living/definitions/

ENIL (2021). *Independent Living Survey Summary report.* December 2020. https://enil.eu/wp-content/uploads/2020/12/IL-Survey_Summary-report_Dec2020.pdf

Enns, H. (2015). *The Role Of Organizations Of Disabled People: A Disabled Peoples' International Discussion Paper.* Available at: https://www.independentliving.org/docs5/RoleofOrgDisPeople.html

Ericsson, K. (2003). Sweden. In European Intellectual Disability Network (ed.), *Intellectual disability in Europe: Working Papers* (pp. 51-67). Canterbury: Tizard Centre, University of Kent at Canterbury.

ESN (the European Social Network) (2011). *Mental Health and Wellbeing in Europe: A person centred community approach.* Available at: https://integratedcarefoundation.org/

wp-content/uploads/2016/01/2011-ESN-Mental-Health-and-Wellbeing-in-Europe-1. pdf. Accessed 2020/4/9

ESN (2013). *Independent living: Making choice and control a reality.* Available at: www. esn-eu.org/raw.php?page=files&id=846

Esping-Andersen, G. (1990). *The three worlds of welfare capitalism.* Cambridge, UK: Polity Press.

Europa (2014). *DPO involvement: Indicators on political participation of persons with disabilities.* Available at: https://fra.europa.eu/en/content/are-disabled-persons-organisations-consulted-and-involved-development-laws-and-policies

European Platform for Rehabilitation (2016). *Briefing paper Co-production of services.* Available at: https://www.epr.eu/wp-content/uploads/EPR_Paper_on_Co-production_2016-1.pdf

Evans, J. (1993). The role of centres of independent/integrated living. In Barnes, C. (ed.), *Making our own choices: Independent living, personal assistance and disabled people* (pp. 59-63). Report of the BCODP Seminar on Independent Living and Personal Assistance. Coventry, August 7-9, 1992. London: BCODP and Colin Barnes.

Evans, J. (2003). *The Independent Living Movement in the UK.* Available at: www. independentliving.org/docs6/evans2003.html.

Evans, J. (2008). *Independent Living in the UK-Developments, Accomplishments and Impact on Government Social Policy and Legislation.* Available at: https://www. independentliving.org/25yearsevans

Evans, J. (2021). *My Journey with Independent Living and Disability Rights.* Available at: https://www.youtube.com/watch?v=sRdU9jl9lAs&t=286s

Face Equality International (2021). *About FEI.* Available at: https://faceequalityinternational. org/about-fei/

Falvo, D. (2005). *Medical and psychosocial aspects of chronic illness and disability* (3rd ed.). Sudburg, Mass.: Jones & Bartlett Publishers, Inc.

Falvo, D. R., & Holland, B. E. (2017). *Medical and psychosocial aspects of chronic illness and disability* (6th ed.). Jones and Bartlett.

Farkas, M. (2009a). *Marianne Farkas: Living a meaningful life.* Interview conducted by Lise Jul Pedersen. Available at: https://www.youtube.com/watch?v=wZUYn6c0EDw

Farkas, M. (2009b). *Marianne Farkas: Not sufficient.* Interview conducted by Lise Jul

Pedersen. Available at: https://www.youtube.com/watch?v=ZcBLlBdmBME

Farkas, M. (2013). *Boston University Center for Psychiatric Rehabilitation: Marianne Farkas*. Available at: https://www.youtube.com/watch?v=eVWWne-s5J0

Farkas, M., Gayne, C., Anthony, W., & Chamberlin, J. (2005). Implementing recovery oriented evidence based programs: Identifying critical dimensions. *Community Mental Health Journal, 41*(2), 141-158.

Faubion, J. D. (ed.) (1998). Translated by R. Hurley and others. *Michel Foucault: Aesthetics, method, and epistemology. Essential works of Foucault 1954-1984*. Paul Rabinow, Series editor. Vol. 2.

Faulkner, A., & Basset, T. (2012). A helping hand consultations with service users about peer support. *Mental Health and Social Inclusion, 16*(1), 41-47

Faulks, K. (1998). *Citizenship in modern Britain*. Edinburgh: Edinburgh University Press.

Felice, W. F. (1996). The case for collective human rights: the reality of group suffering. *Ethics and International Affairs, 10*, 47-61.

Ferguson, C. J. (2010). Genetic contributions to antisocial personality and behavior: A meta-analytic review from an evolutionary perspective. *Journal of Social Psychology, 150*, 160-180.

Field, S., Martin, J., Miller, R., Ward, M., & Wehmeyer, M. (1998). *A practical guide for teaching self-determination*. Reston, VA: Council for Exceptional Children.

Finkelstein, V. (1980). *Attitudes and disabled people: Issues for discussion*. New York: World Rehabilitation Fund, Inc.

Finkelstein, V. (1993). The commonality of disability. In Swain, J., Finkelstein, V., French, S., & Oliver, M. (eds.), *Disabling barriers, enabling environments*. London: Sage Publications, Inc.

Finkelstein, V. (2007). *The 'Social Model of Disability' and the Disability Movement*. Available at: https://disability-studies.leeds.ac.uk/wp-content/uploads/sites/40/library/finkelstein-The-Social-Model-of-Disability-and-the-Disability-Movement.pdf

Fitzgerald, M. M. (2010). Comparison of recovery style and insight of patients with severe mental illness in secure services with those in community services. *Journal of Psychiatric and Mental Health Nursing, 17*, 229-235.

Flynn, E. (2016). Disability, deprivation of liberty and human rights norms: Reconciling European and international approaches. *International Journal of Mental Health and*

Capacity Law, 22, 75-101.

Fook, J. (2002). *Critical social work*. London: Sage.

Fook, J. (2015). Reflective practice and critical reflection. In Lishman, J. (ed.), *Handbook for practice learning in social work and social care* (3rd ed.). London: Jessica Kingsley Publishers.

Fook, J. (2016). *Social work: A Critical approach to practice* (3rd ed.). London: Sage.

Ford, R., Minghella, E., Chalmers, C., Hoult, J., Raftery, J., & Muijen, M. (2001). Cost consequences of home-based and in-patient-based acute psychiatric treatment: Results of an implementation study. *Journal of Mental Health, 10*(4), 467-476.

Fortuna, J. M. (1994). The Windhorse Project: Recovering from psychosis at home. *Journal of Contemplative Psychotherapy, IX*, 73-96.

Fossum, J. E. (1999). Citizenship, diversity, and pluralism: The case of the European Union. In Cairns, A. C., Courtney, J. C., Mackinnon, P., Michelmann, H. J., & Smith, A. D. E. (eds.), *Citizenship, diversity, & pluralism: Canadian and comparative perspectives* (pp. 202-230). Quebec: McGill-Queen's University Press.

Foundation Memorial to the Murdered Jews of Europe (2015). *Information: Memorial and information point for the victims of national socialist Euthanasia killings.* Available at: https://www.stiftung-denkmal.de/fileadmin/user_upload/projekte/oeffentlichkeitsarbeit/pdf/T4_Flyer_2015_EN_Web.pdf

Fountain House (2020). *The Origin of Fountain House*. Available at: http://www.fountainhouse.org/about/history

Fountain House, New York City (1999). Gold award: The wellspring of the clubhouse model for social and vocational adjustment of persons with serious mental illness. *Psychiatric Services, 50*(11) (Nov. 1999), 1473-1476.

France, S. A. S. V. (2013). *A short summary of an interesting hearing.* Available at: https://strasbourgobservers.com/2013/11/29/s-a-s-v-france-a-short-summary-of-an-interesting-hearing/

Fraser, N. (1998). *Social justice in the age of identity politics: Redistribution, recognition, participation*. WZB Discussion Paper, No. FS I 98-108, Wissenschaftszentrum Berlin für Sozialforschung (WZB), Berlin.

Fraser, N., & Gordon, L. (1998). Contract versus charity: Why is there no social citizenship in the United States? In Shafir, G. (ed.), *The citizenship debates: A reader* (pp. 113-

130). Minneapolis: University of Minnesota Press.

Fredman, S. (2008). Positive rights and positive duties: Addressing intersectionality. In D. Schiek & V. Chege (eds.), *European Union non-discrimination law: Comparative perspectives on multidimensional equality law* (pp. 73-89). London: Routledge.

Freyhoff, G., Parker, C., Coué, M., & Greig, N. (2003). *Included in Society: Results & Recommendations of the European Research Initiative on Community-Based Residential Alternatives for Disabled People*. Available at: https://asksource.info/resources/included-society-results-and-recommendations-european-research-initiative-community-based

Frost, B. G., Turrell, M., Sly, K. A., Lewin, T. J., Conrad, A. M., Johnston, S., Tirupati, S., Petrovic, K., & Rajkumar, S. (2017). Implementation of a recovery-oriented model in a sub-acute Intermediate Stay. *BMC Health Services Research, 17*(1): 2. DOI: 10.1186/s12913-016-1939-8

Frueh, B. C., Knapp, R. G., Cusack, K. J., Grubaugh, A. L., Sauvageot, J. A., Cousins, V. C., ...Hiers, T. G. (2005). Special section on seclusion and restraint: Patients' reports of traumatic or harmful experiences within the psychiatric setting. *Psychiatric Services, 56*, 1123-1133.

Fulford, M., & Farhall, J. (2001). Hospital versus home care for the acutely mentally ill? Preferences of caregivers who have experienced both forms of service. *Australian and New Zealand Journal of Psychiatry, 35*, 619-625.

Fulton, R., & Richardson, K. (2011). *Equality and inclusion for learning disability workers.* Exter: Learning Matters Ltd & BILD.

Fyffe, C., McCubbery, J., Frawley, P., Laurie, D., & Bigby, C. (2004). *Disability advocacy resource unit model report.* Melbourne: Disability Services Division, DHS.

Gadsby, E. W. (2013). *Personal budgets and health: A review of the evidence.* Kent: Centre for Health Services Studies, University of Kent. Available at: http://blogs.lshtm.ac.uk/prucomm/files/2013/04/Personal-Budgets-review-of-evidence_FINAL-REPORT.pdf. Accessed 3/1/2017

Gagne, C. (2010). *Peer support: Results from systematic review of peer programs and training.* Center for Psychiatric Rehabilitation, Boston University. Available at: www.mtdh.ruralinstitute.umt.edu/Gagne_%20PeerSupport.ppt

Gagne, C. A., Finch, W. L., Myrick, K. J., & Davis, L. M. (2018). Peer workers in the behavioral and integrated health workforce: Opportunities and future directions. *American Journal of Preventive Medicine, 54*(6S3), S258-S266.

Galon, P., & Wineman, N. (2010). Coercion and procedural justice in psychiatric care: State of the science and implications for nursing. *Archives of Psychiatric Nursing, 24*, 307-316.

Garabedian, F. (2013). Independent living. In Cameron, C. (ed.), *Disability studies: A student's guide* (pp. 81-84). London: Sage Publications.

Gardner, A. (2014). *Personalisation in social work.* London: Learning Matters.

Gergel, T., & Owenb, G. (2015). Fluctuating capacity and advance decision-making in Bipolar Affective Disorder: Self-binding directives and self-determination. *International Journal of Law and Psychiatry, 40*, 92-101.

Gibson, B., Secker, B., Rolfe, D., Wagner, F., Parke, B., & Mistry, B. (2012). Disability and dignity-enabling home environments. *Social Science & Medicine, 74*, 211-219.

Gilburt, H., Rose, D., & Slade, M. (2008). The importance of relationships in mental health care: A qualitative study of service users' experiences of psychiatric hospital admission in the UK. *BMC Health Services Research, 8*(1), 92. https://doi.org/10.1186/1472-6963-8-92

Gillard, S., Edwards, C., Gibson, S., Owen, K., & Wright, C. (2013). Introducing peer worker roles into UK mental health service teams: A qualitative analysis of the organisational benefits and challenges. *BMC Health Services Research, 13* (1). http://dx.doi.org/10.1186/1472-6963-13-188.

Gitterman, A., Knight, C., & Germain, C. B. (2020). *The life model of social work practice: Advances in theory and practice.* New York: Columbia University Press.

GIZ & CBM（2012）. *A human rights-based approach to disability in development: Entry points for development organisations.* https://www.cbm.org/article/downloads/54741/A_human_rights-based_approach_to_disability_in_development.pdf

Glasby, J. (2011). *Whose risk is it anyway? Risk and regulation in an era of personalization.* Available at: https://citizen-network.org/uploads/attachment/320/whose-risk-is-itanyway.pdf

Glasby, J., & Littlechild, R. (2009). *Direct payments and personal budgets: Putting personalization into practice.* Bristol: The Policy Press.

Glendinning, C. (2005). Dependence, independence or inter-dependence? Revisiting the concepts of 'care' and 'dependency'. *Ageing & Society, 25*, 601-621.

Glendinning, C., Halliwell, S., Jacobs, S., Rummery, K., & Tyrer, J. (2000). *Buying independence: Using direct payments to integrate health and social services.* Bristol: The Policy Press.

Glenn, E. N. (2000). Creating a caring society. *Contemporary Sociology, 29*(1), 84-94

Goodin, R. E. (1985). *Protecting the vulnerable: A reanalysis of our social responsibilities.* Chicago: University of Chicago Press.

Goodley, D. (1997). Locating self-advocacy in models of disability: Understanding disability in the support of self-advocates with learning difficulties. *Disability & Society, 12*(3), 367-379.

Goodley, D. (1998). Supporting people with learning difficulties in self-advocacy groups and models of disability. *Health and Social Care in the Community, 6*(5), 438-446.

Goodley, D. (2014). *Dis/ability studies: Theorising disablism and ableism.* London: Routledge.

Goodley, D., Lawthom, R., & Runswick-Cole, K. (2014). Posthuman disability studies. *Subjectivity, 7*(4), 342-361. Doi:10.1057/sub.2014.15.

GOV.UK (2018). *Learning disabilities: Applying All Our Health.* Available at: https://www.gov.uk/government/publications/learning-disability-applying-all-our-health/learning-disabilities-applying-all-our-health

Gullslett, M. K., Kim, H. S., Andersen, A. J., & Borg, M. (2016). Emotional darkness without solutions: Subjective experiences of mental health crisis. *International Journal of Mental Health, 45*(3), 161-170.

Gutierrez, L., Parsons, R. J., & Cox, E. O. (1998). *Empowerment social work practice: A source book.* Pacific Grove, CA: Brooks/Cole.

Hahn, H. D., & Belt, T. L. (2004). Disability identity and attitudes toward cure in a sample of disabled activists. *Journal of Health and Social Behavior, 45*(4) (Dec., 2004), 453-464

Hannigan, B. (2013). Connections and consequences in complex systems: Insights from a case study of the emergence and local impact of crisis resolution and home treatment services. *Socical Science and Medicine, 93*, 212-219.

Hardiman, E. R. (2004). Networks of caring a qualitative study of social support in consumer-run mental health agencies. *Qualitative Social Work*, 3(4), 431-448

Harrison, S., Petty, R., Jones, D. L., Holt, J., Holbrook, S., & Hammond, M. (2018). *Disability, diversity, and intersectionality in centers for independent living: Nine case studies*. Independent Living Research Utilization (ILRU). www.ilru.org

Hart, R. (1992). *Children's participation: From tokenism to participation.* UNICEF: Florence. Available at: https://www.unicef-irc.org/publications/pdf/childrens_participation.pdf

Hasler, F. (2005). Independent Living. *Encyclopedia of Disability.* Sage Publications. 15 Apr. 20098. http://www.sage-ereference.com/disability/Article_n438.html

Hasler, F., Campbell, J., & Zarb, G. (1999). *Direct routes to independence: A guide to local authority implementation and management of direct payments.* London: Policy Studies Institute.

Hatfield, A., & Lefley, H. (1987). *Families of the mentally ill: Coping and adaptation.* New York: Guilford.

Haw, C., Stubbs, J., Bickle, A., & Stewart, I. (2011). Coercive treatments in forensic psychiatry: A study of patients' experiences and preferences. *Journal of Forensic Psychiatry and Psychology, 22,* 564-585.

Hayashi, R., & Okuhira, M. (2001). The Disability Rights Movement in Japan: Past, present and future. *Disability & Society, 16*(6), 855-869. DOI: 10.1080/09687590120083994

Hayes, E., & Balcazar, F. (2008). Peer-mentoringand disability: Current applications and future directions. In Kroll, T. (ed.), *Focus on disability: Trends in research and application* (pp. 89-108). Nova Science, New York.

Health Service Executive (2018). Mental health peer support. Available at: http://www.hse.ie/eng/about/our-health-service/making-it-better/mantal-health-peer-support.html

Helgøy, I., Ravneberg, B., & Solvang, P. (2003). Service provision for an independent life. *Disability & Society, 18*(4), 471-487.

Hendey, N., & Pascall, G. (2001). *Disability and transition to adulthood: Achieving independent living.* York: The Joseph Rowntree Foundation.

Hermalyn, D. P., & Breen, M. U. (1993). Mail and telephone surveys of services for people with TBI provided by region v centers for... (cover story). *American Rehabilitation, 19*(2), 48.

Herman, S. E., Onaga, E., Pernice-Duca, F., Oh, S., & Ferguson, C. (2005). Sense of community in clubhouse programs: Member and staff concepts. *American Journal of*

Community Psychology, 36(3/4), 343-356.

Hirst, M., & Baldwin, S. (1994). *Unequal opportunities: Growing Up Disabled.* London: HMSO.

Ho, T. H., C. K. P. Chan, P. H. Y. Lo, P. H. Wong, C. L. W. Chan, P. P. Y. Leung, & E. Y. H. Chen (2016). Understandings of spirituality and its role in illness recovery in persons with schizophrenia and mental-health professionals: A qualitative study. *BMC Psychiatry*, *16*(86). DOI: 10.1186/s12888-016-0796-7. Available at: https://news.ltn.com.tw/news/life/breakingnews/3679143?fbclid=IwAR3c_yLLZTf0MTlJ0x5dE_Ndvp ezQp7wpNBsBx2WkFnLrAV3qGocslCw1go

Holter, M., Mowbray, C. T., Bellamy, C. D., MacFarlane, P., & Dukarski, J. (2004). Critical ingredients of consumer run services: Results of a national survey. *Community Mental Health Journal*, *40*(1), 47-63

Hopkins, G. (2005). Better days. *Community Care*, *1597*, 42-43.

Hopper, K., Tiem, J. V., Cubellis, L., & Pope, L. (2020). Merging intentional peer support and dialogic practice: Implementation lessons from Parachute NYC. *Psychiatric Services*, *71*(2) (February 2020), 199-201.

Howard, R. (1989) (translation). Michel Foucault, *Madness and civilization: A history of insanity in the age of reason.* Translated from the French. London: Routledge.

Hunt, P. (1966). Critical condition. In Hunt, P. (ed.), *Stigma: The experience of disability* (pp. 145-164). London: Geoffrey Chapman.

Hurstfield, J., Parashar, U., & Schofield, K. (2007). *The costs and benefits of independent living.* The Department for Work and Pensions. https://sid.usal.es/idocs/F8/FDO19039/independent_living_report.pdf

IFSW (International Federation of Social Workers) (2018a). *Global Social Work Statement of Ethical Principles.* Available at: https://www.ifsw.org/global-social-work-statement-of-ethical-principles/

IFSW (2018b). *Code of Ethics of the Korea Association of Social Workers.* Available at: https://www.ifsw.org/wp-content/uploads/2018/01/Code-of-Ethics-of-the-KASW.pdf

IFSW (2022a). *Global Definition of Social Work.* Available at: https://www.ifsw.org/what-is-social-work/global-definition-of-social-work/Global Definition of Social Work-International Federation of Social Workers (ifsw.org)

IFSW (2022b). *Japan National Code of Ethics.* Available at: https://www.ifsw.org/japannational-code-of-ethics/

Illinois Valley Center for Independent Living (2018). *Peer Support Groups*. Available at: https://ivcil.com/programs/il-community-services/peer-support-group/. Accessed 2020/1/10

ILRU (Independent Living Research Utilization) (1992). *An American definition of Independent Living*. ILRU at Texas Institute for Rehabilitation. Houston. https://www. independentliving.org/toolsforpower/tools8.html

Independent Living Resource Center (2020). *Peer Support and Independent Living Skills (IL Skills)*. Available at: https://www.ilrc.mb.ca/programs/peer_il/index.htm. Accessed 2020/1/10

InMotion (2001). The value of peer contact: A source of emotional support and information for amputees and their families. In *First step: A guide for adapting to limb loss* (pp. 18-20).

Intentional Peer Support (2022a). *What is IPS?* Available at: https://www. intentionalpeersupport.org/what-is-ips/?v=3d9975706be3

Intentional Peer Support (2022b). *Trainings*. Available at: https://www. intentionalpeersupport.org/trainings/?v=3d9975706be3#CTAnchor

Iwakuma, M. Okuhira, M., & Nasu, S. (2016). When I am in Japan, I feel as though I'm not disabled: A cross-cultural adjustment study of trainees with disabilities from Asia-Pacific regions. *Disability Studies Quarterly*, *36*, 4. Available at: https://dsq-sds.org/ article/view/5123/4474

Jacobson, N., & Curtis, L. (2000). Recovery as policy in mental health services: Strategies emerging from the states. *Psychosocial Rehabilitation Journal*, 1-15.

Jacobson, N., & Greenley, D. (2001). What is recovery: A conceptual model and explication. *Psychiatric Services*, *52*, 482-485.

JAG (1996). *Report of docs1/ENIL Seminar on Personal Assistance*. Stockholm: STIL.

JAG (2006). *The Price of freedom of choice, self determination and integrity cost analysis of different forms of support and service to people with extensive functional 11 impairments*. Available at http://www.jag.se/eng/eng_index.html. Accessed Dec 30th 2008

Jaillet, C. (2009). *From institutions to Independent Living: The need of peer-support and education programs*. Available at: www.independentliving.org/jaillet2009institutionsto-independent-living

Johnson, J. R. (1999). Leadership and self-determination. *Focus on Autism and other developmental disabilities*, *14*(1), 4-16.

Johnson, S. (2004). *The practice of emotionally focused couple therapy: Creating connection* (2nd ed.). Philadelphia, PA: Brunner-Routledge.

Johnson, S., Gilburt H., Lloyd-Evans, B., & Slade, M. (2007). Acute in-patient psychiatry: Residential alternatives to hospital admission. *The Psychiatric Bulletin*, *31*, 262-264.

Jolly, D. (2009). *European Network on Independent Living (ENIL) Statement on Independent Living, the movement and its history.* http://www.enil.eu/elib/a...ntLiving the Movement and its History.doc

Joseph Rowntree Foundation (2003). *An evaluation of a young disabled people's peer mentoring/support project The full report, 'Our life, our say!': A good-practice guide to young disabled people's peer mentoring/support by Julie Bethell and edited by Mark Harrison.* Available at: www.jrf.org.uk

Kallert, T., Glöckner, M., & Schützwohl, M. (2008). Involuntary vs. voluntary hospital admission. *European Archives of Psychiatry and Clinical Neuroscience*, *258*(4), 195-209.

Kan, P. V. (1996). *Peer counseling tool and trade: A workdocument.* Available at: https://www.peer-counseling.org/index.php/peer-counseling-tool-and-trade-a-workdocument-peter-van-kan

Kannapell, B. (1994). The identity: An American perspective. In C. J. Erting, R. C. Johnson, & B. D. Snider (eds.), *The deaf way: Perspectives from the international conference on deaf culture* (pp. 44-48). Washington, D. C.: Gallaudet University.

Katsakou, C., & Priebe, S. (2006). Outcomes of involuntary hospital admission: A review. *Acta Psychiatrica Scandinavica*, *114*, 232-241.

Katsakou, C., Rose, D., Amos, T., Bowers, L., McCabe, R., Oliver, D., Wykes, T., & Priebe, S. (2012). Psychiatric patient's view on why their hospitalization was right or wrong: A qualitative study. *Social Psychiatry and Psychiatric Epidemiology*, *47*(7), 1169-1179.

Kelly, C. (2011). Making 'care' accessible: Personal assistance for disabled people and the politics of language. *Critical Social Policy*, *31*(4), 562-582.

Kelly, E., Fulginiti, A., Pahwa, R., Tallen, L., Duan, L., Brekke, J. S. (2014). A pilot test of a peer navigator intervention for improving the health of individuals with serious mental illness. *Community Mental Health Journal*, *50*, 435-446.

Kennedy, M. (1993). Self-determination. *The Newsletter of the Association for Persons with Severe Handicaps*, *19*(9), 11.

Kennedy, M. (1997). Self-determination. In Zubal, R., Shoultz, B., Walker, P., & Michael, K. (eds.), *Materials on self-advocacy*. Syracuse University, NY. Center on Human Policy. Available at: https://thechp.syr.edu/chp-archives-materials-on-self-advocacy/. Accessed 2021/9/6

Kennedy, M., & Killius, P. (1997). Self-advocacy: Speaking for yourself. In Zubal, R., Shoultz, B., Walker, P., & Michael, K. (eds.), *Materials on self-advocacy*. Syracuse University, NY. Center on Human Policy. Available at: https://thechp.syr.edu/chp-archives-materials-on-self-advocacy/. Accessed 2021/9/6

Kennedy, M., & Shoultz, B. (1996). Thoughts about self-advocacy. *TASH Newsletter*, *22*(4), 27-28. Available at: http://www.people1.org/articles/selfadv_thoughts_about.htm

Kennedy, M., & Shoultz, B. (1997). Thoughts about self-advocacy. In Zubal, R., Shoultz, B., Walker, P., & Michael, K. (eds.), *Materials on self-advocacy*. Syracuse University, NY. Center on Human Policy. Available at: https://thechp.syr.edu/chp-archives-materials-on-self-advocacy/. Accessed 2021/9/6

Kilkelly, U. (2002). Chapter 8, Disability and children: The Convention on the Rights of the Child (CRC). In Quinn, G., Degener, T., Bruce, A., Burke, C., Castellino, J., Kenna, P., Kilkelly, U., & Quinlivan, S. (eds.), *The current use and future potential of United Nations human rights instruments in the context of disability* (pp. 191-228). Geneva: United Nations.

Kinner, S. A., Harvey, C., Hamilton, B., Brophy, L., Roper, C., McSherry, B., & Young, J. T. (2016). Attitudes towards seclusion and restraint in mental health settings: Findings from a large, community-based survey of consumers, carers and mental health professionals. *Epidemiology and Psychiatric Services,* 1-10. Available at: http://dx.doi.org/10.1017/S2045796016000585.

Kittay, E. (1999). *Love's labor: Essays in women, equality and dependency*. New York, NY: Routledge.

Kittay, E. F. (2011). The ethics of care, dependence, and disability. *Ratio Juris, 24*(1), 49-58.

Kittay, E., Jennings, B., & Wasunna, A. (2005). Dependency, difference and the global ethic of long term care. *Journal of Political Philosophy, 13*(4), 443-469.

Kjellberg, A. (2002). More or less independent. *Disability and Rehabilitation, 24*(16), 828-840.

Kleinman, A. (1986). *Social origins of distress and disease: Neurasthenia, depression and pain in modern China.* New Haven: Yale University Press.

Kleinman, A. (1998). *Experience and its moral modes: Culture, human conditions, and disorder.* The Tanner Lectures On Human Values. Delivered at Stanford University, April 13-16, 1998. Available at: https://tannerlectures.utah.edu/_resources/documents/a-to-z/k/Kleinman99.pdf

Kleinman, A. (2012). Caregiving as moral experience. *The Lancet, 380*(9853), 1550-1551.

Kröger, T. (2009). Care research and disability studies: Nothing in common? *Critical Social Policy, 29*(3), 398-420.

Kruck, A. D., Lee, P. W., Reed, A., Jones, D. L., & Hammond, M. (2011). *Building an effective peer support program: Online course manual.* Available at: https://www.ilru.org/building-effective-peer-support-program-online-course-manual

Kurtz, L. F. (1997). *Self-help and support groups: A handbook for practitioners.* London: Sage Publications.

LaMotte, S. (2020). *'Crip Camp': Where disability rights stand 30 years after these kids fought for recognition and changed the world.* Available at: https://edition.cnn.com/2020/07/26/health/crip-camp-americans-with-disabilities-act-wellness/index.html

Laragy, C. (2002). Individualised funding in disability services. In T. Eardley & B. Bradbury (eds.), *Competing visions: Refereed proceedings of the National Social Policy Conference 2001* (pp. 263-278). SPRC Report 1/02, Social Policy Research Centre, University of New South Wales, Sydney.

Larue, C., Dumais, A., Boyer, R., Goulet, M. -H., Bonin, J. -P., & Baba, N. (2013). The experience of seclusion and restraint in psychiatric settings: Perspectives of patients. *Issues in Mental Health Nursing, 34*, 317-324.

Leadbetter, D. (2004). *Personalisation through participation: A new script for public services.* London, Demos.

Lee, J. A. B. (1994). *The empowerment approach to social work practice.* New York: Columbia University Press.

Lee, J. A. B. (2001). *The empowerment approach to social work practice: Building the beloved community* (2nd ed.). New York: Columbia University Press.

Leonard Cheshire Disability (2017). *Archive Oral Histories: Frances Hopwood-Rewind.* Available at: https://www.youtube.com/watch?v=zVOTNt54XD4

Lewis, G. (1998). Citizenship. In G. Hughes (ed.), *Imagining welfare futures* (pp. 103-50). London: Routledge/Open University Press,

Liberman, R., & Kopelowicz, A. (2002). Recovery from schizophrenia: A challenge for the 21st century. *International Review of Psychiatry, 14*(4), 245-255.

Linhorst, D. M., Hamilton, G., Young, E., & Eckert, A. (2002). Opportunities and barriers to empowering people with severe mental illness through participation in treatment planning. *Social Work, 47*(4), 425-434.

Litvak, S. (1998). Personal assistance services policy: Where we have been and where we are going. *American Rehabilitation, 24*(4), 9-14

Litvak, S., Zukas, H., & Heumann, J. (1987). *Attending to America: Personal assistance for independent living. A Survey of Attendant Service Programs in the United States for People of All Ages with Disabilities.* Berkeley: World Institute on Disability.

Llewellyn, P. (2009). Supporting people with intellectual disabilities to take part in focus groups: Reflections on a research project. *Disability & Society, 24*(7), 845-856. DOI: 10.1080/09687590903283431

Lloyd-Evans, B., Lamb, D., Barnby, J., Eskinazi, M., Turner, A., & Johnson, S. (2018). Mental health crisis resolution teams and crisis care systems in England: A national survey. *British Journal of Psychiatry Bulletin, 42*(4), 146-151. DOI: 10.1192/ bjb.2018.19

Lonsdale, S. (1990). *Women and disability: The experience of physical disability among women.* London: Macmillan Education Ltd.

Loos, S., Clarke, E., Jordan, H., Puschner, B., Fiorillo, A., Luciano, M., Ivánka, T., Magyar, E., Krogsgaard-Bording, M., Østermark-Sørensen, H., Rössler, W., & Kawohl, W. (2017). Recovery and decision-making involvement in people with severe mental illness from six countries: A prospective observational study. *BMC Psychiatry, 17*, 38.

Lundström, F. (2008). *Mapping self-advocacy initiatives for people with intellectual disability in Ireland.* Dublin: Citizens Information Board.

Macfarlane, A. (1994). On becoming an older disabled woman. *Disability & Society, 9*(2), 255-256.

Mackinlay, E. (2008). *Ageing, disability and spirituality: Addressing the challenge of disability in later life*. London: Jessica Kingsley Publishers.

Mahlke, C. I., Priebe, S., Heumann, K., Daubmann, A., Wegscheider, K., & Bock, T. (2017). Effectiveness of one-to-one peer support for patients with severe mental illness-a randomised controlled trial. *European Psychiatry, 42*, 103-110. DOI: 10.1016/j.eurpsy.2016.12.007

Mahlke, C. I., Krämer, U. M., Becker, T., & Bock, T. (2014). Peer support in mental health services. *Current Opinion in Psychiatry, 27*(4), 276-281.

Malcolm, L. (2016). *Open dialogue: Finland's alternative approach to mental illness.* Available at: https://www.abc.net.au/radionational/programs/allinthemind/open-dialogue:-finlands-alternative-approach-to-mental-illness/7199856

Mancini, M. A., Hardiman, E. R., & Lawson, H. A. (2005). Making sense of it all: Consumer providers' theories about factors facilitating and impeding recovery from psychiatric disabilities. *Psychiatric Rehabilitation Journal, 29*(1), 48-55.

Map to Access (2011). *The benefits of peer counseling.* Available at: http://www.proyectovision.net/map/trainers/peercounseling/basics.html

Marshak, L. E., Seligman, M., & Prezant, F. (1999). *Disability and the family life cycle.* N.Y.: Basic Books.

Marshall, T. H. (1950). *Citizenship and social class.* Cambridge: Cambridge University Press.

Martinez, K. (2003). *Independent Living in the U.S. & Canada.* Available at: www.independentliving.org/docs6/martinez2003.html

Marty, D. A., & Chapin, R. (2000). Ethics in community mental health care. *Community Mental Health Journal, 36*(6), 545-556.

Maschi, T., Turner, S., & Kaye, A. (2022). Empowerment theory. In Bolton, K. W., Hall, J. C., & Lehmann, P. (eds.), *Theoretical perspectives for direct social work practice: A generalist-eclectic approach* (4th ed.) (pp. 275-298). N.Y.: Springer Publishing Company, LLC.

Mason, P. (1992). The representation of disabled people: A Hampshire Centre for Independent Living discussion paper. *Disability, Handicap & Society, 7*(1), 79-84.

Mathews, H. F. (2000) Negotiating cultural consensus in a breast cancer self-help group. *Medical Anthropology Quarterly, 14*(3) (Sep. 2000), 394-413.

Mattson-Prince, J. (1997). A rational approach to long term care: comparing the Independent

Living model with agency-based care for persons with high spinal cord injuries. *Spinal Cord, 35*, 326-331.

McGill, P., Murphy, G., & Kelly-Pike, A. (2009). Frequency of use and characteristics of people with intellectual disabilities subject to physical interventions. *Journal of Applied Research in Intellectual Disabilities, 22*, 152-158.

McGuinness, D. (2016). *Preserving control: Understanding people's experiences before, during and after involuntary admission under the Mental Health Act 2001.* PhD thesis. the National University of Ireland, Galway.

McSherry, B. (2008). Protecting the integrity of the person: Developing limitations on involuntary treatment. In B. McSherry (ed.), *International trends in mental health laws* (pp. 111-124). Annandale, NSW: The Federation Press.

McSherry, B. (2017). Regulating seclusion and restraint in health care settings: The promise of the Convention on the Rights of Persons with Disabilities. *International Journal of Law and Psychiatry, 53*, 39-44.

Mead, S. (2001a). *Peer support as a socio-political response to trauma and abuse.* Available at: https://docs.google.com/document/d/1trJ35i4dXX5AIWRnbg78OaT7-RfPE9_DbPm5kSST9_Q/edit

Mead, S. (2001b). *Rights, research, and liberation.* Available at: https://docs.google.com/document/d/19DrE5VqJxTiyMBsEFEhlNpiyEW7fU6t6Hk9vxjHnWHo/edit

Mead, S. (2003). *Defining peer support.* Available at: https://docs.google.com/document/d/1WG3ulnF6vthAwFZpJxE9rkx6lJzYSX7VX4HprV5EkfY/edit

Mead, S. (2010). *IPS: A personal retrospective.* Available at: http://www.intar.org/files/INTAR2011Toronto-SheryMeadIntentionalPeerSupportAPersonalRetrospective.pdf

Mead, S. (2016). *Crisis as an opportunity for growth and change.* Available at: https://docs.google.com/document/d/1vmkGKN93bj6xADCc8ZL3VHllM0AT6RVRr5_goQz5wBg/edit

Mead, S. (2017). *Shared risk: Redefining safety.* Available at: https://docs.google.com/document/d/1NjOczrcgNqo-biW4CCPqWNAgk-knnL9Jz6HBIWqQRHA/edit

Mead, S. (2022). *Sustaining intentional peer support in crisis alternatives.* Available at: https://docs.google.com/document/d/1Tpso6GrlmYjbcDMdINjMPyZuy2az28YhNt08ZJCVFGs/edit

Mead, S. (2022c). *Intentional peer support as social change.* Available at: https://docs.

google.com/document/d/1Q7sq4-YYQKPSxYv4E2usdS2-_ZIdrMkNTr2277f4c0E/edit

Mead, S., & Hilton, D. (2003). Crisis and connections. *Psychiatric Rehabilitation Journal*, *27*(1), 87-94.

Mead, S., & MacNeil, C. (2004). *Peer support: What makes it unique?* Retrieved from https://www.mosaic-wgtn.org.nz/uploads/1/0/2/9/102917620/what_makes_peer_support_unique.pdf

Meldon, P. (2019). *Disability history: The disability rights movement.* Available at: https://www.nps.gov/articles/disabilityhistoryrightsmovement.htm

Mencap (2022). *What is a learning disability?* Available at: https://www.mencap.org.uk/learning-disability-explained/what-learning-disability

Mental Health America (2020). *Position statement 37: Peer support services.* Available at: https://www.mhanational.org/issues/position-statement-37-peer-support-services. Accessed 2020/1/10

Mental Health Commission of Canada (2020). *Peer support.* Available at: https://www.mentalhealthcommission.ca/English/what-we-do/recovery/peer-support. Accessed 2020/01/15

Mental Health Coordinating Council (2022). *Step 1－Disability and psychosocial disability.* Available at: https://reimagine.today/what-is-psychosocial-disability/disability-and-psychosocial-disability/

Mental Health Education & Resource Center (2019). *Mental health advocacy and peer support services.* Available at: http://mherc.org.nz/directory/all-listings-alphabetical/mhaps-mental-health-advocacy-and-peer-support-services. Accessed 2020/01/14

Mental Health Foundation (2020). *Peer support.* Available at: https://www.mentalhealth.org.uk/a-to-z/p/peer-support.Accessed 2020/01/15

Mental Health Foundations (2022). *Learning disabilities.* Available at: https://www.mentalhealth.org.uk/fa/node/1955

Mental Health Ireland (2017). *Peer support.* Available at: https://www.mentalhealthireland.ie/a-to-z/peer-support/. Accessed 2020/01/14

Mental Welfare Commission for Scotland (2018). *The right to advocacy: A review of how local authorities and NHS Boards are discharging their responsibilities under the Mental Health (Care and Treatment) (Scotland) Act 2003.* Available at: https://www.mwcscot.org.uk/sites/default/files/2019-06/the_right_to_advocacy_march_2018.pdf

Miller, R. (2015). Changing organisational culture: Another role for self-advocacy? *Tizard Learning Disability Review*, *20*(2), 69-76.

Miller, R. E. (2019). Center for independent living services for people who are deaf or hard of hearing. *JADARA*, *34*(1). Available at: https://repository.wcsu.edu/jadara/vol34/iss1/6

Mind (2019). *Peer support*. Available at: https://www.mind.org.uk/information-support/drugs-and-treatments/peer-support/#.W11ZLNUzb3g. Accessed 2020/01/15

Mind (2021). *Guide to learning disability support*. Available at: https://www.mind.org.uk/information-support/guides-to-support-and-services/learning-disability-support/

Mishna, F., Muskat, B., Farnia, F., & Wiener (2011). The Effects of a school-based program on the reported self-advocacy knowledge of students with learning disabilities. *Alberta Journal of Educational Research*, *57*(2), 185-203.

Mladenov, T. (2009). Institutional woes of participation: Bulgarian Disabled People's Organisations and policy-making. *Disability & Society, 24*(1), 33-45. DOI: 10.1080/09687590802535386

Mladenov, T. (2020). What is good personal assistance made of? Results of a European survey. *Disability & Society*, *35*(1), 1-24. DOI: 10.1080/09687599.2019.1621740

Morabito, M. S., Kerr, A. N., Watson, A., Draine, J., Ottati, V., & Angell, B. (2010). Crisis intervention teams and people with mental illness: Exploring the factors that influence the use of force. *Crime & Delinquency, 58*(1), 57-77.

Morant, N., Lloyd-Evans, B., Lamb, D., Fullarton, K., Brown, E., Paterson, B., Istead, H., Kelly, K., Hindle, D., Fahmy, S., Henderson, C., Mason, O., Johnson, S., & CORE Service User and Career Working groups (2017). Crisis resolution and home treatment: Stakeholders' views on critical ingredients and implementation in England. *BMC Psychiatry*, *17*, 254. DOI: 10.1186/s12888-017-1421-0

Morris, J. (1991). *Pride against prejudice: Transforming attitudes to disability*. London Women's Press.

Morris, J. (1993). *Independent lives? Community care and disabled people*. London: The Macmillan Press, Ltd.

Morris, J. (2001). Impairment and disability: Constructing an ethics of care that promotes human rights. *Hypatia*, *16*(4), l-16.

Morris, J. (2004). *Social model assessment team pilot: Evaluation*. Essex Social Services.

Morris, J. (2005). *Independent living: The role of evidence and ideology in the development of government policy.* Paper delivered at Cash and Care Conference, Social Policy Research Unit, University of York, 12-13th April 2005.

Morrissey, F. E. (2015). The introduction of a legal framework for advance directives in the UN CRPD era: The views of Irish service users and consultant psychiatrists. *Ethics, Medicine and Public Health, 1*, 325-338.

Mosher, L. R., & Bola, J. R. (2004). Soteria-California and its American successors: Therapeutic ingredients. *Ethical Human Psychology and Psychiatry: An International Journal of Critical Inquiry, 6*(1), 7-23.

Mosher, L., Menn, A., Goveia, L. (1972). *Schizophrenia and crisis theory.* presented at the 49th Annual Meeting at the American Orthopsy, Ass.

Motter, A. (2022). *Client-centered theory.* In Bolton, K. W., Hall, J. C., & Lehmann, P. (eds.), *Theoretical perspectives for direct social work practice: A generalist-eclectic approach* (4th ed.) (pp. 207-222). N.Y.: Springer Publishing Company, LLC.

Mueser, K. T., Corrigan, P. W., Hilton, D. W., Tanzman, B., Schaub, A., Gingerich, S., et al. (2002). Illness management and recovery. A review of the research. *Psychiatric Services, 53*(10), 1272-1284.

Myers, N. A. L., Smith, K., Pope, A., Alolayan, Y., Broussard, B., Haynes, N., & Compton, M. T. (2016). A mixed-methods study of the recovery concept, "A Meaningful Day," in community mental health services for individuals with serious mental illnesses. *Community Mental Health Journal, 52*, 747-756.

National Alliance on Mental Health (2019). *Crisis planning for children: Learn to recognize, manage, prevent and plan for your child's mental health crisis.* Available at: https://namimn.org/wp-content/uploads/sites/188/2019/02/NAMI_MentalHealthCrisisPlanChild2019_FINAL_CROP.pdf. Accessed 2020/4/11

National Association of Peer Specialist (2012). *National practice guidelines for peer supporters.* Available at: https://na4ps.files.wordpress.com/2012/09/nationalguidelines1.pdf

National Association of Social Workers (2022). *Read the Code of Ethics.* Available at: https://www.socialworkers.org/About/Ethics/Code-of-Ethics/Code-of-Ethics-English

National Centre for Independent Living (2008). *Peer support and personalisation: A review prepared for the department of health.* https://www.disabilityrightsuk.org/sites/default/

files/word/Peersupportandpersonalisation.doc

Neier, A. (2012). *International human rights movement: A history.* Princeton, NJ: Princeton University Press.

Nelis, T. (1994). Self-advocacy: Realizing a dream. *Impact, 7,* 1.

Netflix (2020). *CRIP CAMP: A DISABILITY REVOLUTION | Full Feature.* Available at: https://www.youtube.com/watch?v=OFS8SpwioZ4

Newham London (2021). *What to expect from adult social care.* Available at: https://www.newham.gov.uk/health-adult-social-care/what-we-do-1/2

Ng, X. T., & Kelly, B. D. (2012). Voluntary and involuntary care: Three-year study of demographic and diagnostic admission statistics at an inner-city adult psychiatry unit. *International Journal of Law and Psychiatry, 35*(4), 317-326.

NHS (National Health Service) (2015). *Direct payments and personal budgets.* Available at: http://www.nhs.uk/Conditions/social-care-and-support-guide/Pages/direct-payments-personal-budgets.aspx. Accessed 3/27/2017

NHS (National Health Service) (2022). *Overview: Learning disabilities.* Available at: https://www.nhs.uk/conditions/learning-disabilities/

Nirje, B. (1972). The right to self-determination. In W. Wolfensberger (ed.), *Normalization: The principle of normalization in human services* (pp. 176-200). Toronto: National Institute on Mental Retardation.

Nirje, B. (1976). The normalization principle and its human management implications. In M. Rosen, C. R. Clark, & M. S. Kivitz (eds.), *The history of mental retardation: Collected papers* (Vol. 2, pp. 363-376). Baltimore: University Park Press.

Nonnemacher, S. L., & Bambara, L. M. (2011). I'm Supposed to Be In Charge: Self-advocates' perspectives on their self-determination support needs. *Intellectual and Developmental Disabilities, 49*(5), 327-340.

Nunno, M. A., Holden, M. J., & Tollar, A. (2006). Practice implications learning from tragedy: A survey of child and adolescent restraint fatalities. *Child Abuse & Neglect, 30,* 1315-1316.

Nyttingnes, O., Ruud, T., & Rugkåsa, J. (2016). It's unbelievably humiliating: Patients' expressions of negative effects of coercion in mental health care. *International Journal of Law and Psychiatry, 49,* 147-153.

O'Donoghue, B., Lyne, J., Hill, M., Larkin, C., Feeney, L., & O'Callaghan, E. (2010).

Involuntary admission from the patients' perspective. *Social Psychiatry & Psychiatric Epidemiology*, *45*, 631-638.

O'Donoghue, B., Lyne, J., Hill, M., O'Rourke, L., Daly, S., Larkin, C., Feeney, L., & O'Callaghan, E. (2011). Perceptions of involuntary admission and risk of subsequent readmission at one-year follow-up: The influence of insight and recovery style. *Journal of Mental Health*, *20*(3), 249-259.

O'Melia, M., Dubois, B., & Miley, K. (1993). *From problem solving to empowerment-based social work practice.* Paper prepared for Education and Research for Empowerment Practice: A Working Conference.

Office for Disability Issues (2021). *Disabled People'S Organisations.* Available at: https://www.odi.govt.nz/guidance-and-resources/disabled-peoples-organisations/

OHCHR (2010). *Monitoring the Convention on the Rights of Persons with Disabilities: Guidance for Human Rights Monitors.* Professional training series No. 17. http://www.ohchr.org/Documents/Publications/Disabilities_training_17EN.pdf

Oliver, M. (1990). *The politics of disablement.* London: Macmillan Education.

Oliver, M. (1991). *Social work: Disabled people and disabling environments.* London: Jessica Kingsley Publishers.

Oliver, M. (1993). Disability and dependency: A creation of industrial societies? In Swain, J. Finkelstein, V., French, S., & Oliver, M. (eds.), *Disabling barriers-enabling environments.* London, England: Sage Publication.

Oliver, M. (1996). *Understanding disability: From theory to practice.* Macmillan, London.

Oliver, M., & Barnes, C. (2012). *The new politics of disablement.* Basingstoke, UK: Palgrave Macmillan.

Oliver, M., & Zarb, G. (1992). *Personal assistance schemes in Greenwich: An evaluation.* London: University of Greenwich.

Overdorff, N. (2022). *Nothing About Us Without Us: Input from people with disabilities.* Available at: https://equidox.co/blog/nothing-about-us-without-us-input-from-people-with-disabilities/

Parker, G. (1993). *With this body: Caring and disability in marriage.* Open University Press, Buckingham.

Parsons, T. (1951). *The social system.* New York: Free Press.

Payne, M. (2022). *Modern social work theory* (5th ed). London: Bloomsbury Academic.

Pearson, C., Ridley, J., & Hunter, S. (2014). *Self-directed support: Personalization, choice and control.* Edinburgh: Dunedin Academic Press Ltd.

Peers for Progress (2014). *Global evidence for peer support: Humanizing health care.* Available at: http://peersforprogress.org/wp-content/uploads/2014/09/140911-global-evidence-for-peer-support-humanizing-health-care.pdf

Pennell, R. (2001). Self-determination and self-advocacy: Shifting the power. *Journal of Disability Policy Studies, 11*, 223-227.

People First of West Virginia (2022). *History of People First.* https://peoplefirstwv.org/old-front/history-of-people-first/

People with Disability Australia (2018). *Disabled People's Organisations (DPOs).* Available at: https://pwd.org.au/resources/disability-info/student-section/disabled-people-s-organisations-dpos/

Pepper, J., & Carter, T. (2011). A review of the literature on peer support in mental health services. *Journal of Mental Health, 20*(4) (August 2011), 392-411.

Percy-Smith, J. (ed.) (2000). *Policy responses to social exclusion-towards inclusion?* Buckingham: Open University Press.

Perry, B. L. (2011). The labeling paradox: Stigma, the sick role, and social networks in mental illness. *Journal of Health and Social Behavior, 52*(4), 460-477.

Perske, R. (1972). The dignity of risk and the mental retarded. *Mental Retardation, 10*, 1. Available at: https://mn.gov/mnddc/ada-legacy/pdf/The_Dignity_of_Risk.pdf

Petersen, K. S., Friis, V. S., Haxholm, B. L., Nielsen, C. V., & Wind, G. (2015). Recovery from mental illness: A service user perspective on facilitators and barriers. *Community Mental Health Journal, 51*, 1-13. DOI: 10.1007/s10597-014-9779-7

Pickard, S., Jacobs, S., & Kirk, S. (2003). Challenging professional roles: Lay Carers' involvement in health care in the community. *Social Policy & Administration, 37*(1), 82-96.

Picton, C., Patterson, C., Moxham, L., Taylor, E. K., Perlman, D., Brighton, R., & Heffernan, T. (2018). Empowerment: The experience of recovery camp for people living with a mental illness. *Collegian. The Australian Journal of Nursing Practice, Scholarship and Research, 25*(1), 113-118.

Pike, B., O'Nolan, G., & Farragher, L. (2016). *Individualised budgeting for social care services for people with a disability: International approaches and evidence on financial sustainability*. Dublin: Health Research Board.

Pita, D. D., Ellison, M. L., Farkas, M., & Bleecker, T. (2001). Exploring personal assistance services for people with psychiatric disabilities. *Journal of Disability Policy Studies*, *12*(1), 2-9.

Pogue, D. (2019). *What different-looking people would like you to know before you stare*. Available at: https://www.nytimes.com/2019/08/13/smarter-living/what-different-looking-people-would-like-you-to-know-before-you-stare.html?fallback=0&recId=1P UfNi9IMjcoKNIY1a7zdSvt24v&locked=0&geoContinent=NA&geoRegion=OR&rec Alloc=home-desks&geoCountry=US&blockId=home-living-vi&imp_id=843233774

Power, A. (2008). Caring for independent lives: Geographies of caring for young adults with intellectual disabilities. *Social Science & Medicine*, *67*(5), 834-843.

Power, A., Barlett, R., & Hall, E. (2016). Peer advocacy in a personalized landscape: The role of peer support in a context of individualized support and austerity. *Journal of Intellectual Disabilities*, *20*(2), 183-193. https://journals.sagepub.com/doi/10.1177/1744629516634561

Powers, L. E., Curry, M. A., Oschwald, M., Maley, S., Saxton, M., & Eckels, K. (2002). Barriers and strategies in addressing abuse: A survey of disabled women's experiences. *The Journal of Rehabilitation*, *68*(1), 4-13.

Powers, L. E., Ward, N., Ward, M., Nelis, T., Ferris, L., Heller, T., et al. (2002). Leadership by people with disabilities in self-determination-based systems change. *Journal of Disability Policy Studies*, *13*(2), 125-13

Pridmore, A. (2006). *Disability activism, independent living and direct payments*. London: British Council of Disabled People.

Priebe, S., Katsakou, C., Glöckner, M., Dembinskas, A., Fiorillo, A., Karastergiou, A., et al. (2010). Patients' views of involuntary hospital admission after 1 and 3 months: Prospective study in 11 European countries. *British Journal of Psychiatry*, *196*(3), 179-185. DOI: 10.1192/bjp.bp.109.068916 PMID: 20194537

Priestley, M. (1999). *Disability politics and community care*. London: Jessica Kingsley Publishers.

Priestley, M. (2000). Adults only: Disability, social policy and the life course. *Journal of Social Policy, 29*(3), 421-439.

Priestley, M. (2003). *Disability: A life course approach*. Cambridge: Polity Press.

Putting People First (2011). *Think local, act personal: Next steps for transforming adult social care*. London: SCIE.

Quinn, G., & Degener, T. (2002a). Chapter 1, The moral authority for change: Human rights values and the worldwide process of disability reform. In Quinn, G., Degener, T., Bruce, A., Burke, C., Castellino, J., Kenna, P., Kilkelly, U., & Quinlivan, S. (eds.), *The current use and future potential of United Nations human rights instruments in the context of disability* (pp. 13-28). Geneva: United Nations.

Quinn, G., & Degener, T. (2002b). Chapter 2, The application of moral authority: The shift to the human rights perspective on disability through United Nations "soft" law. In Quinn, G., Degener, T., Bruce, A., Burke, C., Castellino, J., Kenna, P., Kilkelly, U., & Quinlivan, S. (eds.), *The current use and future potential of United Nations human rights instruments in the context of disability* (pp. 29-46). Geneva: United Nations.

Quinn, G., Degener, T., Bruce, A., Burke, C., Castellino, J., Kenna, P., Kilkelly, U., & Quinlivan, S. (2002). *The current use and future potential of United Nations human rights instruments in the context of disability*. Geneva: United Nations.

Ratzka, A. (1997). *Independent living and our organizations*. Presentation at the conference 'Our Common World' organized by Disability Rights Advocates Hungary in Siofok, Hungary, May 9-11, 1997.

Ratzka, A. (2002). *User control over services as a precondition for self-determination*. Plenary presentation at Danish EU Presidency Seminar on 'Quality of Life and Quality in Services for People with Disabilities', Copenhagen, Oct. 31-Nov. 1, 2002.

Ratzka, A. (2004). *Model national personal assistance policy*. A project of the European Center for Excellence in Personal Assistance (ECEPA). Available at: www.independentliving.org/docs6/ratzka200410a.pdf. Accessed 3/21/2017

Ratzka, A. (2012). *The Independent Living Movement paved the way: Origins of personal assistance in Sweden*. Available at: https://www.independentliving.org/docs7/Independent-Living-movement-paved-way.html

Ratzka, A. (2015). *Self-determination through direct payments and personal assistance cooperatives*. Keynote at the launch of the Citizen Directed Co-operatives Cymru (CDCC) project supporting citizens in Wales to develop a Direct Payment co-operative owned and run by its members. Cardiff, Wales March 24, 2015. Access on Feb 10, 2016. from: file:///Users/choucyc/Documents/LU-oversea%202016/disability%20

in%20Sweden-Finland/Sweden%20Self-determination%20through%20Direct%20
Payments%20and%20Personal%20Assistance%20cooperatives%20%7C%20
Independent%20Living.webarchive

Ravesloot, C., Liston, B., & University of Montana Rural Institute (2011). Peer support in
Centers for Independent Living: What do we know? *Health and Wellness*, Paper 6.
http://scholarworks.umt.edu/ruralinst_health_wellness/6

Reamer, F. G. (1995a). Ethics and values. In R. L. Edwards (ed.), *Encyclopedia of social
work,* Vol. 1 (19th ed.) (pp. 893-902). Washington, DC: NASW Press.

Reamer, F. G. (1995b). *Social work values and ethics.* N.Y.: Columbia University Press.

Reed, A., Apedaile, J., Hughes, C., & Ormerod, E. (2013). Family work in adult acute
psychiatric settings. *Mental Health Practice, 16*, 7, 33-37.

Rees, S. (1991). *Achieving power.* Sydney: Allen & Unwin.

Reindal, S. (1999). Independence, dependence, interdependence: Some reflections on the
subject and personal autonomy. *Disability & Society, 14*(3), 353-367.

Repper J., & Carter T. (2011). A review of the literature on peer support in mental health
services. *Journal of Mental Health, 20*, 392-411. DOI: 10.3109/09638237.2011.583947

Research and Training Center on Disability in Rural Communities (2011). *Peer support
in centers for Independent Living: What do we know?* Available at: http://mtdh.
ruralinstitute.umt.edu/blog/wp-content/uploads/Peer-Support-in-CILs-10272011.pdf

Rethink Mental Illness (2016). Getting help in a crisis. Factsheet. Available at: https://www.
rethink.org/advice-and-information/carers-hub/getting-help-in-a-crisis/

Reynolds, J., & Walmsley, J. (1998). Care, support or something else? In Brechin, A.,
Walmsley, J., Katz, J., & Peace, S. (eds.). *Care matters: Concepts, practice and
research in health and social care* (pp. 66-80). London: Sage.

Ridgway, P., McDiarmid, D., Davidson, L., Bayes, J., & Ratzlaff, S. (2002). *Pathways to
recovery: A strengths recovery self help workbook.* Auburn Hills, MI: Data Production
Corporation.

Rioux, M., & Carbert, A. (2003). Human rights and disability: The international context.
Journal of Developmental Disabilities, 10(2). Available at: http://digitalcommons.ilr.
cornell.edu/gladnetcollect/316

Robbins, S. P. (2016). From the editor-Sticks and stones: Trigger warnings,
microaggressions, and political correctness. *Journal of Social Work Education, 52*, 1-5.

Roberts, A. (2009). *Mental health today*. Brighton: Pavilion Journals Ltd.

Roberts, A. (2019). *Survivor voices 1908-2008: A timeline from the Survivors History Group*. Available at: http://studymore.org.uk/timepamp.pdf

Roos, E., Bjerkeset, O., Svavarsdóttir, M. H., & Steinsbekk, A. (2017). Like a hotel, but boring: Users' experience with short-time community-based residential aftercare. *BMC Health Services Research, 17*, 832. DOI: 10.1186/s12913-017-2777-z

Rosenberg, R. N., & Pascual, J. M. (eds.) (2014). *Rosenberg's molecular and genetic basis of neurological and psychiatric disease* (5th ed.). Waltham, Massachusetts, Academic Press. ISBN 978-0-12-410529-4.

Russell, M. (2002). What disability civil rights cannot do: Employment and political economy. *Disability & Society, 17*(2), 117-135.

Ryan, R. M., & Deci, E. L. (2018). *Self-determination theory: Basic psychological needs in motivation, development, and wellness*. New York: The Guilford Press.

Saadah, M. A. (2002). Clinical commentary: On autonomy and participation in rehabilitation. *Disability and Rehabilitation, 24*, 18, 977-982.

Salyers, M. P., Tsai J., & Stultz, T. A. (2007). Measuring recovery orientation in a hospital setting. *Psychiatric Rehabilitation Journal, 31*(2), 131-137.

Salyers, M. P., & Tsemberis, S. (2007). ACT and Recovery: Integrating evidence-based practice and recovery orientation on assertive community. *Community Mental Health Journal, 43*(6): 619-641.

Sanderson, H. (1998). Person centred planning. In Lacey, P. & Ouvry, C. (eds.), *People with profound and multiple learning disabilities: A collaborative approach to meeting complex needs* (pp. 130-145). London: David Fulton Publishers.

Saxton, M. (1981). A peer counseling training program for disabled women. *Journal of Sociology and Social Welfare, 8*, 334-346.

Saxton, M., Curry, M., Powers, L. E., Maley, S., Eckels, K., & Gross, J. (2001). Bring my scooter so I can leave you: A study of disabled women handling abuse by personal assistance providers. *Violence Against Women: An International and Interdisciplinary Journal, 7* (4), 393-417.

Scanlan, J. N., Hancock, N., & Honey, A. (2017). Evaluation of a peer-delivered, transitional and post-discharge support program following psychiatric hospitalization. *BMC Psychiatry, 17*, 307. DOI: 10.1186/s12888-017-1469-x

Schalock, R. L. (1997). *Quality of life volume II: Application to persons with disabilities.* Washington, DC: American Association on Mental Retardation.

Schalock, R. L., & Verdugo, M. A. (2002). *Handbook on quality of life for human service practitioners.* Washington, DC: American Association on Mental Retardation.

Schalock, R. L., & Verdugo, M. A. (2012). *A leadership guide for today's disabilities organizations.* Baltimore, MD: Paul H. Brookes.

Scheyett, A., DeLuca, J., & Morgan, C. (2013). Recovery in severe mental illnesses: A literature review of recovery measures. *Social Work Research Volume, 37*(3), 288-303.

Schoonheim, J. (2009). *ANED country report on the implementation of policies supporting independent living for disabled people.* Country: Netherlands. Available at: https://www.disability-europe.net/theme/independent-living

Schutt, R. K., & Rogers, S. (2009). Empowerment and peer support: Structure and process of self-help in a consumer-run center for individuals with mental illness. *Journal of Community Psychology, 37*(6), 697-710. Published online in Wiley InterScience (www.interscience.wiley.com). & 2009 Wiley Periodicals, Inc. DOI: 10.1002/jcop.20325

Scottish Independent Advocacy Alliance (2022). *What is independent advocacy?* Available at: https://www.siaa.org.uk/what-is-independent-advocacy/

Scully, J. L. (2009). Disability and the thinking body. In Kristiansen, K., Vehmas, S., & Shakespeare, T. (eds.), *Arguing about disability: philosophical perspectives* (pp. 57-73). NY: Routledge.

Seed, T., Fox, J. R. E., & Berry, K. (2016). The experience of involuntary detention in acute psychiatric care: A review and synthesis of qualitative studies. *International Journal of Nursing Studies, 61*, 82-94.

Segal, S. P. (1990). Emergency care for the acute and severely mentally ill. In I. Marks & R. Scott (eds.), *Mental health care delivery* (pp. 104-110). New York: Cambridge University Press.

Seikkula, J., & Olson, M. E. (2003). The open dialogue approach to acute psychosis: Its poetics and micropolitics. *Family Process, 42*(3), 403-418.

Sépulchre, M. (2018). Tensions and unity in the struggle for citizenship: Swedish disability rights activists claim 'Full Participation! Now!' *Disability & Society, 33*, 4, 539-561.

Shafir, G. (1998). Introduction: The evolving tradition of citizenship. In Shafir, G. (ed.), *The citizenship debates: A reader* (pp. 1-30). Minneapolis: University of Minnesota Press.

Shakespeare, T. (1993). Disabled people's self-organisation: A new social movement? *Disability, Handicap and Society, 8*(3), 249-264.

Shakespeare, T. (2006). *Disability rights and wrongs.* New York: Routledge.

Shakespeare, T. (2014). *Disability rights and wrongs* (Revisited). London: Routledge.

Shapiro, J. P. (1994). *No pity: People with disabilities forging a new civil rights movement.* New York: Three Rivers Press.

Shoultz, B. (1997). More thoughts on self advocacy: The movement, the group & the individual. In Zubal, R., Shoultz, B., Walker, P., & Michael, K. (1997). *Materials on self-advocacy.* Syracuse University, NY. Center on Human Policy. Available at: https://thechp.syr.edu/chp-archives-materials-on-self-advocacy/. Accessed 2021/9/6

Shoultz, B. (2014). *More thoughts on self advocacy: the movement, the group, and the individual.* http://thechp.syr.edu/more-thoughts-on-self-advocacy-the-movement-the-group-and-the-individual/Accessed 2019/9/20

Shulman, L., & Gitterman, A. (1994). The life model, mutual aid, oppression, and the mediating function. In Shulman, L. & Gitterman, *A. Mutual aid groups, vulnerable populations, and the life cycle* (pp. 3-28). N.Y.: Columbia University Press.

Silverman, L. (2017). *In Texas, People with mental illness are finding work helping peers.* Available at: https://www.npr.org/sections/health-shots/2017/07/11/536501069/in-texas-people-with-mental-illness-are-finding-work-helping-peers. Accessed 2020/01/14

Singh, R., Rowan, J., Burton, C., & Galletly, C. (2010). How effective is a hospital at home service for people with acute mental illness? *Australian Psychiatry, 18*(6), 512-516.

Sisco, P. (1992). *Peer counseling: An overview.* Available at: https://www.independentliving.org/toolsforpower/tools22.html

Siu, B. W. M., Tsang, M. M. Y., Lee, V. C. K., Liu, A. C. Y., Te, S., Luk, H. S. M., Lo, N. K. Y., Lo, P. H., & Leung, Y. L. (2016). Pathway to mental health recovery: A qualitative and quantitative study on the needs of Chinese psychiatric inpatients. *BMC Psychiatry, 16*, 236. DOI: 10.1186/s12888-016-0959-6

Skär, L., & Tam, M. (2001). My assistant and I: Disabled children's and adolescents' roles and relationships to their assistants. *Disability and Society, 19* (7), 917-931.

Skills for Care (2017). *Personal budgets workbook.* Available at: http://www.skillsforcare.org.uk/Document-library/Standards/Care-Act/learning-and-development/person-centred-care-and-support-planning/personal-budget-workbook.docx. Accessed

3/27/2017

Smith, B. (2016). Intersectional discrimination and substantive equality: A comparative and theoretical perspective. *The Equal Rights Review*, *16*, 73-102.

Smith, C. (1997). Disabling autonomy: The role of government, the law, and the family. *Journal of Law and Society*, *24*(3), 421-439.

Smith, S. R. (2001). Distorted ideals: The 'problem of dependency' and the mythology of independent living. *Social Theory and Practice*, 27(4), 579-598.

Solomon, B. B. (1976). *Black empowerment: Social work in oppressed communities.* N.Y.: Columbia University Press.

Solomon, M., Pistrang, N., & Barker, C. (2001). The benefits of mutual support groups for parents of children with disabilities. *American Journal of Community Psychology, 29*(1), 113-132.

Solomon, P. (2004). Peer support/peer provided services underlying processes, benefits, and critical ingredients. *Psychiatric Rehabilitation Journal*, *27*(4), 392-401. DOI: 10.2975/27.2004.392.401

Southend on Sea Borough Council (2011). What is a resource allocation system? Available at: www.southend.gov.uk

Spandler, H. (2004). Friend or foe? Towards a critical assessment of direct payments. *Critical Social Policy, 24* (2), 187-209.

Specht, H., & Courtney, M. (1994). *Unfaithful angels: How social work has abandoned its mission.* New York: The Free Press.

Spotlight on Mental Health (2020). *Peer support.* Available at: http://www. spotlightonmentalhealth.com/peer-support/. Accessed 2020/01/15

Stålsett, S. J. (2020). Naming vulnerability: A diaconal dilemma of designation. *Diaconia, 11*(2), 125-140.

Steenhout, N. (2003). Are independent living centers just glorified sheltered workshops? *Ragged Edge Online.* Sept./Oct. 2003.

Stein, L. L., & Test, M. A. (1980). A alternative to mental health treatment, I: Conceptual model, treatment program and clinical evaluation. *Archives of General Psychiatry, 37*, 392-397.

Stevens, M. (2012). *We want rights, not charity.* Available at: https://socialistworker. org/2012/03/26/we-want-rights-not-charity

Stone, R. I. (2001). Providing long-term care benefits in cash: Moving to a disability model. *Health Affairs, 20*(6), 96-108.

Strand, M. (2011). Where do classifications come from? The DSM-III, the transformation of American psychiatry, and the problem of origins in the sociology of knowledge. *Theory and Society, 40*(3), 273-313.

Stromwall, L. K. (2002). Is social work's door open to people recovering from psychiatric disabilities? *Social Work, 47*(1), 75-83.

Sullivan, M. (2005). Subjected bodies: Paraplegia, rehabilitation, and the politics of movement. In Shelly Tremain (ed.), *Foucault and the government of disability* (pp. 27-44). Ann Arbor: The University of Michigan Press.

Swain, J., & French, S. (1996). Normality and disabling care. In Open University (ed.). *Learning disability: Working as equal people* (pp. 81-95). Milton Keynes: Open University.

Swain, J., & French, S. (2008). Affirming identity. In Swain & French (eds.), *Disability on equal terms* (pp. 65-78). London, England: SAGE Publications Ltd.

Swartz, M., Wagner, R., Swanson, J., & Elbogen, E. (2004). Consumers' perceptions of the fairness and effectiveness of mandated community treatment and related pressures. *Psychiatric Services, 55*(7), 780-785.

Taylor, C. (1994). The Politics of Recognition. In Gutmann, A. (ed.), *Multiculturalism: Examining the politics of recognition.* Princeton: Princeton University Press.

Terzi, L. (2008). *Justice and equality in education.* NY: Continuum International Publishing Group.

Test, D. W., Fowler, C. H., Wood, W. M., Brewer, D. M., & Eddy, S. (2005). A conceptual framework of self-advocacy for students with disabilities. *Remedial and Special Education, 26*(1), 43-54.

The Health Foundation (2012a). *The Dutch experience of personal health budgets: Who uses personal health budgets?* Available at: httpe:// https：//www.youtube.com/watch?v=0p52EUvi5nw. Accessed 3/26/2017

The Health Foundation (2012b). *The Dutch experience of personal health budgets: Summary.* The Health Foundation. https://www.youtube.com/watch?v=gHyv69bNmtQ. Accessed 10/8/2012

The Scottish Government (2008). *Mental health in Scotland: National standards for crisis* service: *Crisis services practice toolkit.* Available at: https://www.bl.uk/collection-items/mental-health-in-scotland-national-standards-for-crisis-service-crisis-services-practice-toolkit

The Singapore Association of Social Workers (SASW) (2021). *Singapore Association of Social Workers Code of Professional Ethics.* Available at: https://sasw.org.sg/wp-content/uploads/2021/04/SASW-Code-of-Professional-Ethics-3rd-Revision-online.pdf

Thomas, C. (2007). *Sociologies of disability and illness: Contested ideas in disability studies and medical sociology.* Basingstoke, UK: Palgrave Macmillan.

Thompson, N. (2010). *Promoting equality, valuing diversity: A learning and training manual.* Lyme Regis: Russell House.

Thornicroft, G., Farrelly, S., Szmukler, G., Birchwood, M., Waheed, W., Flach, C., Barrett, B., Byford, S., Henderson, C., Sutherby, K., Lester, H., Rose, D., Dunn, G., Leese, M., & Marshall, M. (2013). Clinical outcomes of Joint Crisis Plans to reduce compulsory treatment for people with psychosis: A randomized controlled trial. *The Lancet, 381,* 1634-1641.

Tilly, L. (2011). *Person centred approaches when supporting people with a learning disability.* Exeter: Learning Matters Ltd. & BILD.

Tisdall, E. K. M. (2012). The challenge and challenging of childhood studies? Learning from disability studies and research with disabled children. *Children & Society, 26*(3), 181-191. DOI: 10.1111/j.1099-0860.2012.00431.x

Titmuss, R. M. (1968). Universalism and selection. reprinted in C. Pierson and F. G. Castles (eds.) (2000), *The welfare state: A reader* (pp 42-51). Cambridge: Polity Press.

Together for Mental Wellbeing (2020). *Peer support.* Available at: http://www.together-uk.org/peer-support/. Accessed 2020/01/17

Tøndel, G. (2009). Administrating disability: The case of "assistance need" registration in Norwegian health and care governance. *ALTER-European Journal of Disability Research, 3,* 45-62.

Tøssebro, J. (2016). Scandinavian disability policy: From deinstitutionalisation to non-discrimination and beyond. *Alter, 10*(2), 111-123.

Tower, K. D. (1994). Consumer-centered social work practice: Restoring client self-determination. *Social Work, 39*(2), 191-196.

Tronto, J. (1993). *Moral boundaries: A political argument for an ethic of care.* London:

身心障礙者人權議題——自主、倡議與社會工作使命

Routledge.

Tsea, S., Makb, W. W. S., Lof, I. W. K., Liua, L. L., Yuena, W. W. Y., Yauc, S., Hod, K., Chane, S-K., & Wong, S. (2017). A one-year longitudinal qualitative study of peer support services in a non-Western context: The perspectives of peer support workers, service users, and co-workers. *Psychiatry Research, 255*, 27-35.

Twigg, J. (2002). Carework and bodywork. In Bytheway, B., Bacigalupo, V., Bornat, J., Johnson, J., & Spurr, S. (eds.), *Understanding care, welfare and community: A reader.* London: The Open University.

Ulicny, G. R., White, G. W., Bradford, B., & Mathews, R. M. (1990). Consumer exploitation by attendants: How often does it happen and can anything be done about it? *Rehabilitation Counseling Bulletin, 33*(3), 240-246.

Ungerson, C. (1999). Personal assistants and disabled people: An examination of a hybrid form of work and care. *Work, Employment and Society, 13*(4), 583-600.

Ungerson, C. (2004). Whose empowerment and independence? A cross-national perspective on "cash for care" schemes. *Ageing and Society, 24*, 189-212.

Ungerson, C. (2006). Direct payments and the employment relationship: Some insight from cross-national research. In J. Leece & J. Bornat (eds.), *Developments in direct payments.* Bristol: The Policy Press.

Union of the physically impaired against segregation (UPIAS) (1976). *Fundamental principles of disability.* Available at: https://disability-studies.leeds.ac.uk/wp-content/uploads/sites/40/library/UPIAS-fundamental-principles.pdf

United Nations (2006). *Frequently asked questions on a human rights-based approach to development cooperation.* Available at: http://www.ohchr.org/Documents/Publications/FAQen.pdf

United Nations (2008). *Claiming the millennium development goals: A human rights approach.* Geneva: United Nations.

United Nations (2012). *Implementation of the Convention on the Rights of Persons with Disabilities Initial reports submitted by States parties under article 35 of the Convention. Sweden.* Available at: https://tbinternet.ohchr.org/_layouts/treatybodyexternal/TBSearch.aspx?Lang=en&TreatyID=4&DocTypeID=29

United Nations (2014). *Replies of Sweden to the list of issues.* Available at: https://tbinternet.ohchr.org/_layouts/treatybodyexternal/Download.aspx?symbolno=CRPD%2fC%2fSW

E%2fQ%2f1%2fAdd.1&Lang=en

United Nations (2017). *Replies of the United Kingdom of Great Britain and Northern Ireland to the list of issues*. Available at: https://tbinternet.ohchr.org/_layouts/treatybodyexternal/TBSearch.aspx?Lang=en&TreatyID=4&DocTypeID=22

United Nations Development Group (2011). *Including the rights of persons with disabilities in United Nations programming at country level: A Guidance Note for United Nations Country Teams and Implementing Partners.* Geneva: United Nations.

University of Minnesota (2022). *What are intellectual and developmental disabilities?* Available at: https://ici.umn.edu/welcome/definition

University of Minnesota Human Rights Center (2007). *Human rights yes! Action and advocacy on the rights of persons with disabilities.* Available at: http://hrlibrary.umn.edu/edumat/hreduseries/HR-YES/Human%20Rights%20YES%20Final%20PDF.pdf

Vasey, S. (2000). *The rough guide to managing personal assistants.* London: Rough Guides Ltd. Available at: www.independentliving.org/docs6/vasey2000.html

Wakeling, D (1999). Unlimited men? The crisis care continuum and the non-statutory sector. *Journal of Mental Health, 8*, 547-550.

Waldschmidt, A. (2009). *ANED country report on the implementation of policies supporting independent living for disabled people.* Country: Germany. Available at: https://www.disability-europe.net/theme/independent-living

Wales, H., Hiday, V., & Ray, B. (2010). Procedural justice and the mental health court judge's role in reducing recidivism. *International Journal of Law and Psychiatry, 33*(4), 265-271.

Walker, A., & Walker, C. (1998). Ageing, learning difficulties and maintaining independence. *Disability and Society, 13*(1), 129-42.

Wallsten, T., Ostman, M., Sjoberg, R., & Kjellin, L. (2008). Patients' and next-of-kins' attitudes towards compulsory psychiatric care. *Nordic Journal of Psychiatry, 62*(6), 444-449.

Walmsley, J., & Downer, J. (1997). Shouting the loudest: Self advocacy, power and diversity. In Ramcharan P. (ed.), *Empowerment in everyday life.* London, Jessica Kingsley Publishers.

Ward, B., Reupert, A., McCormick, F., Waller, S., & Kidd, S. (2017). Family-focused practice within a recovery framework: Practitioner's qualitative perspectives. *BMC*

Health Services Research, 17, 234.

Ward, D. (2000). Totem not token: Groupwork as a vehicle for user participation. In Kemshall, H. & Littlechild, R. (eds.). *User involvement and participation in social care: Research informing practice* (pp. 45-64). London: Jessica Kingsley Publishers.

Ward, M. I. (1988). The many facets of self-determination. NICHCY Transition Summary. *National Center for Children and Youth with Disabilities, 5*, 2-3.

Ward, M. J., & Meyer, R. N. (1999). Self-determination for people with developmental disabilities and autism: Two self-advocates' perspectives. *Focus on Autism & Other Developmental Disabilities, 14*, 133-140.

Warner, R. (2010). The roots of hospital alternative care. *The British Journal of Psychiatry, 197* (Supplement 53) s4-s5. DOI: 10.1192/bjp.bp.110.080036

Watson, N. (2012). Theorising the lives of disabled children: How can disability theory help? *Children & Society, 26*(3), 192-202. DOI: 10.1111/j.1099-0860.2012.00432.x

Wehmeyer, M. L. (1996). Self-determination as an educational outcome: How does it relate to the educational needs of our children and youth? In D. J. Sands & M. L. Wehmeyer (eds.), *Self-determination across the life span: Independence and choice for people with disabilities* (pp. 63-88). Baltimore: Paul H. Brookes Publishing Co.

Wehmeyer, M. L. (2015). Framing the future self-determination. *Remedial and Special Education, 36*, 20-23.

Wehmeyer, M. L., Kelchner, K., & Richards, S. (1996). Essential characteristics of self-determined behavior of individuals with mental retardation. *American Journal on Mental Retardation, 100*(6), 632-642.

Wehmeyer, M., & Schwartz, M. (1998). The relationship between self-determination and quality of life for adults with mental retardation. *Education & Training in Mental Retardation & Developmental Disabilities, 33*(1), 3-12.

Weiner, J. G. (1995). And the wisdom to know the difference: Confidentiality vs. privilege in the self-help setting. *University of Pennsylvania Law Review, 144*(1), 243-307.

Wellard, S. (1998). Constructions of chronic illness. *International Journal of Nursing Studies, 35*, 49-55.

Wellina, C., & Jaffeb, D. J. (2004). In search of "personal care:" Challenges to identity support in residential care for elders with cognitive illness. *Journal of Aging Studies, 18*, 275-295.

Wellways (2020). *Peer Support*. Available at: https://www.wellways.org/understanding-mental-health/information-and-resources/what-helps/peer-support. Accessed 2020/01/16

White, G. W., Simpson, J. L., Gonda, C., Ravesloot, C., & Coble, Z. (2010). Moving from independence to interdependence: A conceptual model for better understanding community participation of centers for independent living consumers. *Journal of Disability Policy Studies, 20*(4), 233-240. Available at: https://doi.org/10.1177/1044207309350561

Wickremsinhe, M. N. (2018). Emergency involuntary treatment law for people with mental disorders: A comparative analysis of legislation in LMICs. *International Journal of Law and Psychiatry, 56*, 1-9.

Williams, V., Ponting, L., & Ford, K. (2009). I do like the subtle touch: Interactions between people with learning difficulties and their personal assistants. *Disability & Society, 24*(7), 815-828. DOI: 10.1080/ 09687590903283407

Wilson, K. E. (1998). Centers for independent living in support of transition. *Focus on Autism and Other Developmental Disabilities, 13*, 4. Available at: http://www.worksupport.com/documents/proed_centersfor.pdf

Witcher, S. (2014). *My choices: A vision for self-directed support.* Glasgow: Glasgow Disability Alliance.

Wolfensberger, W. (1983). Social role valorization: A proposed new term for the principle of normalisation. *Mental Retardation, 21*, 234-239.

Wolff, E. A., & Hums, M. (2017). *Nothing About Us Without Us"*: *Mantra for a movement*. Available at: https://www.huffpost.com/entry/nothing-about-us-without-us-mantra-for-a-movement_b_59aea450e4b0c50640cd61cf

Wood, R. (1989). *Care of disabled people*. Accessed 14 August 2019. www.psi.org.uk/publications/archivepdfs/Disability%20and%20social/WOOD.pdf

Woodcock, R. (2011). *The definition, the mission, and the purpose of social work, and of the social work profession*. Available at: https://sweduc.wordpress.com/2013/05/30/purpose-of-social-work/

Woodin, S., Priestley, M., & Prideaux, S. (2009). *ANED country report on the implementation of policies supporting independent living for disabled people.* Country: United Kingdom. Available at: https://www.disability-europe.net/theme/independentliving

World Health Organization (2013). *Mental health action plan 2013-2020.* Available at: https://www.who.int/publications/i/item/9789241506021

World Institute on Disability (2000). *PAS systems change: A workbook for improving PAS in your state.* Oakland: World Institute on Disability. Available at: https://worldinstituteondisabilityblog.files.wordpress.com/2016/01/pas-systems-change-a-workbook1.pdf

World Institute on Disability (2016). *Peer counseling basics.* Accessed 3/15/2020. Available at: https://worldinstituteondisabilityblog.files.wordpress.com/2016/01/peer-counseling.pdf

World Institute on Disability (WID) (2010). *Timeline of the International Independent Living Movement: An analysis.* Accessed 2010/6/1. Available at: http://www.wid.org/programs/international/timeline-of-the-international-independent-living-movement-1/timeline-of-the-international-independent-living-movement/?searchterm=independent living

World Network users and survivors of psychiatry (WNUSP) (2010). *Psychosocial disability.* Available at: https://www.ohchr.org/_layouts/15/WopiFrame.aspx?sourcedoc=/Documents/Issues/CulturalRights/CulturalHeritage/Submissions/13.2.WNUSP-Appendix2.docx&action=default&DefaultItemOpen=1

Wusinich, C., Lindy, D., Russell, D., & Pessin, N. (2020). Experiences of Parachute NYC: An Integration of Open Dialogue and Intentional Peer Support. *Community Mental Health Journal, 56,* 1033-1043.

Wyder, M., Bland, R., & Crompton, D. (2013). Personal recovery and involuntary mental health admissions: The importance of control, relationships and hope. *Health, 5*(3A), 574-581. 5th November 2014. Available at: http://dx.doi.org/10.4236/health.2013.53A076

Wyder, M., Bland, R., Herriot, A., & Crompton, D. (2015). The experiences of the legal processes of involuntary treatment orders: Tension between the legal and medical frameworks. *International Journal of Law and Psychiatry, 38,* 44-50.

Yama, K. K. N., Lob, W. T. L., Chiua, R. L. P., Laua, B. S. Y., Laua, C. K. S., Wua, J. K. Y., & Wana, S. M. (2018). A pilot training program for people in recovery of mental illness as vocational peer support workers in Hong Kong－Job Buddies Training Program

(JBTP): A preliminary finding. *Asian Journal of Psychiatry*, *35*, 132-140.

Yang, C. (2014). Being independent from whom? Analysing two interpretations in the paradigm of 'independent living'. *Disability & Society, 29*(5), 671-684. DOI: 10.1080/09687599.2013.844098

Yokota, Y. (2008). Reflections on the future of economic, social, and cultural rights. In Falk, R., Elver, H., & Hajjar, L. (eds.), *Human rights: Critical concepts in political science* (pp. 8-30). London: Routledge.

Young, D. A., & Quibell, R. (2000). Why Rights are never enough: Rights, intellectual disability and understanding. *Disability & Society, 15*(5), 7474-764.

Young, I. M. (1990). *Justice and the politics of difference*. Princeton, N.J: Princeton University Press.

Young, I. M. (1998). Polity and group difference: A critique of the ideal of universal citizenship. In Shafir, G. (ed.), *The citizenship debates: A reader* (pp. 263-290). Minneapolis: University of Minnesota Press.

Zarb, G. (2003). High Court ruling on care workers refusing to lift disabled people. *Hampshire County Council direct payments newsletter, 114*.

Zarb, G., & Nadash, P. (1994). *Cashing in on independence: Comparing the costs and benefits of cash and service*. London: British Council of Disabled People.

Zola, I. (1987). The Politicization of the Self-Help Movement. *Social Policy, 18* (Fall), 32-33.

國家圖書館出版品預行編目資料

身心障礙者人權議題：自主、倡議與社會工作
使命／王育瑜著. －－初版. －－臺北市：
五南圖書出版股份有限公司, 2023.02
　面；　公分
ISBN 978-626-343-707-4（平裝）

1.CST: 人權　2.CST: 身心障礙者

579.27　　　　　　　　　　111022257

1JOZ

身心障礙者人權議題
自主、倡議與社會工作使命

作　　者 — 王育瑜

發 行 人 — 楊榮川

總 經 理 — 楊士清

總 編 輯 — 楊秀麗

副總編輯 — 陳念祖

責任編輯 — 黃淑真、李敏華

封面設計 — 姚孝慈

出 版 者 — 五南圖書出版股份有限公司

地　　址：106臺北市大安區和平東路二段339號4樓

電　　話：(02)2705-5066　　傳　　真：(02)2706-6100

網　　址：https://www.wunan.com.tw

電子郵件：wunan@wunan.com.tw

劃撥帳號：01068953

戶　　名：五南圖書出版股份有限公司

法律顧問　林勝安律師

出版日期　2023年2月初版一刷

定　　價　新臺幣520元